# 西洋占星自學指南

門第一書！

Rene Van Dale研究所 著
Shion 譯

# 人們自古以來，就用高掛在天空的星星占卜著未來

Introduction

自遠古時代起，人們的生活就與天體密不可分。早晨在自地平線升起的太陽光照耀下醒來；夜晚則從天空的星辰尋找著天候徵兆與季節的變化——在尚無時鐘與日曆的古代，這可說是一種極為自然的生活智慧。然後，基於「星辰運行會影響地面上一切事件」此一概念，不僅是天候、自然異變或國家的發展，不知不覺間，人們甚至開始向星辰詢問個人的未來。

# 當時代大爲震盪時，星辰也會大幅變動

西洋占星術會根據星辰位置或星星之間的角度進行占卜，而當星辰出現罕見的配置或動向時，也會發生動搖社會的事件或價值觀的變化，彷彿兩者之間有所連結。在時代轉變期大幅移動的星星，往往象徵著即將到來的新時代，甚至能如此占卜社會整體或國家動向，也是西洋占星術的有趣之處。而當世道改變時，自然也會為我們個人的情緒或命運帶來變化。

## 在星辰的指引下，踏上追尋命運之旅吧

# 睽違約兩百年，時代於二〇二〇年底改變！星辰的指引從土象邁向風象時代

## *Topic 1*

### 約每兩百年會造訪一次，新時代揭開序幕之年

二〇二〇年底上演了「大合相」。所謂的大合相，指的是木星與土星大約每二十年會一度重合，是對社會現象具重大影響力的配置。而木星與土星於「何處」相遇也是重要關鍵。

自一八四〇年左右起，大合相長時間都發生在土象（將十二星座分類為火、土、風、水四種元素，此為其中之一）處，而從這一次起，舞臺將轉往風象。大合相會在每兩百年左右轉變一次元素，或許會因此迎接時代的重大轉變期。

## *Topic 2*

### 二〇二〇年七月，土星返回摩羯座

土星為代表抑制與努力的星體，它是如同老師一般的存在，會給予人必要的課題，並守護其成長。土星平均每二・五年會運行到同一個星座上。二〇二〇年三月，土星睽違兩年地從摩羯座移動到水瓶座。

然而從七月到十二月，土星又倒退回摩羯座，直到十二月才終於正式移動到水瓶座。這一連串故弄玄虛的動向，暗示著自二〇一七年底起大約兩年之間所承擔的問題，容易造成人們的困擾或是死灰復燃。而人們直到十二月為止，可能都必須與之對峙、加以清算或下定決心接納。

## *Topic 3*

### 土星和木星在水瓶座的大合相

在十二月上演的大合相，木星與土星會剛好在水瓶座會合。木星也被稱作「天上的聖誕老人」，象徵著擴張及幸運；另一方面，土星則象徵著抑制及考驗，存在替事物踩煞車的作用。

由於兩顆互為反作用的星體重合，因此會產生相當程度的矛盾與糾葛。然而在歷經磨難之後，兩顆星將會產生化學反應，因而誕生絕妙的新火花吧。

在你的星盤中，水瓶座的0度對應到哪個宮位呢？只要關注該宮位的主題（126頁～），就能掌握於新時代獲得成功的線索。

大合相年表！

# 大合相與時代的關聯

1663年左右～
**火象**時代

## 「武力或理念」具有價值的時代

★正值美國獨立戰爭、法國大革命等革命的時機成熟。

★華盛頓成為美國總統，拿破崙當上皇帝。

★「啟蒙思想」開枝散葉，追求並非宗教，而是以理性為基礎的生活方式。

★資本主義經濟建立。

1842年左右～
**土象**時代

## 「事物、金錢或土地」具有價值的時代

★明治維新，發布廢刀令。

★殖民地之爭愈演愈烈，接連發生世界大戰。

★化學、電器、石油、鋼鐵工業在第二次工業革命中蓬勃發展。

## 2020年左右～
# 風象時代

★工業化越發進展，進入大量生產、大量消費的時代。

★隨之而來的是發生公害、地球暖化等問題。

★「持有」高級汽車、不動產、名牌貨等物品一事象徵著富裕。

★發生經濟大蕭條等撼動貨幣經濟的大變動。

一九八一年亦於風象星座（天秤座）上演大合相！

★網路開始運用於商務上。

★人手一支手機成為理所當然的時代。

## 「資訊與人脈」具有價值的時代

二〇二〇年十二月二十二日在水瓶座0度上演大合相！

★資訊化社會正式到來。

★邁向透過社群網路與眾多人們產生關聯的社會。

★提升對環境、人權、性別歧視等社會問題的關注度。

★轉變為遠距辦公等更重視「個體」的工作方式。

# 解讀將持續兩百年的新時代「風象時代」

## 預測接下來將是怎樣的時代？

剛才提到，大合相的舞臺將從土象轉變為風象。接下來會持續約兩百年的「風象時代」將揭開序幕。

發生典範轉移、存在於「土象時代」的威權主義或舊體制遭到廢除，慢慢朝著自由化與多樣化的趨勢邁進；將會以眾人皆尊重彼此的存在、情感富裕的社會為目標；從重視縱向聯繫轉為重視橫向聯繫，並改組、重建原本的結構；某些國家或企業甚至可能會發生群體一度解體，再以「全新構造」重組的情況。

在AI等科技方面，發展也十分驚人，夢想中的新技術投入實用領域，令生活變得更有效率。結果似乎會導致誕生了在土象時代難以想像的全新職業、使得家庭中的角色分工大為改變。不過，在風象時代難以獲得「肉眼可見的明確事物」，因此可能將導致預測或持續努力比目前更為困難的情況，關鍵在於如何靈活有彈性地生活。

**土象時代的關鍵詞**

* 重視秩序或傳統。
* 擁有金錢或物質具有價值。
* 追求穩定、現實主義。

←

**風象時代的關鍵詞**

* 尊重自由或個性。
* 掌握資訊或人脈具有價值。
* 新科技投入實用領域。

# 風象時代的生活方式如何改變？

## 怎樣的人能夠活躍？

澈底受到終身僱用制與年功序列制（※）保障的時代就此結束，人們將得自行負責掌舵，航向「活得像自己的人生」。機會將會接二連三地降臨於具獨立心且能靈活變通的人，或是能敏銳察覺潮流的人身上。

此外，在風象時代將會迎接資訊化時代「正式登場」，社群網路或網路服務成為日常生活不可或缺的一部分。人們會將能夠迅速傳送有益且正確資訊的人評為「可靠的人」；而不執著於金錢或物欲的類型，也與風象時代十分相稱。

## 需要留心什麼事才能成功？

風象時代是變化的時代。為了跟上令人眼花撩亂的變化，重要的是不受到過去的實績或常識所束縛。此外，土象時代的成功理論或範本已不再適用，成功重點將著眼於能夠如何創新且具獨創性。為了與時俱進，就必須隨時仔細研究自己本身，並設法擴展屬於自己的獨特才華。雖說這是個以個性或自由為信念的時代，還是要注意別淪為利己主義，請本著「和而不同」的精神，並重視體貼之心。

## 所謂的風象時代……
## 是能找到符合自身幸福的時代！

※註：日本的企業文化，以年資與職位制度鼓勵員工在同一間公司工作到退休。

# 前言

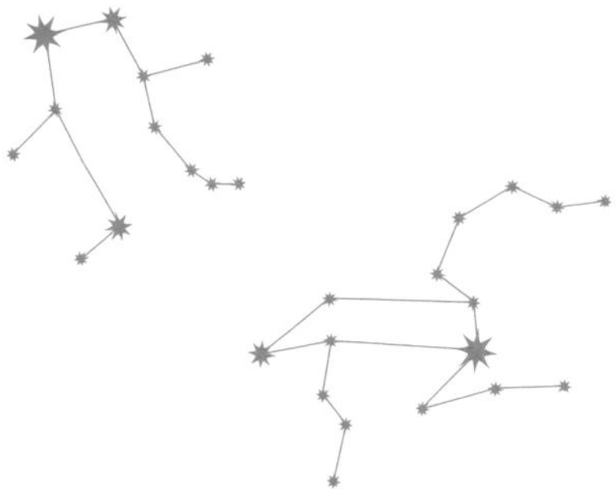

每當星辰展現特別的動向或配置時，占卜鑑定的委託就會增加。不可思議的是，有許多人明明不具備西洋占星術的知識，也從未閱讀過占卜相關文章，卻會在那時突然下定決心採取行動。在我提起「土星在本週睽違兩年地移動了」，客戶就納悶地詢問「因為這樣，我才會突然想要占卜嗎？」其實對方或許是因為下意識「感覺到星辰的動向」，才會前來找我鑑定的。人們在擔憂未來時，自然而然地會試圖想從天空尋覓命運發展的線索，這點自古以來都未曾改變。而在面臨動盪的時代到來，未來越發難以預料、內心越發感到不安的此刻，可以預期人們將會對占卜更加感興趣。

購買了本書的你，將會獲得稱作「星盤」的人生羅盤。你可以透過根據出生年月日製成，專屬於自己的星圖＝星盤，解讀出性格、才華、與重要之人的契合度、未來的運勢。若再加上宮位或

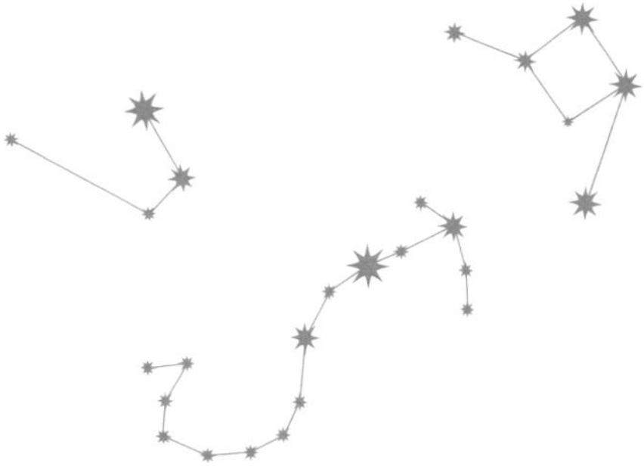

相位，就能得出比各位熟稔的太陽星座預測更詳盡的占卜內容。

綜合性的掌握與連鎖性的推理，是星盤解讀方式的基礎。一開始，你可能會覺得光是解讀各個環節就已經是極限了。其中包括許多解釋及含義，有時每顆星還會分別呈現完全相反的意義，究竟該採納哪種解讀才對——你應該會像這樣感到迷惘。不過，星盤中囊括了你的存在與過去、現在、未來的所有時光，因此內容既細膩而充滿眾多面向也是很正常的。首先，請一個一個地仔細揀選星盤上的所有要素，在你能夠詳細占卜後，或許還會浮現出至今為止從未察覺到，令你感到意外的自己。

而在你面臨做出選擇的分岔路口，或是感覺到什麼的時候，請務必以星盤來「對答案」。這麼一來，你就會逐漸掌握屬於自己的解讀方式，在人生的航向上也會更暢行無阻。

那麼，請拿起星盤，踏上星辰所邀請的新時代之旅吧。

Rene Van Dale研究所

# Contents

Contents

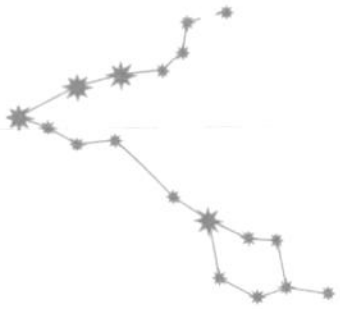

# 第3章 解讀星盤

Contents

## 第5章 透過星盤占卜未來

# 第 1 章

# 星盤的由來

# 歡迎來到西洋占星術的世界

## 西洋占星術的起源

相傳占星術的起源可以追溯到距今約四千年前，位於底格里斯河、幼發拉底河流域的美索不達米亞地區（今伊拉克）的古巴比倫尼亞。當時，人們會透過星辰的動向來預測農作物播種或收割的時機、國王的健康狀況、能否在戰爭中獲勝等國家的動向。

一般認為，占星術自這古巴比倫尼亞誕生，接著流傳到世界各地，並在反映出當地宗教觀的狀態下逐漸發展。然後到了西元一世紀，在曾為古希臘殖民地的埃及亞歷山卓地方建立起一套體系。

## 占卜所需的事物

使用西洋占星術占卜時，需要的是「占卜對象」、「占卜主題」，此外，還需要「時間」與「地點」。比如說，在占卜你的命運時，需要的是你的出生年月日、出生時間、出生地點的經緯度。接著根據這些資料，計算出在你誕生的那瞬間，從當地仰望天空時所見的行星配置方式，並以此為基礎來占卜。當然，也有許多不清楚出生時間與地點的案例，不過只要能明確掌握對象及占卜主題，對占卜而言已經足夠了。

# 1 什麼是星盤

## 顯示你命運的星群地圖

據說「星盤（Horoscope）」一詞源自古希臘語Hora（時刻）與Skopos（偵察、觀察）。顯示的是在某個瞬間，占卜所需的行星位於天空哪個位置的圖，可說是「星群地圖」。

那麼我們在占卜時，為什麼要確認星辰的位置呢？這是因為古人覺得「在天上發生的情況會反映在地面的事件上」，並認為位於太陽運行路徑（黃道）上的行星「強烈影響著地面上的事物」，而加以崇拜。基於這項基本理念，先人們將星辰呼應了地面上的何者、哪顆星位於何處時發生了什麼事的內容，進行了系統化的整理，更進一步融合各時代的價值觀。而這套占星術，便一步步發展至今。

當然，現在的我們知道，星辰移動並不會直接影響地面上人們的命運。然而，我們根據先人們所研究的龐大資料，得以藉由追尋星辰的動向，讓預測我們可能會處於何種運勢、迎接怎麼樣的未來一事化為可能。因此，才會將展示占卜所需的星辰配置的星盤稱作「顯示命運的星群地圖」。

# 2 星盤的結構

## 你出生時的行星地圖

在看人的命運時，東方的四柱推命會使用從出生年月日看運勢的「命式」；在西洋占星術中，同樣也會根據占卜對象的出生年月日、時間及出生地點，計算出行星地圖——「出生星盤」，藉此確認在對象出生地點的上空，行星當時正運行到何處。針對幸運的人，常有人說「那個人吉星高照」。古人則認為，一個人的能力或人生運勢，是受到其呱呱墜地時的行星配置所左右。

太陽系的十大行星分別被賦予了羅馬神話眾神的名字，暗示該行星所具備的能力。太陽為太陽神阿波羅；月亮是女神黛安娜；水星為傳令之神墨丘利；金星為愛與美的女神阿芙蘿黛蒂；火星為戰神瑪爾斯；木星為眾神之王朱比特（相當於希臘神話中的宙斯）；土星為農耕之神薩圖恩努斯；天王星為天空之神烏拉諾斯；海王星為海神涅普頓；冥王星為冥界之神普魯托。在你出生時，這十名神祇分別從自己所停留的星座贈予了祝福。祂們贈予了什麼樣的祝福呢？占星術師將會從出生星盤找出這點。

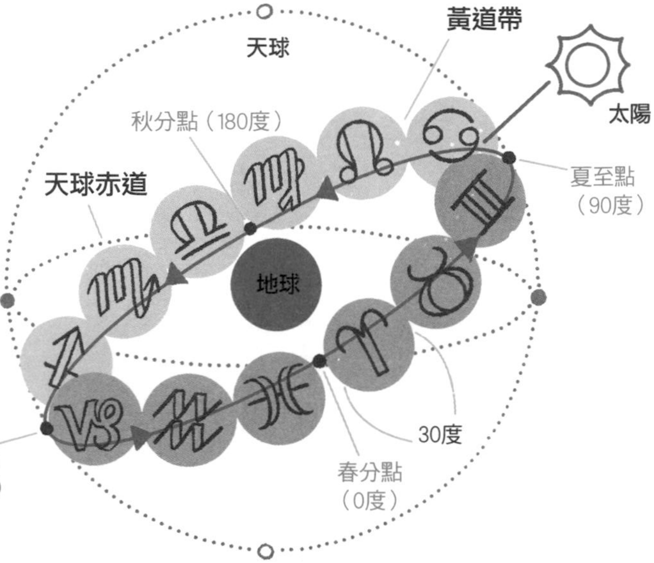


## 占星術的宇宙觀

占星術的宇宙觀，源自古希臘的哲學家亞里斯多德的宇宙觀。而西元二世紀左右，活躍於亞歷山卓的天文學家托勒密基於此提出「天體以不動的地球為中心，圍繞著地球公轉」的概念，為天動說奠定了體系。

在這天動說當中，宇宙為被稱作「天球」的球體，而地球則位於其中心。然後，將地球上的赤道投射到天球上，就成了「天球赤道」。黃道以與天球赤道形成傾斜角度23．4度的狀態下通過，十二星座則排列在黃道上。人們認為由於以太陽為首的十大行星繞行於這些星座上，而對地面上造成各式各樣的影響。

# 3 能透過星盤得知的內容

## 你的一切都描繪在星群地圖上

如同我在「顯示你命運的星群地圖」（19頁）中所說過的，星盤可以預測我們會處於何種運勢、可能會迎接怎麼樣的未來，換言之，就是用來作為鑑定從過去、現在到未來的圖面；然而到了近代，星盤則化為分析自己本身的線索。

星盤由十大行星、十二星座以及十二宮位所組成。將這三大要素以各種邏輯組合，藉此了解一個人的稟性。人際關係的傾向、面對工作或學習的方式、用錢方式……出生星盤上記載著能了解一個人在種種狀況下，可能會如何採取行動的相關線索。而占星術則活用於當這些行動可能招致不理想的未來時，可以事先加以提醒注意的情況上。

此外，在雜誌等媒體上常見的「你是這樣的人」一類的十二星座占卜，看的只有太陽這部分，雖然並非完全不準，但人類是很複雜的。若藉由仔細確認十大行星如何配置，將能更詳細了解自己本身。

## 原本的自我

我們在社會上生活之際，往往會為了避免與周遭產生摩擦，而在難受時仍露出笑容、穿著並不符合自己喜好的服裝等，壓抑著原本的自己採取行動。然而，像這樣持續壓抑，就會迷失原本的自我，而容易遭到「我到底是為了什麼而活？」的不安侵襲。

在這種時候，就可以試著在出生星盤上確認顯示「原本的自我」的太陽，位於哪個星座或宮位上。此外，藉由確認有哪顆行星進入顯示一個人本質的第1宮，或是第1宮的宮首星座（第1宮的始點），也能發現找回原本自我的提示。答案不止一個，這也是星盤的深奧之處。

## 才華

自己擁有怎樣的才華呢——在出社會之前，甚至在成了社會人士之後，都常會浮現這樣的疑問。想透過占星術來看才華時，可確認水星位於出生星盤上的哪個位置。

不只是看星座，也請確認落在哪個宮位。這一點不僅限於確認水星時，會這麼提醒，是因為若不考慮這一點，就會演變成同一天出生的人，都會擁有同樣才華的情況了。

不過，只要在確認時搭配宮位，即使是同一天出生的人，水星位置也會隨著出生時間而改變。至於才華會以何種形式發揮，本書準備了十二×十二種答案，能更詳細地呈現出「自己擁有這樣的才華，會以這種形式發揮」。

## 適合職業與戀愛觀

「適合自己的職業」、「適合談怎樣的戀愛」也是人們會感興趣的主題。大多數雜誌或網路占卜看的都是太陽星座，但若是確認出生星盤，就能找到最貼近自己內心的答案。

關於適合的職業，可以藉由確認太陽落入的宮位，得知怎樣的工作能令人獲得成就感。此外，如果任職於水星星座或水星落入宮位所顯示的工作，人際關係應該會很順利，令你覺得「這是適合我的職業」才是。

至於戀愛觀，只要確認金星星座、火星星座，以及金星與火星落入宮位所顯示的戀愛觀，你所期望的對象究竟是何種類型、什麼樣的約會能令你滿意、性傾向如何等更為深沉的部分就會浮現出來。

## 缺點

出生星盤同時也存在著「會凸顯出自己不太想面對的缺點」這樣的一面。

比如說，火星若是落在天秤座，就能解讀為雖然行為舉止優雅，卻沒有耐力；同樣地，火星若是進入代表婚姻和契約的第7宮，就會引發衝動決定結婚、在生意上做出容易惹麻煩的言行舉止等情況。此外，當兩顆行星形成特定的角度時，則會造成負面影響，或展現出缺點。就連被稱為「幸運星」的木星，萬一與太陽形成引發負面影響的角度，同樣存在著若是得意忘形則容易失敗的特性。

不過，只要明白「自己有這樣的傾向」，針對以上情況都能擬定出對策才對。

## 與在意之人的契合度

契合度也是十分重要的占卜主題。手上如果有兩人的出生星盤，就可根據目的選擇最合適的行星占卜。比如說基本契合度就看彼此的太陽；戀愛契合度看金星與火星；婚姻契合度看太陽與月亮等。

這時重要的並非「契合度佳不佳」，而是以「怎樣的契合度？」這樣的視角來確認的態度。如果彼此間是容易產生誤會的契合度，就可以藉由確認對方的水星星座，了解該怎麼做比較不會產生誤會等，思考更具體的接近方式。

藉由了解對方，就能建立積極正向的關係，並在個性上有所成長。獲得這樣的效果，也是解讀星盤的有趣之處。

## 未來運勢

占卜的起點是確認未來運勢。本書中也會提到（321頁），在占卜個人的未來時，最常見的方式是將想了解時期的星辰位置與出生星盤重疊，確認星辰會造成怎樣的影響。

那麼，想請各位試著想想，當有兩人的出生星盤配置相同時，他們的未來會一模一樣嗎？答案是「否」。即使個性或運勢傾向相似，仍然不會變得完全相同。性別若是不同，在星盤中所看的行星也會跟著改變。根據至今為止相遇的人物而異，思考方式、行動模式也會隨之改變，因此擁有相同未來的機率近乎於零。

# 4 取得專屬星盤的方式

你可以在本書所附錄的網站中製作星盤、占卜未來運勢。只要掃描右方的QR碼就能進入網站，請試著取得你的出生星盤吧。

※根據使用裝置或網絡環境，可能會有無法使用或另計網絡費用的情況。本服務可能會在沒有事先預告的情況下逕行變更，敬請諒解。

占星之門

https://astrodoor.cc/horoscope.jsp

## 輸入畫面

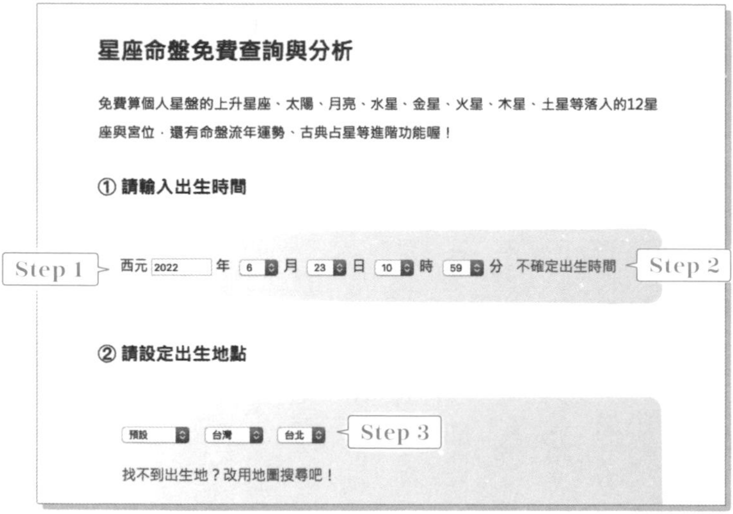


Step 1 選擇你的出生年月日。

Step 2 選擇你的出生時間。如果不知道出生時間，請戶政事務所或出生醫院查詢。

Step 3 請選擇你的出生地點。如果不知道出生地點，請選擇「預設」。

## 星盤畫面

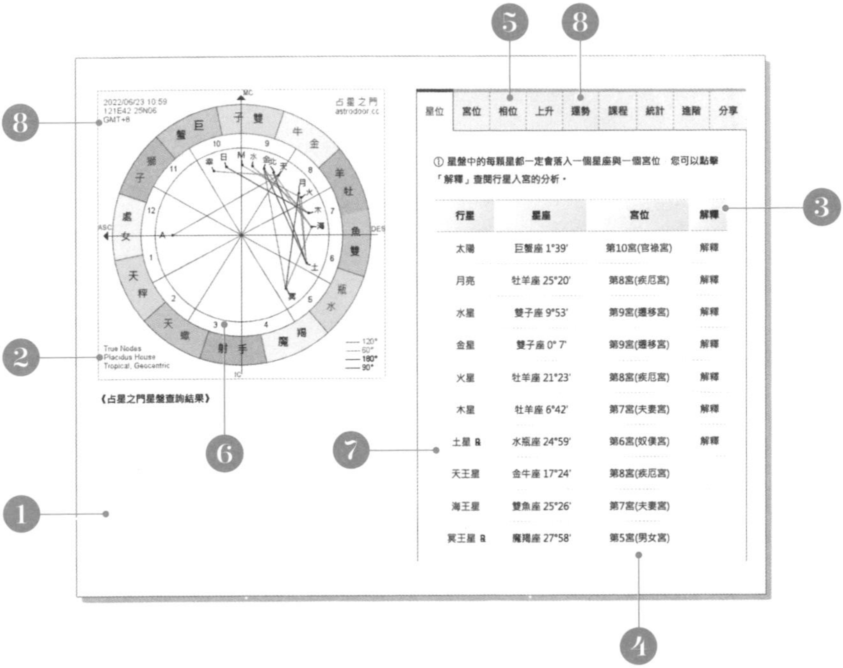


## 網站閱讀方式

❶ 顯示在輸入畫面中輸入的資料。

❷ 你的出生星盤。

❸ 顯示行星分布（二元性、三大模式、四大元素）狀況。

❹ 顯示十大行星落入哪個星座、宮位（解說於78頁～）。

❺ 顯示行星之間的相位（解說於180 頁～）。

❻ 顯示十二宮位各自對應的宮首星座。

❼ 顯示十大行星所在的角度。後方若標注了「R」，則顯示該行星處於逆行（解說於247頁）狀態。

❽ 以行星過運來占卜未來運勢時使用（解說於322頁～）。

# 5 如何觀看星盤

## 星盤圖

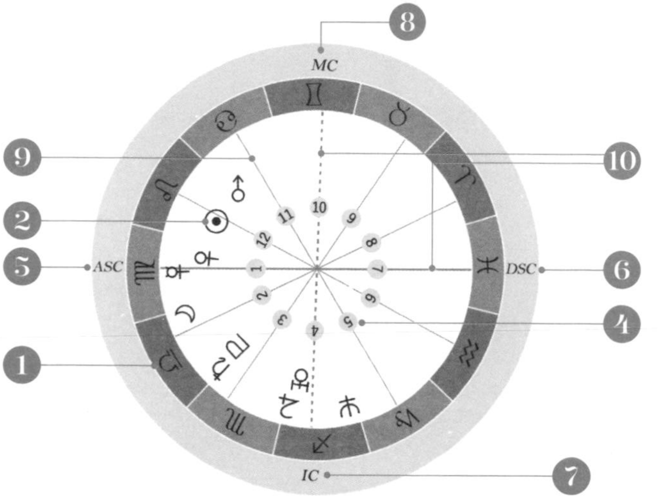


※若有複數行星彼此接近，顯示的行星符號可能會重疊。難以辨識時，請參閱表格（27頁之❹）確認十大行星落入哪個宮位。

※在星盤製作網站中，會在各宮位的始點（界線）上顯示宮位編號，但在本書中為了方便查閱，會顯示於各宮位之中。

在瀏覽網站時，請搭配表格（27頁之❹）確認十大行星落入哪個宮位。

11

### 相位

| | | | | | | | | | | |
|---|---|---|---|---|---|---|---|---|---|---|
| | ☉ | | | | | | | | | |
| ☽ | | ☽ | | | | | | | | |
| ☿ | | | ☿ | | | | | | | |
| ♀ | | | | ♀ | | | | | | |
| ♂ | | 60 | | | ♂ | | | | | |
| ♃ | | 60 | | | 120 | ♃ | | | | |
| ♄ | | | | | 90 | | ♄ | | | |
| ♅ | | 60 | | 90 | | 0 | | ♅ | | |
| ♆ | | | | | 150 | | 60 | | ♆ | |
| ♇ | | | | | 90 | | 0 | | 60 | ♇ |

3

### 行星角度

| | |
|---|---|
| ☉ 太陽：18° 39′ | ♃ 木星：1° 21′ |
| ☽ 月亮：2° 31′ | ♄ 土星：29° 5′ |
| ☿ 水星：14° 51′ | ♅ 天王星：5° 4′ R |
| ♀ 金星：8° 13′ R | ♆ 海王星：26° 40′ R |
| ♂ 火星：28° 50′ | ♇ 冥王星：27° 4′ |

※在本表格中，行星角度將顯示至分（′）。度數後方若標注了「R」，則顯示該行星處於逆行狀態。

## ❶ 星座符號

以春分點為起始，將星盤的圓周（太陽運行路徑，即黃道）以每30度均分，並分配給每一個星座（各符號所代表的星座，請參閱32頁）。星座幅度實際上並非均等，而是各自相異，但基於作為座標的功能而加以調整。

## ❷ 行星符號

於西洋占星術中所使用的十大行星之符號（各符號所代表的行星，請參閱33頁）。太陽與月亮雖然並非行星，但為了方便起見，在本書中視為「行星」。此外，這項符號也用於天文學中，可以窺見其與占星術有相同的根源。

## ❸ 行星位置

顯示各行星進入該星座的幾度位置。請藉由星盤圖與這張「行星角度」表格，確認行星進入的是哪個星座，並落在該星座的幾度位置。從這張星盤圖中，可得知太陽落在獅子座的18度39分位置上。

## ❹ 宮位編號

將太陽運行路徑的黃道劃分為十二區塊後，每一區塊稱作宮位。並從東方地平線（上升點）起，逆時針分配為第1～第12宮。每個宮位都有對應主題，可藉由各宮位有哪顆行星登場來解讀星盤。

## ❺ 上升點（ASC）

假設當自己站在天球中央面對正南方時，太陽從東方地平線升起的地點就是Ascendant，中文稱作「上升點」，並顯示於星盤左側。上升點是第1宮的始點，可透過哪個星座位於此處，來確認一個人帶給他人的印象為何。

## ❻ 下降點（DSC）

太陽從西方地平線落下的地點是Descendant，中文稱作「下降點」。顯示於星盤右側，是第7宮的始點。可透過確認出生星盤中，哪個星座位於此處，來確認能令自己獲得成長的是怎樣的人物。

## ❼ 天底（IC）

位於星盤圓周（黃道）最下方的地點。IC是拉丁文中Imum Coeli的縮寫，意思是「天底」。是第4宮的始點，可透過確認出生星盤中，哪個星座位於此處，來確認支撐一個人的價值觀、能獲得療癒的環境為何。

## ❽ 天頂（MC）

位於星盤圓周最上方的地點。MC也是拉丁文，是Medium Coeli的縮寫，意思是「天頂」，又稱「上中天」。是第10宮的始點，可透過確認出生星盤中，哪個星座位於此處，來確認一個人在社會上能有何成就。

## ⑨ 宮位界線（始點）

顯示交界的線稱作「始點」。星座的界線為每30度一條，當行星跨過這條界線，樣貌就會完全改變。宮位的界線十分模糊，位置可能因為時間、地點、計算方式而改變。而當行星位於界線上時，也可以將其視為進入下一個宮位。

## ⑩ 星盤軸

連接上升點與下降點的軸為「地平線軸」；連接天頂與天底的軸則為「子午線軸」。這兩條線為星盤的軸線，會以此為基準分配各宮位。由於第1～6宮位於地平線下方，位於此處的行星實際上是看不見的。

## ⑪ 相位

當兩顆以上的行星在星盤上形成特定角度時，稱作「形成相位」。相位有許多種類，但在本書中則聚焦於代表性的六種相位（關於主要相位的種類、各相位的作用，請參閱180頁～）。

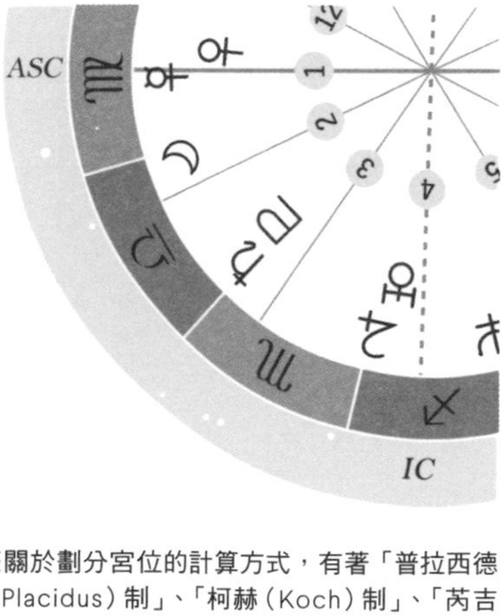


※關於劃分宮位的計算方式，有著「普拉西德（Placidus）制」、「柯赫（Koch）制」、「芮吉歐蒙他拿斯（Regiomontanus）制」等各種宮位制，本書採用的是「柯赫制」。

※星座雖以每30°均分為十二等分，但宮位以「柯赫制」的計算方式劃分區塊，因此與星座的界線並不一致。

# 6 星盤符號一覽表

## 十二星座的符號

| | | |
|---|---|---|
| ♊ 雙子座 | ♉ 金牛座 | ♈ 牡羊座 |
| ♍ 處女座 | ♌ 獅子座 | ♋ 巨蟹座 |
| ♐ 射手座 | ♏ 天蠍座 | ♎ 天秤座 |
| ♓ 雙魚座 | ♒ 水瓶座 | ♑ 摩羯座 |

# 十大行星的符號

♂ 火星
♀ 金星
☿ 水星
☽ 月亮
☉ 太陽

♇ 冥王星
♆ 海王星
♅ 天王星
♄ 土星
♃ 木星

# 主要相位的符號

□ 90°四分相
⚹ 60°六分相
☌ 0°合相

☍ 180°對分相
⚻ 150°補十二分相
△ 120°三分相

# 不知道出生時間的人，該如何製作星盤？

出生時間、出生地點會決定上升點，並形成正確的星盤。但雖然有寶寶手冊，仍可能無法確認出生時間。若要製作別人的星盤時就更是如此了。

此時可以採用基於日出時刻的「日出盤（sunrise chart）」，這是因為作為一天起始的日出，那瞬間的星辰配置匯聚了那一整天的情況。實際上，若是根據日出圖表製作，會讓那個人天生具備的潛在事物浮現出來，十分耐人尋味。此外還有各式各樣的作法，比如說假設為出生日期的中午誕生，或是將太陽星座的0度作為第1宮的始點等，但無論何種方式，都會優先確認星座、相位。

Column

# 第2章

# 述說命運的星盤

# 解讀星盤的步驟

## 星盤的解讀要從宏觀到微觀

在由各種要素所組成的星盤當中充滿了資訊，首先請試著解讀自己的星盤。建議從能掌握整體的宏觀視角開始，再將視線轉往細節。

具體而言，順序為①從行星分布掌握大致趨勢，確認②主要的星座與③行星的配置，藉由④星盤上有哪些行星落入各宮位來調查各領域的特徵，並⑤調查行星之間的相位。請試著挑戰，解讀顯示你本身模樣或未來的「星群地圖」吧。

### 1

### 透過星盤整體分布來看趨勢

☛ P.38～

↓

首先來檢視十大行星的配置情況。行星的配置狀況會因為人而截然不同，即使是同一天出生的人，也會因為出生地點或出生時間相異而有所偏移，因此可根據其分布狀態來了解大致趨勢。比如說散布範圍廣闊就是全能型選手；集中於狹隘範圍裡的就是專家型人物……等等。首先了解自己是哪種類型後，再來進一步細看吧。

## 2
### 從星座掌握自身本質
☛ P.52～

## 3
### 透過行星配置來看個性
☛ P.78～

詳細解讀星盤的第一步，是了解你的本質及個性。需要掌握的重點是星座與行星。藉由同時解讀十二星座所擁有的特質，以及十大行星所擁有的力量或象徵事項，就能認清你的本質。太陽、月亮、上升星座的重要性特別高，據說意味著本人的特質、基本性格及行動類型。

↓

## 4
### 透過宮位來看人生主題
☛ P.126～

接著再從第1宮開始，依序研究進入各宮位的行星。所謂的宮位，指的是將太陽運行路徑劃分為十二塊的區域，分別代表著「金錢」、「戀愛」、「家庭」、「健康」、「社交」等主題。藉由哪顆行星在哪個宮位登場，來講述你的人生故事。也請確認是否有哪一宮裡有複數顆行星，或哪一宮裡完全沒有行星。

↓

## 5
### 從相位來看行星之間的影響
☛ P.180～

星盤中的十大行星不僅會在各自的位置獨自發揮力量，當行星之間彼此形成特定角度時，會發揮強大的力量。根據形成的角度，可以確認行星之間的能量交互作用。這意味著兩顆行星之間產生了密切的關聯，因此是在解讀出生星盤時也不容錯過的重點。

# 透過星盤整體分布來看趨勢

## 從行星配置來確認趨勢

首先來**檢視行星分布的傾向，這可說是星盤的第一印象診斷**。行星配置會因人而異，比如說幾乎全在下半部、平均分散在整個星盤上等，可說各不相同。

在西洋占星術之中，上方為南、下方為北、左邊為東、右邊為西。並將南半球設為社交性、北半球設為個人生活、東半球設為自主性、西半球設為被動性的型態。請試著確認你的行星大多聚集於何處吧。如果行星沒有明顯偏向哪一側，而是平均落入四個半球之中，則請視為適當地具備四個半球各自的趨勢。

## 東西南北四半球

### 行星集中在東半球（左側）的人

當眾多行星位於星盤左半邊時，代表你是個「藉由自己的想法與力量打造人生的行動派」。第1宮與第12宮顯示的是展現自己的方式或自我確認等；第2宮為收入；第3宮與第11宮為資訊與溝通；第10宮則是使命或野心等，主要行星位於這些宮位，展現出對於社會的積極性。

## 行星集中在西半球（右側）的人

當眾多行星位於星盤右半邊時，則與東半球類型相反，顯得較為被動。比起靠一己之力開拓人生，你是認為受到周遭人們影響或協助的生活方式更為舒適的類型。第4宮顯示的是家庭；第7宮為夥伴；第5宮與第8宮為喜悅及利益等；第6宮與第9宮則代表著透過人際關係獲得的工作或想法等。

## 行星集中在南半球（上側）的人

當眾多行星位於星盤上半邊的範圍時，代表你是注重社交生活更勝於私生活的類型。行星配置為這類型的人，多擁有這樣的志向，也能獲得機遇，因此會年紀輕輕就功成名就。由於行星集中於連接星盤上升點與下降點的橫軸——地平線軸上方，使得與肉眼可見的地面上現實世界相關的力量十分強勁。

## 行星集中在北半球（下側）的人

當眾多行星位於星盤的下半部時，則與南半球類型相反，有著注重私生活的傾向。比起名聲或成功，你反而會將個人的樂趣或生存價值視為優先。其大器晚成的傾向也與南半球類型呈對比。位於地平線軸下方的第1宮到第6宮，屬於隱藏的私人領域，存在於此的行星，能在精神成長時，灌注各式各樣的能量。

## 從行星分布的七種類型看出個性

除了以半球方式加以診斷，還有從星辰的分布情況掌握全貌的方法。此為美國占星學家所建立的理論，共有以下七種分類。

或許有人十分符合這七種分類之一，也有人會覺得「有點不一樣」，或猶豫「自己是這兩者的哪一種」。即使配置並未符合圖面說明，也並不表示就完全不符合內容所介紹的特徵，請將分類視為大方向的趨勢，並檢視最為接近的那個類型。

與東西南北半球一樣，這將會成為顯示「能適應各種情況，保持良好平衡的人」或「專注於某一方面的專家型人物」等第一印象的線索。

此外，一開始先藉由行星的分布狀況掌握概要，接著分析各部分，然後再回到分布狀況，最後作綜合解析也是不錯的方式。

# 行星分布的七種類型

### 散落型

如同水灑落一地般，散布在整個盤面上的類型。你的興趣廣泛，累積了各式各樣的知識。性格上較無偏頗，為人敦厚。凡事都能順利無礙地完成，但也顯得較無特別突出的一面。與其持續做著同樣的事，你更適合接二連三地著手、發展全新事物的環境。

## 擴展型

如同用手指按住水管前端後噴出的水般，在盤面上大約分成三塊的類型。你具備適應環境的能力，能悠閒自得地發揮才華。若是聚集在如同將星盤分成三等分般的位置，則多會形成三分相（178頁）或大三角（196頁），是容易受到幸運之神眷顧的類型。

## 集團型

所謂的Bundle，就是「捆束」的意思。是行星全都匯聚於二到五個連在一起的星座中的類型。你精通於特定領域，並於此嶄露頭角。這類人多會成為專家、研究人員、追尋者，並有著不諳世事的傾向。形成合相的行星愈多，這類趨勢就愈強。

## 碗型

Bowl的意思就是餐具的大碗。是跨越六到七個星座的類型。有時即使跳過一個星座，但整體仍連成半圓形的話，仍符合這個類型。你是會在各半球所顯示的領域（38頁）中累積人生經驗並加以成長的類型。即使無法漂亮地對應到東西南北半球，仍能澈底運用自己具備的知識或經驗，做出成果來。

## 提桶型

Bucket指的就是水桶。一顆行星就像水桶的握柄般離得特別遙遠，而其他九顆行星則集中在相對的半球中的類型。你雖會為了目的而竭盡全力地努力，但由於有一顆行星位於相反側，而同時具備完全相反的觀點，並因此感到糾葛。位於握柄處的行星稱作「孤星（Singleton）」，肩負著牽引人生的職責。

## 火車頭型

行星落入七個以上連在一起的星座中，而且沒有跳過任何一個星座的類型。Locomotive是火車頭的意思。你如同強而有力的火車頭，會充滿活力地朝著目標邁進。雖然會毫不考慮周遭的狀況而向前猛衝，但即使遭遇障礙，也能加以克服並成長，更容易發揮所具備的力量。

## 蹺蹺板型

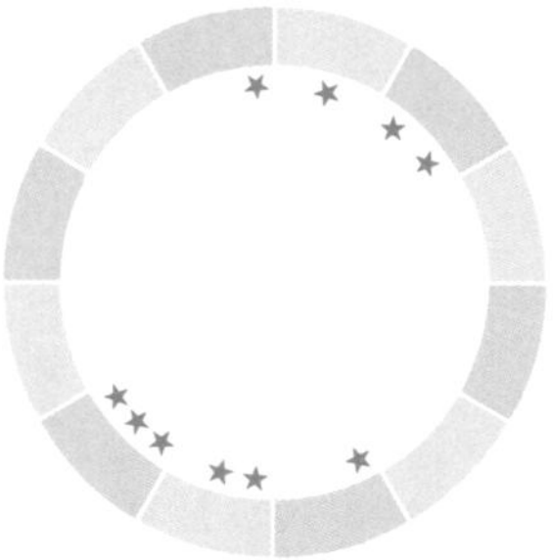

分為兩大區塊，兩邊各有五顆，或四顆與六顆這樣的類型，並且在兩個區塊之間存在兩個以上完全沒有行星的星座。如同「蹺蹺板」字面上的意義，你在任何事上都想保持平衡，情況一旦偏向一邊，就會期望著反作用。習慣從表裡兩面看待事物，並有同時進行兩種相異活動的傾向。

## 注意靠近星盤軸線的行星

所謂的星盤軸線，指的是連接上升點與下降點水平線軸，與連接天頂與天底的垂直（子午線）軸形成的十字。此為白天與黑夜、地面上（社會上的自己）與地面下（內在）的界線，是星盤結構的基準軸。上升點是代表自己，下降點代表他人或環境，天頂代表人生目標，天底則是代表自身基礎的重要交點。

而位於這軸線前後５度以內的行星，影響力會特別強勁。尤其是位於上升點前後５度以內的「上升星」（２０４頁）或中天（位於天頂前後５度）的行星力量會特別強大。不過由於範圍狹窄，也常有完全不存在任何行星的情況，不需要為此擔心。

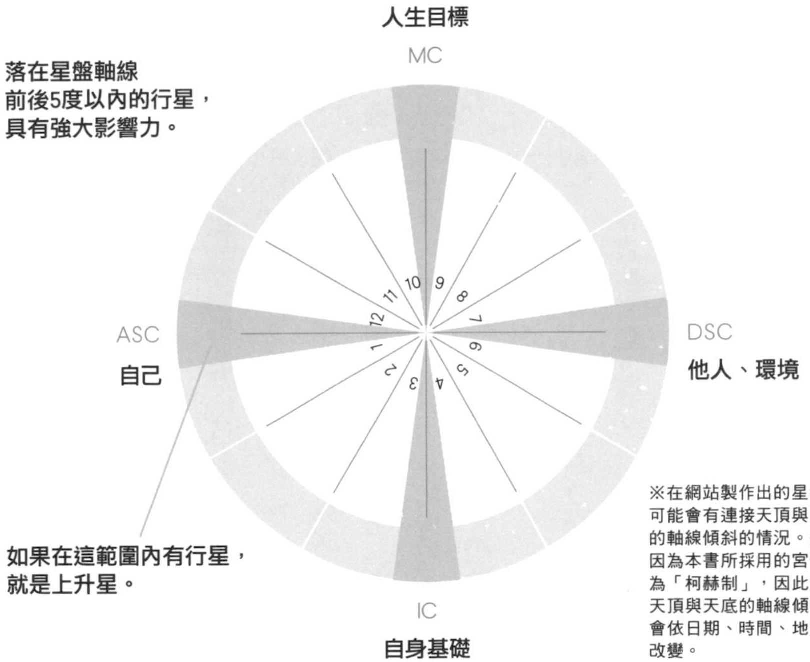


※在網站製作出的星盤，可能會有連接天頂與天底的軸線傾斜的情況。這是因為本書所採用的宮位制為「柯赫制」，因此連接天頂與天底的軸線傾斜度會依日期、時間、地點而改變。

# 從星座掌握自身本質

## 位於黃道帶的十二星座

共有十二個星座位於太陽運行路徑，也就是黃道上。目前常見的稱法為「○○座」，但另外也稱作白羊宮（牡羊座）、金牛宮（金牛座）、雙子宮（雙子座）、巨蟹宮（巨蟹座）、獅子宮（獅子座）、室女宮（處女座）、天秤宮（天秤座）、天蠍宮（天蠍座）、人馬宮（射手座）、摩羯宮（摩羯座）、寶瓶宮（水瓶座）、雙魚宮（雙魚座）。古人或許是將其想像成了太陽依序造訪十二座宮殿的情境吧。此外，由於星座中有許多動物，因此黃道又稱「獸帶」。

黃道與天球赤道的交點為「春分點」、「秋分點」，而位於春分點及秋分點中間的則是「夏至點」、「冬至點」。在這些交點之間，以春分點為基準，將黃道平均劃分為十二等分，每一等分為30度。並從牡羊座起，依序分配了十二宮。太陽會於春分進入牡羊座，並大約每三十天移動到下一個星座。通過夏至點的夏至進入巨蟹座，通過秋分點的秋分進入天秤座，通過冬至點的冬至進入摩羯座，最後再回到春分點。

# 十二星座象徵的事物

不僅是太陽，月亮、水星、金星、火星、木星、土星、天王星、海王星與冥王星十顆行星也會陸續行經黃道上的十二星座。每顆行星都具備不同的力量，而當行星進入獅子座或處女座時，其力量的展現方式也會相異。十二星座可說是決定了行星的力量與方向將以何種特徵展現的存在。我們可以說「如果行星是『主詞』，星座就是『副詞』。」

在本書中會介紹象徵各星座的事物「關鍵詞」（53頁），這可以說是星座的說明書。所謂的「主宰行星」，指的是主導、管理該星座的行星。「二元性」指的是外向、投射性的陽性與內向、接受性的陰性兩大分類；「三大模式」則是開創、固定、變動三種特質；「四大元素」指的則是火象、土象、風象、水象四大元素。此外，「司掌的身體部位」，代表的是該星座主導著身體的哪一部分；「司掌方位」則是指該星座主導的是哪個方位。比如說，在27頁的A小姐的星盤中，代表美麗與喜悅的金星落在處女座，因此A小姐的情況就能解讀為：處女座司掌的腸胃會影響美貌相關；而在西北西方位則會有許多令人愉快的事情發生。

# 象徵性格的三種星座

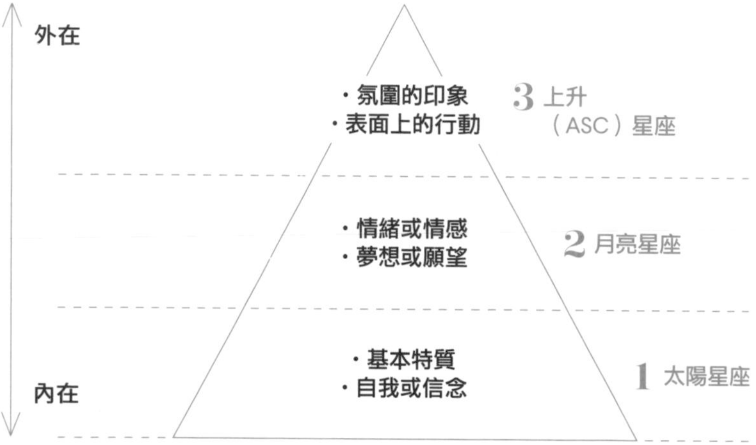


在西洋占星術中，太陽所在的星座稱作「太陽星座」，月亮所在的星座稱作「月亮星座」，而位於東方地平線（星盤左側）——上升點（ASC）的星座則稱為「上升星座」。在出生星盤中，這三種星座會是得知個人性格的重要線索。

在上圖中所呈現的是這三種星座的位置。從由太陽支撐著月亮與上升星座的形式可以得知，若是沒有太陽，月亮與上升星座也無法成立，或是會非常不穩定。

然而，正因為太陽星座代表本質，因此出乎意料的，難以產生自我認知；相較之下，容易外顯的上升星座，以及容易有所自覺的月亮星座，反而更容易令自己及他人覺得貼切也說不定。

## 1 太陽星座
### 代表基本特質

太陽星座顯示的是基本性格特質、自我或信念等鮮少因為年齡、狀況或環境而改變的內容。並會在從雙親的庇蔭下獨立，與他人或社會有所交流，時而碰壁後自問「自己想怎麼做？」時才初次產生自覺，也就是所謂的社會認同。因此即使平時覺得太陽星座並不像自己，但是當你想詢問「自己是為了何種生活方式而出生的？」這類根本性的問題時，就可以檢視太陽星座所呈現的內容。

## 2 月亮星座
### 代表情感或願望

月亮星座顯示的是一個人的情感或情緒。之所以說月亮星座所呈現的是會根據狀況而大幅改動的部分，或許是由於自古以來就認為「月亮的陰晴圓缺對人的情感或情緒起伏有密切影響」此一看法也說不定。此外，相對於太陽星座代表的是社會人士的一面，月亮星座代表的則是獨自一人或僅在面對家人時會展露的，私人的一面。因此，不少人會認為月亮星座所顯示的內容更為貼切。此外，一般也認為學齡前孩童比較容易呈現出月亮星座的性格特質。

## 3 上升星座
### 代表他人對自己的印象

上升星座顯示的是他人對自己的印象，這是一個人在一生之中不可或缺的形象。因此透過上升星座，可以得知對方是怎麼看待自己，並藉此了解該採取何種態度、如何採取行動。不同於以自己本身為中心的太陽星座或月亮星座，上升星座是以他人的視角為主體，因此或許會發現「原來別人是這樣看自己的！」而感到吃驚。不過，當月亮星座或太陽星座與上升星座相同時，或許就不會感到如此驚訝了。

# 十二星座的分類

## 代表積極性的二元性〈陽性星座、陰性星座〉

星座雖然分為十二個，但其中還能夠再細分成幾種類型。首先介紹的是分為陽性星座、陰性星座的二分法。所謂的二元性，代表的是行動與思考模式是投射性（主動）還是接受性（被動）。雖說在星盤上有較多行星落入的星座，其分類的特質會明顯地呈現出來，但這裡指的只是思考方式上的特性，而無關吉凶，即使偏向任何一邊，也不會因此有任何運勢上的影響。

✷ 分類為陽性星座的星座

牡羊座／雙子座
獅子座／天秤座
射手座／水瓶座

✷ 分類為陰性星座的星座

金牛座／巨蟹座
處女座／天蠍座
摩羯座／雙魚座

### 〈陽性星座較多的人

你重視外在甚於內在，是會積極溝通，主動面對問題，並將自己的想法往外投射的類型。當月亮與太陽位於陽性星座時，這樣的傾向就會更加顯著。雖然令人感到可靠，但特質過於強烈時，也會帶給人強硬蠻橫的印象。

### 〈陰性星座較多的人

你重視內在甚於外在，是無論溝通或面對問題都處於被動守勢，接受周遭的想法來思考自身行動的類型。當月亮與太陽位於陰性星座時，可能會出現消極負面的傾向。或許雖然善於傾聽，卻不太擅長主動表達想法。

# 代表行動類型的三大模式〈開創星座、固定星座、變動星座〉

所謂的三大模式，是將十二星座分為開創星座、固定星座、變動星座三類，加以判斷一個人「行動力的特質」。在這三大模式中，哪種模式的星座聚集愈多，其特質就更為強烈；如果進入的行星較少，或甚至完全沒有半顆行星時，可以視為該項特質微弱；而如果行星平均散布在每一種模式中，則可以解讀成每種模式互相影響。此外，由於太陽與月亮進入的星座，其特質會比其他模式更為顯著，因此會對行動力的方針造成更大的影響。

✴ 分類為開創星座的星座
牡羊座／巨蟹座
天秤座／摩羯座

✴ 分類為固定星座的星座
金牛座／獅子座
天蠍座／水瓶座

✴ 分類為變動星座的星座
雙子座／處女座
射手座／雙魚座

## 開創星座 較多的人

你有行動力且積極主動，並具備領導能力。面對新事物時的處理態度積極，精力充沛且迅速，行動的原動力為精神上的高昂感，屬於身體會比大腦先動起來的類型。

## 固定星座 較多的人

你在採取行動之前會先仔細思考流程。面對多項任務時，雖然較不擅長有效率地處理，但很有耐心及毅力，擅長按部就班地著手進行一件事，具備能紮實獲得結果的執行力。

## 變動星座 較多的人

你的視野開闊，思考靈活。無論面對何種變化都能即時應對，並選擇當下的最好做法，臨機應變地處理。由於狀況愈是多變，就愈能發揮其真正價值，因此比起擔任領袖，更適合負責輔佐。

## 代表性格特質的四大元素〈火象、土象、風象、水象〉

所謂的四大元素，是將星座特質分為火象、土象、風象、水象四種，加以判斷一個人的性格。這是根據西元前五世紀的哲學家恩培多克勒所提倡的「世上的一切都是由這四種元素所構成」理論所建立的分類。與二元性、三大模式相同，有太陽與月亮進入的元素分類，就請當作其影響會比其他元素更為顯著。如果行星平均分布在各元素中，則可視為四種元素很平衡地互相作用。每種元素都具有個性，即使偏向任何一種也無關吉凶。

| | |
|---|---|
| ✷ 火象星座<br>牡羊座／獅子座／射手座 | ✷ 風象星座<br>雙子座／天秤座／水瓶座 |
| ✷ 土象星座<br>金牛座／處女座／摩羯座 | ✷ 水象星座<br>巨蟹座／天蠍座／雙魚座 |

## 火象星座較多的人〈

火元素為「精神」的象徵，聚集於此的行星愈多，創造性的特質就愈強烈。你具備從零開始創造事物的開拓精神與開闢命運的熱情，不甘心走在他人事先鋪好的軌道上。自尊心強，卻也有著如燃燒火焰般急躁的一面，在人生中最重視的是精神上的志向。即使無法獲得他人理解，也要優先重視自身能否獲得滿足。重視結果甚於過程，但由於具備向未知事物挑戰的強烈精神，而能不畏懼失敗地果敢挑戰。

## 土象星座較多的人

土元素為「物質」的象徵，聚集於此的行星愈多，物質的特質就愈強烈。建立於物質的穩健感與務實的謹慎態度，會強烈地展現在其價值觀中。你會為了內心平靜而試圖獲得眾多事物，並且澈底守護到手的事物，因此可能有執著於人事物的傾向。具備進步的經濟觀念，重視自己的五感或過去經驗更甚於理智。雖然極為畏懼失去或失敗，卻是能按部就班，且很有耐心地澈底思考「該怎麼做才能成功？」的類型。

## 風象星座較多的人

風元素為「知識」的象徵，聚集於此的行星愈多，機敏的特質就愈強烈。你是長於巧妙操控理論或言詞的強者，溝通能力出類拔萃。是學識淵博的情報通，且多為散發輕鬆氛圍的人。但由於求知欲旺盛，因此容易流於樣樣通樣樣鬆。在社交上總是群體當中的紅人，不過視場合而定，也可能會被認為是冷漠不講情面的人。對於事物總是根據合理性以理智態度下判斷，會運用多方面的視野，並重視「是否有效率」。

## 水象星座較多的人

水元素為「情感」的象徵，聚集於此的行星愈多，感性的特質就愈強烈。雖然給人敦厚穩重的印象，但內心其實懷著各式各樣的情感，強烈情緒偶爾會爆發。你的個性溫柔，但由於感性上的要素強烈，容易情緒化，無論好壞，情緒起伏都十分激烈，容易被自己的情感牽著鼻子走。即使會吃虧，仍將「在情感上能否接受」視為最重要的事。此外，也有著懂得察言觀色，擅長感受肉眼看不見的能量的一面。

# ♈ 牡羊座

*Aries*

## 神話

統治希臘色薩利的國王阿塔瑪斯有兩個孩子，名叫佛里克索斯與赫勒，但他新娶的王后伊諾不喜歡這對兄妹。她策劃了各式各樣的計謀，企圖奪走他們的性命。國王的原配涅斐勒為了保護孩子的性命，向主神宙斯祈禱，宙斯聽見她的祈禱，派來一頭會說人話且會飛的金羊。金羊揹著兄妹飛往空中，逃離王后的魔掌，但由於急著迅速飛離，赫勒不小心掉進了海裡，金羊雖然回頭在意掉進海裡的赫勒，仍持續往前飛翔，平安守住了佛里克索斯。宙斯認可牠的功績，讓牠成為天上的星座。

## 喜怒哀樂表現豐富的熱情之人，在思考前就會先採取行動

### 特質

牡羊座的人態度積極進取，無論在工作上或私底下都十分主動。總是明確決定「YES」與「NO」，不擅長處理模稜兩可或黑白不分的狀況。你在面對陷入膠著的問題時，會發揮天生的領導能力，將事情迅速地導向終點。由於身體會比大腦先動起來，可能會因此重蹈覆轍，不過擅長在關鍵時刻發揮能力，就好的意義而言，具備將周遭事物捲入其中的力量，是能化危機為轉機的類型。倒不如說，愈是陷入逆境，你就愈會心想「我絕對要成功！」而發揮自身潛力。

### 關鍵詞

積極／活躍／熱情
樂觀／戰略性／精力充沛
瞬間爆發力強／迅雷不及掩耳
短跑選手
擅長照顧人／勇敢／純粹
開朗／熱血男兒
重視結果甚於過程
領導能力／有同情心
心軟／感受性豐富
朝著頂點前進

**＊主管行星**
火星

**＊分類**
二元性 —— 陽性星座
三大模式 —— 開創星座
四大元素 —— 火象星座

**＊司掌的身體部位**
臉部、腦部、頭部

**＊司掌方位**
東方

# ♉ 金牛座

*Taurus*

## 神話

腓尼基的泰爾國王阿戈諾爾有個名叫歐羅芭的美麗女兒，甚至令主神宙斯對她一見鍾情。某天，當歐羅芭正在原野上採花時，一頭壯碩的雪白公牛出現在她面前。歐羅芭被牠漂亮的毛色吸引，坐到牠的背上，公牛竟猛然跑了起來，牠帶著歐羅芭衝過原野，翻山越嶺，渡過愛琴海，最後將她帶到了克里特島。在因為遠離出生成長之地，束手無策地顫抖著的歐羅芭面前，借用公牛外貌的宙斯現出原本的面貌，向她求婚。後來，兩人順利結婚，而被宙斯借用了姿態的公牛最後升上天空，成了金牛座。

## 腳踏實地處理事情，堅持自己步調的努力之人

### 特質

金牛座的人帶有沉著、成熟且優雅的氣質。由於你是個總是在腦中仔細思考步驟後才採取行動的謹慎型人物，因此容易帶給人自我中心的印象。一旦著手處理某件事，就會有強烈的責任感，無論發生任何事都不會半途而廢，堅持到底完成它，因此也受到周遭的強烈信任。很有耐性的一面也可能因此讓你被視為「頑固分子」，但待人和善，不會不小心樹敵。由於五感敏銳，也擁有藝術品味，尤其在味覺、觸覺的敏銳度在十二星座中首屈一指。

### 關鍵詞

內向／因循保守／物質性
有財運／遲鈍／穩重
踏實仔細／大器晚成／被動
容易親近／收藏家／執著
害怕失敗
慢熱／小心謹慎
彬彬有禮
容易受到長輩或上司喜愛
有受提拔的運勢
喜歡美麗的事物
十分講究

✶ 主管行星
金星

✶ 分類
二元性 —— 陰性星座
三大模式 —— 固定星座
四大元素 —— 土象星座

✶ 司掌的身體部位
下頷、頸部、咽喉

✶ 司掌方位
東北東

# ♊ 雙子座

Gemini

## 神話

斯巴達王后麗達的美貌迷住了主神宙斯，祂變身成一隻天鵝接近她。麗達接受了宙斯求愛，最後生下繼承了人類血脈的卡斯托與繼承神祇血脈的波路克斯這對孿生兄弟。這對兄弟感情和睦，一起成長為出色的年輕人。卡斯托擅長戰術，波路克斯長於拳腳功夫，兄弟倆在戰場上功勛卓著。然而他們被捲入堂兄弟之間的爭執，繼承人類血脈的哥哥卡斯托因此喪命，悲痛欲絕的波路克斯直接向宙斯懇求，「希望前往死亡之國與哥哥一起生活」，但不被允許。兄弟倆深厚的情誼令宙斯感動，祂讓兩人化為星座，分別住在天國與死亡之國。

## 凡事都能多工同時進行，思緒敏捷的知識份子

### 特質

雙子座的人能夠一邊思考同時行動，一邊行動同時思考。你是求知欲旺盛，對新奇事物或別出心裁的事物格外著迷的類型。不畏懼失敗，會認為「因為在意，就來嘗試看看吧！」而向各種事物挑戰。由於敏銳度高而能掌握領域廣泛的各種資訊，但是因為同時擁有冷漠的一面，一旦自己的熱情消散就會迅速收手，而可能被認為是「熱得快也冷得快的人」。主管行星是智慧的象徵——水星，因此整體而言給人知性的印象，尤其擅長溝通交流。

### 關鍵詞

溝通／交談
兩面性／敏捷／靈光一現
點子多／爽朗
對流行很敏感／時尚／靈巧
機動性高
善於臨機應變／見異思遷
幽默／聰穎／愛開玩笑
直覺力／善於說謊／尖酸刻薄

✴ 主管行星
水星

✴ 分類
二元性 —— 陽性星座
三大模式 —— 變動星座
四大元素 —— 風象星座

✴ 司掌的身體部位
手臂、肺部、神經系統

✴ 司掌方位
北北東

# ♋ 巨蟹座

*Cancer*

## 神話

主神宙斯的正妻赫拉厭惡自己的丈夫與人類女性阿爾克墨涅所生的海克力斯。海克力斯為了逃離她的詛咒，必須面對十二項難題，其中之一就是擊敗擁有九個頭的怪物——九頭蛇。海克力斯揮劍砍下凶暴的九頭蛇的頭，但無論怎麼砍，頭都會再生，完全沒有減弱的跡象。戰鬥一開始平分秋色，但形勢逐漸轉為海克力斯占上風，焦急的赫拉就派了一隻大螃蟹來妨礙海克力斯。大螃蟹雖然用自豪的大螯奮鬥，卻被憤怒的海克力斯一腳踩死，同情牠的赫拉於是讓大螃蟹升上天空，成為天上的星座。

## 重視家人或夥伴，感受性豐富且具同情心之人

### 特質

巨蟹座的人具備強烈的感受性，對於細微變化都會敏感地反應，絕不錯過。由於性格好交際且愛照顧人，因此帶給周遭人們「細心體貼」、「氛圍營造者」的強烈印象。你的魅力在於對任何人都很有愛心，情感表現豐富。然而，這項特質若是傾向負面，就可能會變成容易因一點瑣事而嚴重消沉、難以重振，或對於現實過度悲觀。比起建立新的人際關係，更珍惜家人或朋友圈這樣的小團體，喜歡與能推心置腹的夥伴平穩度日。

### 關鍵詞

情緒豐富／母性／顧家
因循保守／小心謹慎／慎重
掛慮／溫柔
擅長照顧人／能幹
子女多／陰晴不定／被動
深思熟慮／惹人喜愛
和藹可親／依賴
受長輩歡迎／大眾化

**✴ 主管行星**
月亮

**✴ 分類**
二元性 —— 陰性星座
三大模式 —— 開創星座
四大元素 —— 水象星座

**✴ 司掌的身體部位**
胸部、胃部、乳房

**✴ 司掌方位**
北方

# ♌ 獅子座

*Leo*

## 神話

主神與人類女性阿爾克墨涅所生的海克力斯勇敢無懼，被眾人譽為英雄。他一生中必須面對十二項難題，並加以克服。其中一項難題是擊敗住在涅墨亞山谷，擁有刀槍不入之身的獅子。牠會咬殺家畜或人類，因此令人畏懼。海克力斯一開始試圖放箭殺死獅子，但完全沒用；接著他用橄欖樹製作的粗木棒毆打獅子，跟牠搏鬥了三天，最後勒住獅子的頸部，好不容易才完成了難題。海克力斯披著這頭獅子皮的模樣，就成了他日後的形象。而宙斯為了誇耀海克力斯的豐功偉業，將獅子升上天空，成為星座。

## 以與生俱來的華麗，持續站在舞臺上的明星

### 特質

獅子座的人是太陽般的存在，以天生的開朗個性照亮周遭。凡事都以頂點為目標，為了獲得第一名而不遺餘力地努力，不惜一切代價，也要抵達自己設定的目標。你具備向心力與領導能力，一旦受到周遭人們依賴，就會更加充滿幹勁。然而，高度自尊心有時也會成為阻礙，令你在難受時無法坦率地撒嬌，或無法坦率接受自己的失敗而固執逞強。基本上個性正直且單純，因此受人歡迎，尤其受到晚輩或部屬仰慕。

### 關鍵詞

權力／自尊
精力充沛／信念／正義
焦點／擅長打動人心／誇張
華麗／領導力／統率能力
威嚴／可靠
主導性／值得信賴的人物
包容力
重視上下關係
運動型／領袖魅力／開朗
戀愛

✴ 主管行星
太陽

✴ 分類
二元性 —— 陽性星座
三大模式 —— 固定星座
四大元素 —— 火象星座

✴ 司掌的身體部位
心臟、背部、血管

✴ 司掌方位
北北西

# ♍ 處女座

Virgo

## 神話

在希臘神話中關於處女座的故事眾說紛紜。有一說其原型是手持麥穗的農業女神狄蜜特，也有另一有力的說法為正義與少女的守護神阿斯特賴亞。女神阿斯特賴亞為了讓善行普及於人世，一手拿著判斷正義或邪惡的天秤，從天界來到人界指引人們。然而，隨著地面上的人類增加，醜陋的爭端或衝突也逐漸增加。其他神祇早早就放棄了人類離開地上，唯有阿斯特賴亞仍堅持不懈地宣揚公平與正義，希望人界恢復和平。阿斯特賴亞相信人類的可能性而孤軍奮戰，卻仍無法阻止人類的惡行，天秤一直往邪惡傾斜，而阿斯特賴亞終於感到厭倦，決定回到天界，成為了處女座。

## 彬彬有禮、拘謹客氣，凡事都十分認真的努力之人

### 特質

處女座的人觀察力與洞察力優秀，即使並未直接接受工作上的指導，也能透過觀察而理解一切的類型。由於責任感強且重視規則，過著規矩的生活對你而言可說是人生最重要的事。雖然是才華洋溢，且凡事都很有計畫地處理的努力之人，卻也因為過度的完美主義而吃虧。你不太擅長表達情感，但察覺問題、察言觀色的才華可說出類拔萃。由於擅長整理組織資訊或狀況，並俐落地採取行動，而會給周遭人們「彬彬有禮且關心體貼之人」的印象。

### 關鍵詞

認真／彬彬有禮／膽小鬼
批判性／正直／輔佐角色
因循保守／健康意識
細心／禮節
勞動／工作熱忱／求知欲
行政能力／深思熟慮／祕書
分析能力／冷嘲熱諷
富有機智／完美主義
潔癖／責任感強烈

＊主管行星

水星

＊分類

二元性 —— 陰性星座
三大模式 —— 變動星座
四大元素 —— 土象星座

＊司掌的身體部位

腸胃

＊司掌方位

西北西

# ♎ 天秤座

*Libra*

## 神話

正義女神阿斯特賴亞用來審判人類的天秤，正是天秤座的由來。女神阿斯特賴亞的形象總是一手拿著天秤，另一隻手則握著斬斷邪惡的寶劍，為了不流於私情而用眼罩將雙眼遮住。她為了向人類宣揚善惡的理想型態而來到地面上。然而，隨著人類增加，犯罪與不公也逐漸增加，由於無論再怎麼宣揚公正的重要，人類仍不改想法，阿斯特賴亞最後終於厭倦了人類，決定回到天上。即使如此，阿斯特賴亞仍為了讓憎惡不公、熱愛正義的想法深植人心，將自己手中的天秤放上天空，變成星座，而保持處女之身的自己也成了處女座。

## 重視公平、熱愛華麗，具有影響力之人

### 特質

天秤座的人帶給人維持理性與情感的平衡、沉著穩重的印象。你善於交際，溝通能力也十分出色，適合成為人與人之間的橋梁或擔任爭執的仲裁者，並大為活躍。由於容易相處，身邊總是不知不覺圍繞著人群，也是自然而然地受到矚目的受歡迎人物。雖然細心體貼，但你因為試圖盡量對任何人公平，而容易有優柔寡斷的傾向。而且也可能會對某些不方便的障礙視而不見，導致養成懶惰的習慣。具有時尚品味，對流行很敏銳，而且喜愛華麗的事物，因此大多都打扮時尚。

### 關鍵詞

中庸／平衡／婚姻
夥伴關係／優雅／雅致
善於交際／迷人／受歡迎
優秀的審美品味
謹慎型／受歡迎／有質感
機會主義／八面玲瓏
和平主義／浪費癖／公平
成熟／迷人
早熟／知性／時尚
很有品味

✶ 主管行星
金星

✶ 分類
二元性 —— 陽性星座
三大模式 —— 開創星座
四大元素 —— 風象星座

✶ 司掌的身體部位
腰部、腎臟

✶ 司掌方位
西方

# ♏ 天蠍座

Scorpio

## 神話

在希臘有個非常有名的獵人，名叫俄里翁。他的身材如岩石般魁梧，而且長相俊美出眾，因此總是被人們包圍著。俄里翁也因為很受歡迎而感到自傲。然而，主神宙斯的妻子赫拉最討厭高傲的男人，她聽到俄里翁發下豪語說「沒有我無法逮住的動物」後，就派了一隻有劇毒的大蠍子到他身邊。大蠍子乘隙用含有劇毒的針刺傷他的腳跟，讓俄里翁最後中毒死亡。赫拉稱讚大蠍子的功勞，而將牠升上天空成了星座。即使到了現在，據說俄里翁還是一看見蠍子就會逃跑，因此每當天蠍座升上東方天空，獵戶座（俄里翁）就會沉入西方地平線。

## 具有神祕氣質，能敏銳地洞察本質之人

### 特質

天蠍座的人洞察力優秀，看人的眼光在十二星座中首屈一指。即使是一些若無其事的動作或細微變化都不會放過，能明確地看透人事物的本質。你的性格認真，是比起團體行動，更喜歡獨自一人默默地處理工作的類型，因此總是令周遭人甘拜下風。你也深受他人信任，無意間說出的一句建言可能會獲得出乎意料的感謝。由於討厭謊言或誆騙，警戒心極強，很難信任他人，在溝通上也總是處於被動姿態。然而也十分重情義，面對一度敞開心房的對象，就會鞠躬盡瘁到底。

### 關鍵詞

探求心／嫉妒／超自然
靈感／有個性／耐性／毅力
祕密主義／八卦／感情
獨占欲／沉默寡言／不屈服
意志堅強／欲望／性／謹慎
因循保守／封閉／遺產／世襲
孤注一擲
性感

✴ 主管行星
冥王星

✴ 分類
二元性 —— 陰性星座
三大模式 —— 固定星座
四大元素 —— 水象星座

✴ 司掌的身體部位
生殖器、膀胱

✴ 司掌方位
西南西

# ♐ 射手座

*Sagittarius*

## 神話

司掌時間之神克洛諾斯之子——半人馬族的奇戎，是擁有不死身的半人半馬的怪人。在野蠻且粗暴的半人馬族當中，奇戎罕見地是個學識淵博的人物，有許多人向他求教。在英雄海克力斯要擊敗山豬時，與半人馬族起了爭執，事態發展成打群架，海克力斯射出抹上劇毒的箭矢遏止了紛爭，但他射出的箭不幸地射穿奇戎的膝蓋，讓擁有不死之身的他求死不得，痛苦不堪。據說奇戎將不死之身的能力讓給朋友普羅米修斯，讓自己從痛苦中解脫。而主神宙斯對他的才華感到惋惜，將他升上天空，成了射手座。

## 對各式各樣的事感興趣，天生的哲學家

### 特質

射手座的人求知欲旺盛，是凡是有在意的事物，如果不加以嘗試或調查就不善罷干休的類型。你的機動性高、行動力強，不會抗拒漫無目的的獨自外出，反倒討厭受到束縛。雖然不討厭集體行動，但如果要說，應該還是覺得單獨行動比較輕鬆。射手座的人隨時隨地都很我行我素，會馬上將內心的想法說出口，但當事人並沒有惡意。隨心所欲的言行舉止容易被人誤會，但由於不怕生且善於撒嬌，因此給周遭的人「雖然吵鬧，卻無法討厭」的印象。

### 關鍵詞

探求心／國外／宗教／冒險心
速度／上進心／奮發向學
熱情之人／愛講道理／哲學性
全球化／朋友多
陰晴不定／多愁善感／自由
好奇心旺盛／隨心所欲／旅行
容易厭倦／流浪／靈活
沒有堅持／不執著
沒有歧視／難以捉摸

**主管行星**
木星

**分類**
二元性 —— 陽性星座
三大模式 —— 變動星座
四大元素 —— 火象星座

**司掌的身體部位**
臀部、大腿

**司掌方位**
南南西

# ♑ 摩羯座

Capricorn

## 神話

牧羊神潘有著頭長山羊角、上半身為人類、下半身為山羊的姿態。他的性格開朗，喜愛音樂，尤其擅長角笛，如山羊般在在原野上奔馳，過著愉快的日子。某天，眾神在幼發拉底河岸舉行宴會，潘吹著角笛為宴會助興時，有著一百個舌頭的怪物堤豐出現，發動了攻擊。堤豐是連宙斯都難以應付的凶暴怪物，眾神爭先恐後地逃跑。潘也連忙變身成魚，想跳進幼發拉底河，但由於慌張過度，卻變成了上半身為山羊，下半身為魚的奇妙姿態。最後主神宙斯將潘的這副姿態升上天空，變成了星座。

## 責任心強、勤勉且耿直，一旦被仰賴就會幹勁十足的努力之人

### 特質

摩羯座的人雖是主張合理及實力主義，但同時也具備凡事謹慎前進的深思熟慮。你重視常識及面子，會以嚴厲的態度對待擾亂和諧或不守紀律的人；自己本身也努力並鍛鍊不懈，以作為周遭的榜樣。不過，由於認為準備萬全的狀態才好，不太擅長應對突發變化。會按部就班地累積，因此整體而言是大器晚成型。摩羯座的人因為給人面對目標雖然積極卻冷靜的印象十分強烈，所以也容易被誤會是「難以親近的人」，不過是會隨著相處越發融洽，而愈展露充滿人情味一面的類型。

### 關鍵詞

現實性／合理性／實力主義
謹慎／正經／踏實／
野心勃勃之人
權力／頑固／意志堅強
執行力／受到長輩或上司提拔
自信／受信賴／晚婚／工匠精神
善於傾聽／耿直
不知變通／有組織性
喜愛懷舊／歷史性／傳統性

✶ 主管行星
土星

✶ 分類
二元性 —— 陰性星座
三大模式 —— 開創星座
四大元素 —— 土象星座

✶ 司掌的身體部位
膝蓋、關節、皮膚

✶ 司掌方位
南方

# ♒ 水瓶座

*Aquarius*

## 神話

住在特洛伊的牧羊人蓋尼米德是個非常俊美的少年，人稱他的美貌是「沒有任何女性能比擬的姿容」。聽說這傳聞的主神宙斯，也在一睹蓋尼米德的容貌後就深受吸引，並決定將蓋尼米德留在自己身邊，於是變成大老鷹將他擄走。宙斯賜給蓋尼米德長生不老，並讓他隨侍在自己左右，每當眾神舉辦宴會時，他就會四處斟酒。蓋尼米德俐落勤快地侍奉眾神的模樣，令宙斯十分欽佩，而賜予他一只裝滿睿智之水的水瓶作為獎勵。日後，蓋尼米德就與他手中的水瓶一同升上天空，成為水瓶座。

## 充滿獨創性且幽默，古怪的藝術家

### 特質

水瓶座的人由於具備獨特的感性，因此或許會帶給周遭的人「與眾不同之人」的印象。你的求知欲強烈且好學，吸收知識的速度也出類拔萃。是善於以俯瞰角度縱覽事物，從大局掌握情勢的類型。不滿足於在腦中思考，還伴隨著行動力，因此能機動性高且靈巧地處理任何事。不過，由於受不了因循守舊的既定思考方式、常識及所謂團體規則等「規矩」，因此不適合守舊的團體。唯有與合得來的對象保持著若即若離的距離，坦率地來往，比較符合你的個性。

### 關鍵詞

博愛主義／愛講道理
邏輯性／朋友／社群網路
古怪／幽默
才華洋溢／靈巧／自由
隨心所欲／善於社交／個人主義
興趣多樣化／狂熱／合理性
進步／獨創性／理想主義
人脈／國際意識
視野寬闊

✴ 主管行星
天王星

✴ 分類
二元性 —— 陽性星座
三大模式 —— 固定星座
四大元素 —— 風象星座

✴ 司掌的身體部位
小腿、血壓

✴ 司掌方位
南南東

# ♓ 雙魚座

*Pisces*

## 神話

雙魚座的主題是愛與美的女神阿芙蘿黛蒂，以及她的孩子——愛神厄洛斯。某天，阿芙蘿黛蒂與厄洛斯正在幼發拉底河畔散步時，遭到恐怖的怪物堤豐襲擊。堤豐是大地之神蓋亞所生的怪物，有著火焰般的閃耀雙眼，並會吐出灼熱的火焰，據說他擁有足以與主神宙斯匹敵的力量，凶暴至極。吃驚的兩人連忙變身成兩條魚，跳進河裡逃命，並為了避免被河川沖散彼此，而用一條繩子將彼此的尾巴繫在一起。據說阿芙蘿黛蒂與厄洛斯逃過劫難後，就以這副姿態升上了天，成為雙魚座。

## 善解人意，富有同情心的浪漫主義者

### 特質

雙魚座的人屬於捨身奉獻，對任何人都十分溫柔且富有同情心的類型。在溝通交流方面，你基本上處於被動，但由於容易與人親近，給人難以放著不管的感覺，因此在團體中不會遭到孤立。雖然具備善解人意的溫柔個性，卻也有無論好壞都容易受情感面影響的一面。一旦跟沮喪的人在一起，連你自己都會跟著陷入低潮。思考或行動的步調稍慢，因此比起迅速俐落地完成，不如以自己的步調進行還比較合適。直覺或靈感出眾，並擁有想出意想不到點子的才華。

### 關鍵詞

直觀／容易情緒化
感受性豐富／充滿情緒
藝術家／捨身奉獻／溫柔
服務／自私任性／戀愛體質
天真無邪／優柔寡斷
沒有時間感／慈悲／陶醉
依賴／夢想／浪漫
敷衍搪塞／反覆無常
沒有自信／不怕生
少女心

✶ 主管行星
海王星

✶ 分類
二元性 —— 陰性星座
三大模式 —— 變動星座
四大元素 —— 水象星座

✶ 司掌的身體部位
腳踝以下、神經系統

✶ 司掌方位
東南東

# 透過行星配置來看個性

## 星盤上星座與行星的關聯

所謂的星盤解析，會藉由出生星盤上的哪個宮位是什麼星座、有哪顆行星坐落於此、行星之間的角度為多少等綜合資訊來確認。到目前為止，我們已經掌握了行星分布的類型與十二星座的關鍵詞，接下來則要繼續了解十大行星、十二宮與相位的含義。你或許會因為必須記住的資訊眾多而覺得很辛苦，並且會因為顯示的內容有好幾層含義而容易混淆。不過，在這一張圖中潛藏著許多連結，愈是深入理解，就愈能結合含義加以掌握，因此請務必檢視眾多星盤，反覆練習。

十二星座不僅與太陽有關，而且是與十大行星全部有關的特質。「月亮位於牡羊座」及「月亮位於雙魚座」時，兩者表達情感的方式或感受事物的力量都截然不同。像這樣裹著十二星座關鍵詞，擔任特定角色的行星，會藉由在「宮位」這個環境中散發光芒，而讓「你」這個人物的面相變得立體起來。

# 了解十大行星的特徵

每個人的星盤上雖然都有十大行星，但配置方式其實是五花八門。只要出生年月日、出生地點與出生時間並未完全相同，就不會出現同樣的配置。其中，公轉速度快的太陽、月亮、水星、金星、火星五個行星為個人要素，太陽與月亮尤其重要。在雜誌或電視上的十二星座占卜，雖然只是依太陽星座此一大分類來占卜，不過就汲取重點這方面而言，內容可說是充滿啟示。此外，由於木星意味著「擴張、幸運」；土星意味著「限制或努力目標」，因此是診斷人生重大運勢時不可或缺的行星。

從太陽到土星為止的七顆行星，司掌著「表露的事物」；另一方面，天王星、海王星與冥王星三顆行星則是從太陽算起，比土星還要遙遠的行星，因此代表的是「潛在的事物」，並被稱作「土星外行星」。這三顆行星的特徵為公轉速度較慢，因此如果是年紀相仿的同輩，常會落在同一個星座中。

建議初學者在自學時，優先學習身為地球上萬物之源的太陽，以及對地球而言最為親近的月亮；到了第二階段，再來替代表戀愛與金錢的金星、智慧與傳達的水星、熱情與戰鬥的火星等下標語，同時熟稔其他行星。

Sun



# 太陽

☉

## 「生命力」與「能量」的象徵

在西洋占星術中，太陽與月亮同樣被視為最重要的行星之一，因為它是生命力與能量的象徵，代表著一個人的基礎特質。如果將人類比作汽車，太陽就是引擎，月亮則是方向盤，換言之，太陽正是一個人自身的基幹及原動力。一般的十二星座運勢，是以太陽所坐落的星座來占卜，不容易受年齡、環境、狀況等左右，可以確認基本個性。

此外，對任何人而言都顯而易見地，太陽也是意味著自我的行星。當想占卜一個人「想要怎樣生活」、「想成為怎樣的人」等基幹內容時，解讀太陽所在的星座是最恰當的。

太陽的關鍵詞為光、意志、表面化、名譽、健康、驕傲自大、自我中心；太陽象徵的人物為父親、丈夫、掌權者、英雄。

## ♈ 牡羊座

### 充滿勇氣與活力的先驅

**太陽落在牡羊座的人**，具備打頭陣衝進未知世界的勇氣與活力；然而，一旦得知沒有獲勝的希望，就會立即撤退。其切換想法的速度與迅速的行動，正是牡羊座的特徵。此外，由於你熱得快冷得也快，而且喜怒哀樂的情緒劇烈，帶給人「熱情的人」的印象。

## ♉ 金牛座

### 追求穩定與富裕，腳踏實地努力的人

**太陽落在金牛座的人**，總是面帶微笑且沉穩，情緒也很穩定。想必你穩重大方的氣質，療癒了不少人的內心。此外，你希望能過著優雅且衣食無虞的生活，對物質的執著較為強烈。另一方面也具備耐性與意志不屈不撓的一面，會為了能過著穩定而富裕的人生，付出相當的努力。

## ♊ 雙子座

### 冷酷而高雅，聰穎的知識份子

**太陽落在雙子座的人**，總是充滿好奇心並追求刺激，因此，應該會接二連三地轉移感興趣的對象。另一方面，你對流行的敏感度也比任何人都高，擁有先見之明，此外還有著腦筋轉得非常快，凡事都能巧妙處理的一面。整體而言是散發著高雅氣質的類型，喜愛明亮且活躍的氣氛。

## ♋ 巨蟹座

### 容易親近且顧家，受人喜愛的角色

**太陽落在巨蟹座的人**，渴望被愛的欲望比任何人都來得強烈。因此會展現充滿魅力的行為舉止，總是受到許多人圍繞著。有時還會因為過於在意被愛這件事，而勉強自己。另一方面，你散發著容易親近且顧家的氣質，也十分會照顧人，因此應該常被人認為「要找結婚對象就要找這型的」。

## ♌ 獅子座

### 高傲且具備上進心<br>與明星風範的人

・＊・＊・＊・

**太陽落在獅子座的人**，是散發著華麗氣場，如明星一般的存在。由於自尊心高，因此非得常駐於頂點才罷休，並為此不遺餘力。此外也受到信賴且寬宏大量，受人依賴就會負起責任關照。另一方面，你也非常獨立，因此從年輕時起就有不假他人，自力更生的傾向。

## ♍ 處女座

### 聰明穩重，擅長不著<br>痕跡地關心他人

・＊・＊・＊・

**太陽落在處女座的人**，個性拘謹穩重，有著敏銳的觀察力與分析能力，可說是非常聰明的人。此外，你謹慎且計畫縝密，不會有出大紕漏的情況。態度親切，善於不著痕跡地關心他人，所以受到許多人的喜愛。再加上散發著清爽的氣質，更令你受到歡迎。

## ♎ 天秤座

### 平衡感優秀，<br>高尚優雅的社交高手

・＊・＊・＊・

**太陽落在天秤座的人**，擁有優秀的平衡感，總會表現出最符合當下狀況的行為舉止，不會擺出破壞氣氛的態度。你善於傾聽他人意見，仲裁糾紛，是維持和平的社交天才。而且也能適當表達自己的意見，因此容易受到上級提拔。高尚且優雅的氣質，是受歡迎的原因。

## ♏ 天蠍座

### 內心隱藏著熱情，<br>沉默寡言而神祕的人

・＊・＊・＊・

**太陽落在天蠍座的人**，是不太會向他人敞開心房的祕密主義者。你沉默寡言，散發著神祕的氣質，但內心其實蘊含著熱情，且會以堅韌的精神力擊退困難，以達成艱鉅的目標。此外，由於你具備深入的洞察力，而能輕易看穿謊言或欺瞞。但另一方面，內心則溫暖且真誠。

## ♐ 射手座

### 討厭束縛，坦率且天真無邪的自由之人

**太陽落在射手座的人**，總之就是討厭受到束縛，是會受到好奇心驅使而前往各地冒險的人。此外，由於你總是保有少年少女般坦率而天真無邪的特質，因此應該會受人喜愛。另一方面，也因為總是想要「隨心所欲」地生活，顯得十分任性，但不可思議的是並不會因此惹人厭惡。

## ♑ 摩羯座

### 遵守規矩且嚴守分際，冷靜果斷而有常識的人

**太陽落在摩羯座的人**，懷有強烈的責任感，遵守規矩且嚴守分際。你會確實遵守時間或約定，並負責到底。雖然給人作風老派且拘謹的感覺，但其實充滿野心，期望能在社會上出人頭地。另一方面，也有著極為厭惡白費功夫，具合理性且冷靜果斷的一面，因此有時會做出冷酷的判斷。

## ♒ 水瓶座

### 自我中心且具獨創性的天才型

**太陽落在水瓶座的人**，有著不落俗套的性格。你是會發表具獨創性的點子，震驚周遭的天才型人物。此外還是會平等對待每一個人的博愛主義者，不受偏見或先入為主的觀念束縛。話雖如此，在與他人交流時也不會太黏，而會保持一定的距離，是會按照自身步調，自由活著的人。

## ♓ 雙魚座

### 以無償的愛拯救周遭，如天使一般的人

**太陽落在雙魚座的人**，滿懷無償的愛而不求回報。你那如天使般的純潔及毫無設防，在拯救周遭眾人的同時，應該也令他們產生「不能放著不管」的想法。因此你受到許多人疼愛，偶爾耍耍任性時也能獲得原諒。另一方面，你具備豐富的感受性與創造性，有可能在藝術方面發揮才華。

# 月亮

## 代表原原本本的自己，與太陽呈相反的存在

相對於太陽是代表「社會認同」的行星，月亮則是意味著「在親密之人面前所展現的，原原本本的自己」的行星。換言之，如果說太陽所顯示的是公眾的一面，月亮所顯示的就是極為隱私的一面。因此，月亮會制定一個人不為人知的癖好、習慣及生活方式。

說起來，月亮是距離地球最近，對我們產生眾多影響的天體。比如說潮汐的漲退正是月亮造成的影響；此外，月亮的盈虧也孕育出了「時間概念」。因此，月亮在西洋占星術中占有極為重要的地位也是理所當然的。

月亮的關鍵詞為母性、生產、保護、受人歡迎、獨占欲、嫉妒心；象徵的人物為母親、妻子、普羅大眾、監護人。

# ♈ 牡羊座

## 易熱且注重人情，值得信賴的類型

**月亮落在牡羊座的人**，情緒易熱且容易感動。雖然性急，但不會長期累積負面情緒，一口氣爆發完就結束了。此外，也有著幹勁十足而好戰的一面，若是有競爭對手就會燃起鬥志，絕不想輸給對方。你的正義感從孩提時代起就格外強烈，會在夥伴之間主動扛起領袖的職責。而且注重人情，可說是值得信賴的類型。

# ♉ 金牛座

## 不會察覺惡意，穩重而悠閒自得的人

**月亮落在金牛座的人**，就好的方面而言是十分遲鈍。由於悠閒自得而沉穩，不太會察覺他人針對自己的惡意。此外，也有著長於忍耐，不太會感到痛苦或辛勞的一面。也不會為了堅持自己的主張而排擠他人。另外，你對於時尚、美容、美食方面的興趣，則有比別人多出一倍的堅持。

# ♊ 雙子座

## 臨機應變與冷酷態度兼備的精明之人

**月亮落在雙子座的人**，十分精明，能根據現場氛圍、周遭狀況及對方心情，臨機應變地應對。由於你既不直接表現出內心想法，也不會同情心氾濫，因此有時會被人認為「不知道在想些什麼」、「冷酷」。話雖如此，那毫不黏膩的溫柔顯得單純質樸，而獲得他人對你的好感。

# ♋ 巨蟹座

## 非常重視自己人，善於細膩地關心他人

**月亮落在巨蟹座的人**，十分細膩，對於他人微不足道的一句話都會敏感地有所反應。正因為容易受傷，在溫柔體貼地對待他人這點上才會如此令人讚嘆。不過，如果你特意展現了好意，對方卻不買單時，可能會有些情緒化。同時有想守護自己世界的強烈心情，因此不允許有與自己人或重要之人敵對的人物存在。

Moon

## ♌ 獅子座

### 豪邁且擁有控制欲，自尊心高的人

・✳・✳・✳・

**月亮落在獅子座的人**，個性豪邁而不會介意瑣事。不過在守護自尊這點上顯得神經質，也會為了絕不顯露缺點或弱點而勉強自己。你即使感到難受或寂寞，仍會裝出若無其事的態度。另一方面，控制欲強也是特徵之一，當你有想獲得的事物時，就會不擇手段也要得到它。

## ♍ 處女座

### 親切且神經纖細的人

・✳・✳・✳・

**月亮落在處女座的人**，冷靜、沉穩且個性細膩。總能察覺細微之處，也無法對小瑕疵或錯誤置之不理，可能會因此加以批評或發牢騷。此外也總是勞心傷神且愛操心，不過正因為你的神經如此纖細，才能立即察覺他人的任何變化並加以關心。

## ♎ 天秤座

### 總是十分冷靜，社交手腕高超

・✳・✳・✳・

**月亮落在天秤座的人**，情緒總是十分穩定。無論身處何種狀況，都會努力保持冷靜，而不會哭鬧怒罵。你厭惡擾亂和諧，甚至會因此改變自身想法來配合周遭。即使如此，仍具備出色的交際手腕，能設法令他人接納意見。即使得違背真正想法地擠出討好笑容，也不以為苦。

## ♏ 天蠍座

### 擁有激烈情感與意念的祕密主義者

・✳・✳・✳・

**月亮落在天蠍座的人**，平時總是沉著穩重，不會積極提起自己的事。然而內心其實蘊含著劇烈的情感及強烈的意念，唯有你真正信任、能敞開心房相處的親密對象，才看得到這一面。尤其是嫉妒心或自卑感等情緒的表現。另一方面，你也只會向那些人表現出自身的滿滿愛意。

## ♐ 射手座

### 滿不在乎且坦率的樂天派

**月亮落在射手座的人**，總是心胸開闊，想法積極。態度顯得滿不在乎，不會一一計較瑣事，即使失敗也能心想「下次繼續努力就好」。甚至連陷入危機時，都能樂觀地認為「船到橋頭自然直」。另一方面，你的個性也十分坦率，當與人起了爭執，發現錯在自己時，就會隨即認錯並道歉。

## ♑ 摩羯座

### 以理性壓抑情感，冷靜的理性主義者

**月亮落在摩羯座的人**，自制心強，會以理性壓抑情感。你同時也是具有極度合理精神的人，會試圖澈底排除毫無意義或白費功夫的事物。此外，你也有著深情的一面，會為了對方著想而刻意嚴厲提出忠告。平時顯得客氣拘謹，不過在熟人面前則容易呈現相當放鬆的狀態。

## ♒ 水瓶座

### 難以捉摸，飄忽不定的人

**月亮落在水瓶座的人**，總會散發著有些難以捉摸、飄忽不定的氣質。可能會突然做出超乎預期的行動，並因為對方吃驚的模樣而感到開心。此外，你會因為討厭與他人相同，而刻意選擇特立獨行的路線，因此周遭眾人對你的評價會分歧為「天才」、「怪人」兩種。

## ♓ 雙魚座

### 單純且容易相信人，會與對方的情緒同調

**月亮落在雙魚座的人**，有著坦率而單純的一面，容易相信別人。總是只看著事物好的一面，並覺得這樣「很美好」。此外，你也容易與對方的情感同調，當別人找你商量煩惱時，容易連自己都跟著沮喪起來。另一方面，你無論到了幾歲，都還是會在極為親近的對象面前展現天真無邪且任性的一面。

Mercury



# 水星

☿

## 司掌意志或情感的表現傳達與智慧

水星與在神話中登場，擔任眾神傳令使者的墨丘利相關。墨丘利是通訊、商業、聯絡、學問的守護神，而在西洋占星術中則將這名神祇的特質直接套用在水星上。在確認講話方式、手勢、事物進行方式等表現上，或是溝通方式、人際運、學習運與工作運之際，水星就是關鍵。這是因為水星所司掌的，正是如何將太陽或月亮所顯示的「意志」及「情感」傳達給對方、進行交流。

此外，水星是運行軌道距離太陽最近，公轉速度很快的小顆行星，因此水星星座常會與太陽星座相同，或是在其前後的星座。

水星的關鍵詞為速度、好學、智慧、技術、語言、通訊、資訊、輕率、容易厭倦；象徵的人物為兄弟姊妹、商人、年輕晚輩。

# ♈ 牡羊座

## 以直接的表達方式認真地發言

・＊・＊・＊・

**水星落在牡羊座的人**，在表明想法上極為直截了當，鮮少會有在講到一半時語塞，或陷入沉思的情況。而且你的表達方式嚴厲，顯得毫不客氣，但不會因此讓人討厭。因為你總是十分正直且認真地發言，即使是面對初次見面的對象，也能毫不畏懼，堂而皇之地自我推銷。

# ♉ 金牛座

## 有續航力，最終能完成重大工作

・＊・＊・＊・

**水星落在金牛座的人**，說話方式及舉止都十分沉穩。不僅如此，措辭或行為甚至可能令人覺得老派。不過，與沉穩且拘謹的印象相反，你其實擁有極為堅強的意志。此外，雖然進展事物的速度略微緩慢，但是因為續航力強，最後還是能完成重大工作。

# ♊ 雙子座

## 重視速度，接二連三地消化工作的創意人士

・＊・＊・＊・

**水星落在雙子座的人**，重視速度勝於一切，因此在工作的完成度上，或許會略顯遜色。然而在同時消化多件工作時的理解力、靈巧度及臨機應變的反應上，則無人能出其右。此外，由於你總會浮現許多點子，是個忙於處理資訊的人。

# ♋ 巨蟹座

## 能打動廣泛年齡層的心，受到歡迎的人

・＊・＊・＊・

**水星落在巨蟹座的人**，會有想組建團體或派系的傾向，並在其中以領袖身分展現成果。另一方面，由於你能坦率地表達感謝之意，合作夥伴也會自然而然地增加。同時也很擅長貼近大眾心理，因此會廣受各年齡層的人們歡迎，或創造出令大眾接納的熱銷商品。

# Mercury

## ♌ 獅子座

### 擁有高度管理能力，充滿魅力的領導者

・✱・✱・✱・

**水星落在獅子座的人**，具有成為有魅力領導者的資質。但是，如果你發現自己無法立於頂點，就會離開組織，澈底當個獨行俠。在工作方面展現出高超的管理能力，完全按預訂計畫完成。相反地，你不太擅長產出新想法及應對計畫外的事情。此外，也很擅長簡報。

## ♍ 處女座

### 以出色的實務能力完美無誤地完成工作

・✱・✱・✱・

**水星落在處女座的人**，總會試圖完美地完成交辦的工作，不犯錯誤。你以高度事務能力為傲，也擅長細膩的計算或分析，而且即使得從事一成不變的工作也滿不在乎。此外，因為可以有計畫地做事，而能遵守完工期限。另一方面，也由於有完美主義之故，而無法忽視別人的錯誤。

## ♎ 天秤座

### 可以完美應對任何對象的社交天才

・✱・✱・✱・

**水星落在天秤座的人**，無論面對何種對象都能相處融洽。你能體察對方的感受，並以既不裝熟也不疏遠的絕妙距離感來相處。由於你完美的社交能力，而被認為是「難以掌握真正想法的人」。在工作方面，能精明且有效率地進行，無論是業務上或是事務性工作，都能圓滑周到地完成。

## ♏ 天蠍座

### 選擇特定對象，建立密切的關係

・✱・✱・✱・

**水星落在天蠍座的人**，喜歡緊密而深入的人際關係，僅會與極少數的對象建立密切的關係。朋友雖然很少，但對方的存在就像自己的分身，所以你不會感到寂寞。在工作上能發揮極高的專注力，默默執行某些特定業務。此外，你在談判場合上能解讀對方的心理，使交涉對己方有利。

# ♐ 射手座

## 表裡如一，不擅長說謊與奉承的老實人

・✳・✳・✳・

**水星落在射手座的人**，由於爽朗與坦率的一面，讓你能很快地與初次見面的對象熟稔起來，因此交友廣闊。你為人正直，表裡如一，不擅長說謊與奉承，因此受到信賴。在工作方面，你是職場中珍貴的氛圍製造者，並且會藉由反覆跳槽來更上一層樓。

# ♑ 摩羯座

## 靠出色的溝通技巧成為受歡迎的人

・✳・✳・✳・

**水星落在摩羯座的人**，會練就一身出色的溝通技巧。你的朋友雖少，卻非常受歡迎。不過，由於你的講話方式簡明扼要，跟你不熟的人或許會覺得你的「說話方式嚴厲」。在工作方面，你會仔細地預先調查，以萬全狀態面對，但不會讓周遭的人察覺你的努力。

# ♒ 水瓶座

## 不會因對象改變態度，措辭方式獨特

・✳・✳・✳・

**水星落在水瓶座的人**，不會因對象而改變態度。因此甚至會用面對朋友的口吻與上級交談。你不僅措辭方式或言談內容獨特，態度也難以捉摸，會在該生氣的時候傻笑，卻會因為無關緊要的瑣事而發脾氣。在工作方面，你能以靈活的優秀頭腦處理好任何事情。

# ♓ 雙魚座

## 因為溫柔與容易親近而受到喜愛

・✳・✳・✳・

**水星落在雙魚座的人**，容易親近，受到眾人的喜愛。總是溫柔地對待夥伴，並盡力貢獻而不求回報。也因此反而更受人疼愛。你在需要與人互動的工作上，能提供細膩的服務，而獲得優異的成績。相反地，不太擅長要求縝密、完美或計畫緊湊的工作。

# Venus

行星的意義與影響

# 金星

♀

## 司掌戀愛對象與審美觀，顯示喜好與財運

金星自古以來就被視為子孫繁榮昌盛的象徵，月亮雖然同樣也是寄託了子孫繁榮昌盛願望的行星，但其含義有所差異。相對於金星顯示的是「戀愛行為」，月亮所指的則是「繁衍」。在西洋占星術中，會用金星來占卜愛與美、藝術與品格。若是想知道自己會認為什麼事物「很美好」，或是了解興趣消遣、審美觀、感興趣的戀愛對象時，就可以確認金星。

相反地，也能透過金星來解讀「違反自身審美觀的事物」、「厭惡的事物」、「容易逃避現實的事物」等。此外，由於金星會在一個星座中停留將近一個月，因此會被用來預測每月運勢，尤其是戀愛運或財運。

金星的關鍵詞為愛、美、快樂、藝術、和平、怠惰、飽食；象徵的人物為年輕女性、美人、財主。

# ♈ 牡羊座

## 根據自己的價值標準來判斷好惡

**金星落在牡羊座的人**，會根據自己的價值標準來判斷，包括戀愛在內，而且好惡分明，也不太會改變傾向。你的金錢觀豪邁，討厭小氣，用錢方式也十分大膽。會將全部心力投注於興趣消遣上，一旦出現令你下定決心的事物，就會努力精進到專業程度。

# ♉ 金牛座

## 對於符合自身堅持的事物，會毫不吝惜地花費

**金星落在金牛座的人**，有著出色的審美觀，因此非常喜歡美麗的事物。而且你會覺得符合自己喜好的事物特別美麗並格外溺愛，所以也有很強烈的「御宅族特質」。在戀愛方面，你只要遇到認定的對象就會死心塌地。雖然有著明確的用錢觀念，但會毫不吝惜地將錢花在興趣上。

# ♊ 雙子座

## 會因為喜歡新奇事物而花錢，但也有理財觀念

**金星落在雙子座的人**，非常喜歡新奇事物，且對流行很敏銳，會勤快地確認新聞或新產品資訊。此外，你會因為好奇心強烈而花不少錢，常會一時興起買下不需要的物品，或透過網購接二連三地消費，不過你也有著天生的理財觀念。在戀愛方面，因為善於進退，因此相當受歡迎。

# ♋ 巨蟹座

## 會為了充實生活舒適度而花錢

**金星落在巨蟹座的人**，會為了充實生活舒適度而花錢，在選擇產品時，比起趕流行，更喜歡傳統而經典的物品。在戀愛方面，你會尋找有母性的對象。在金錢方面則牢靠到甚至會被人說「唯利是圖」，也善於省錢及存款。然而，當壓力累積過多時，你可能反過來會有揮霍的傾向。

## ♌ 獅子座

### 會為了享樂而用錢，財運佳的人

**金星落在獅子座的人**，非常喜歡名牌貨或高級感的美麗事物，並會為此毫不吝惜地投入金錢。你喜歡華麗的對象，討厭邋遢的模樣。而且總是吃得好、喝得好、玩得好，開心地享受。另一方面，你一旦決定儲蓄，就會按部就班地存錢。財運與賭運佳也是特徵之一。

## ♍ 處女座

### 在儲蓄或理財方面品味卓越

**金星落在處女座的人**，對於簡單且整齊乾淨的空間有所堅持，最喜歡打掃或整理。另一方面，你也略有些御宅族特質，在戀愛上總會被偶像等脫離現實的對象吸引。在金錢方面，你有著出色的儲蓄或理財才華。只要工作賺了錢，就會藉由理財、投資或股票等方式來增加財產。

## ♎ 天秤座

### 嚴格選出符合高度審美觀的事物

**金星落在天秤座的人**，有著高度審美觀，即使稍微奢侈，也會選擇最漂亮、最舒適的事物。反之，也會試圖將違背審美觀的醜陋、骯髒、鬆垮的事物從生活中徹底排除。在戀愛對象上，你的標準也很高。而在金錢方面，你雖然很會花錢，但也有很高的儲蓄意識。

## ♏ 天蠍座

### 財運佳，會透過遺產或繼承獲得大筆金錢

**金星落在天蠍座的人**，不會從普及而簡單易懂的事物上去感受魅力，而會從專業人士的品味中發現價值，令周遭人們感到欽佩，認為你「真是行家」。在戀愛方面，你會找出「只有自己知道其優點的對象」，並由衷深愛對方。你的財運很好，可能會因為遺產或繼承等緣故，獲得意料之外的大筆金額。

## ♐ 射手座

### 金錢是累積經驗的工具，以專利或著作權作為財產

・＊・＊・＊・

**金星落在射手座的人**，喜歡充分運用金錢及時間來盡情遊玩。你對最新的時尚或旅遊有強烈興趣，如果是想要的事物，即使貸款也要得到。在戀愛方面，喜歡追求他人。你是個會花多賺多的人，認為金錢是累積經驗用的工具。並會以專利或著作權致富。

## ♑ 摩羯座

### 熱愛傳統或名作，熱衷於研究股票

・＊・＊・＊・

**金星落在摩羯座的人**，能發現並熱愛傳統或名作的價值。最喜歡的是專業工匠精心製作的珍品，或是感受得到歷史的復古物品。在尋找戀愛對象上也是個老派的人。在金錢方面，你有著熱衷於參加股票講座、反覆研究的傾向。此外，你因為習慣按部就班地儲蓄而被認為小氣，但在關鍵時刻則會放手運用。

## ♒ 水瓶座

### 喜歡不尋常的事物，運用投機直覺賺錢

・＊・＊・＊・

**金星落在水瓶座的人**，喜歡不尋常且奇特的事物。你會穿上無人擁有的衣服，令周遭感到吃驚。此外，在戀愛對象上，你喜歡有個性且古怪的人。你在金錢方面的感覺敏銳，投機直覺優秀，因此，很有可能會創造出新商品或商業模式，藉此一攫千金。

## ♓ 雙魚座

### 浪漫主義者，會花錢在能療癒自身的事物上

・＊・＊・＊・

**金星落在雙魚座的人**，有著天生的戀愛體質，興趣或喜好甚至會根據交往對象而改變。此外，你喜愛浪漫的世界觀，希望自己能在可愛的角色等療癒型商品環繞下生活。在金錢方面，你的用錢方式略嫌鬆散，如何減少用途不明的花費，將會是一輩子的理財課題。

# Mars

行星的意義與影響

# 火星

♂

## 告知勝負運或健康狀態的戰爭之星

火星由於外觀散發如血一般的鮮紅光芒，自古以來就被視為「戰爭之星」、「不祥之星」而令人畏懼。因此容易被認為是招來戰爭或麻煩的「凶星」，不過也並非全是負面意義，火星同時也是勇氣或活力的象徵。從火星可以解讀出自己為了取勝該如何採取行動等，以及攻擊性、鬥爭本能及下決斷的時機。此外，火星星座也能告訴你健康狀態或性能量等資訊。

火星會在一個星座中停留近兩個月，在每月運勢中，經常會被用來占卜健康運、戀愛運、勝負運等。由於是與金星所擁有的女性形象完全相反的行星，因此將火星視為男性形象，應該會更容易記住。

火星的關鍵詞為熱情、勝利、冒險、鬥志、急躁、粗暴、征服、攻擊；象徵的人物為年輕人、軍人、運動員。

## ♈ 牡羊座

### 以出類拔萃的行動力與精力，追求第一

**火星落在牡羊座的人**，行動力出類拔萃，瞬間爆發力也很出色，一旦起心動念就會立刻採取行動。你因為個性急躁而容易貿然誤會或出錯，不過這份積極性與速度仍讓周遭感到欽佩。此外，你十分拘泥於「第一」，如果無法成為第一，甚至可能會放棄競爭。在健康方面，一旦精力衰弱，身體也會感到不適。

## ♉ 金牛座

### 防禦本能強，但並不好戰的人

**火星落在金牛座的人**，有著很強的防禦本能，當自己的領域或權限可能受到威脅時，就會強烈反擊。但是，如果對方並未攻擊，就不會主動挑釁對方。在談判場合上，你出乎意料地會直截了當提出意見，並坦率地表達想法。在健康方面，你的精力充沛，能承受嚴苛的運動或熬夜。

## ♊ 雙子座

### 輕巧地閃避攻擊，並回以諷刺挖苦

**火星落在雙子座的人**，即使受到攻擊也能輕巧地閃避，並回敬一兩句諷刺話語。但是，如果真的惹你生氣，你也會冷酷無情地斷絕關係。你針對事物會很快地下決定，是認為比起深思熟慮，在行動中尋找正確答案更有效率的類型。在健康方面，如果活動過量，往往會搞壞身體。

## ♋ 巨蟹座

### 為了保護自身或自己人，總是時刻提防外敵

**火星落在巨蟹座的人**，會為了自身或自己人的安全，而總是提防著外敵。萬一受到攻擊，你就會以鋼鐵般的防禦保護到底。但你不會主動發動攻擊，而且在採取新的行動之前會耗費不少時間。在健康方面，由於愛操心，容易因為不安而導致胃痛，也要注意吃得過多而發胖。

## ♌ 獅子座

### 如果自尊心受到傷害，會毫不留情地攻擊

・＊・＊・＊・

**火星落在獅子座的人**，簡直像充滿力量的國王。你喜歡為了備戰而聚集並率領著支持者的生活方式。一旦夥伴有難就會出手相助，並享受著獲得周遭稱讚的喜悅。另一方面，如果你的自尊心受到傷害，會毫不留情地澈底攻擊。在健康方面，你需要注意心臟或血液循環相關疾病。

## ♍ 處女座

### 會為了自身或夥伴的安全而正面迎戰

・＊・＊・＊・

**火星落在處女座的人**，認為與其浪費時間吵架，不如將精力投入於工作或興趣上，因此也不會胡亂攻擊。只有在他人冒失地闖入領域，或夥伴面臨危險時，你才會發揮攻擊本能，而在這種情況下，你也會正面迎戰。在健康方面，要注意過勞，別只靠精力來彌補。

## ♎ 天秤座

### 基於自身的美學，進行正義之戰

・＊・＊・＊・

**火星落在天秤座的人**，鮮少表現出憤怒或進行激烈的攻擊，但是會為了維護正義而戰。在這種情況下，你會基於自身的美學來貫徹正義。如果美學遭到否定，就會拚命地反駁。在健康方面，由於你沒有太多耐力，需要注意休養。

## ♏ 天蠍座

### 猛攻敵人直到他們撤退

・＊・＊・＊・

**火星落在天蠍座的人**，會毫不留情地攻擊那些失禮地踐踏他人內心的人，或否認自身價值觀的人。一旦將其視為「敵人」，你就會加以猛攻直到對方撤退為止。攻擊之際，你會謹慎地預先調查才採取行動，因此不會失敗。在健康方面，你擁有充沛的能量與精力，性能力也很強。

## ♐ 射手座

### 會當場表達憤怒，而不會留待日後

**火星落在射手座的人**，如果自由受到限制或被人擅自決定事情，就很容易勃然大怒。你雖然會因為瑣事而隨即發火，不過因為會毫不隱瞞地當場表達憤怒，而不會將情緒留到日後。你下決定的速度很快，不太容易為此發愁。此外，在各項運動方面的感覺都出類拔萃。

## ♑ 摩羯座

### 善於政治謀略戰鬥方式的高手

**火星落在摩羯座的人**，擅長縝密周詳的智力戰。你會先掌握攻防時機與對方的弱點等，再擬訂完美的作戰計畫加以挑戰。而且也擅長有政治謀略的戰鬥方式，還會確實替對手準備好退路。在有排名次序的競爭中，你會擊敗競爭對手而脫穎而出。在健康方面，不要過分相信自己的堅韌程度。

## ♒ 水瓶座

### 反抗上級或掌權者，並與自己戰鬥的人

**火星落在水瓶座的人**，十分好戰，會毫不客氣向上級或掌權者提出意見。因此被人認為「棘手」，卻也會被稱讚「勇敢」。你也總是與自己戰鬥，將昨天的自己視為「陳舊」而否定，試圖重生為全新的自己。憤怒的重點與周遭的人不同。在健康方面，精力和體力都在平均水準。

## ♓ 雙魚座

### 將憤怒暗藏於內心，以免傷害他人

**火星落在雙魚座的人**，攻擊本能較弱。由於不想傷害自己或他人，而會將憤怒暗藏在心裡。在作決定上，你因為直覺敏銳，所以順從自己的靈感會有好結果。在健康方面，你的神經容易疲勞，所以要經常提神醒腦，還需要注意不要讓日常生活節奏過於鬆懈。

# Jupiter

行星的意義與影響

# 木星

♃

## 象徵成功與發展的天上聖誕老人

木星是太陽系中體積格外龐大的行星，用肉眼也可以清楚地在夜空中掌握它的身影。木星被視為具有擴張、膨脹事物屬性的行星，是「發展」與「成功」的象徵。此外，木星在星盤上普遍都是正面含義，甚至被喻為帶來好運的「天上的聖誕老人」或「幸運使者」。

另一方面，在出生星盤中，則會用木星來占卜在社會上取得成功的願景。從木星可以解讀出一個人所重視的價值觀，以及這份價值觀如何被社會所接受。

木星的關鍵詞為擴張、膨脹、增加、發展、幸運、成功、名譽、正義、開放、過大、寵溺、不在意、肥胖；象徵的人物為壯年男性、成功人士、司法官、宗教家、旅人。

# ♈ 牡羊座

## 活用勝負運，早期獲得成功

・＊・＊・＊・

**木星落在牡羊座的人**，若能最大限度地活用強大的勝負運，就能在社會上取得成功。由於木星會協助你成為贏家，因此即使風險很高，也請鼓起勇氣挑戰。你會在早期階段取得成功，並以驚人的速度度過忙碌的日子。在充分活用勝負運的意義上，你與運動或投機的世界都有出類拔萃的契合度。

# ♉ 金牛座

## 在與生活密不可分的工作類型上取得成功

・＊・＊・＊・

**木星落在金牛座的人**，是不惜花費時間與勞力來實現夢想的努力之人。比起追求名聲或龐大財富，你更是以符合自己生活方式的，恰到好處的幸福為目標。此外，因為珍惜與家人之間的感情，而不會不惜犧牲家庭也要追求夢想。另一方面，你若是從事貼近日常生活的工作類型，有取得成功的可能性，也很適合家務或理財。

# ♊ 雙子座

## 由於恬淡寡欲，反而會受到提拔

・＊・＊・＊・

**木星落在雙子座的人**，並沒有強烈的「想變偉大」或「想變有錢」的欲望。你那恬淡寡欲的爽朗態度，反而激起上級的興趣，獲得意料之外的提拔。你在媒體、運動、IT相關的業界容易取得成功，並可能透過涉足「全新事物」而一躍成為轟動一時的人物。

# ♋ 巨蟹座

## 憑藉史無前例的大拔擢取得成功

・＊・＊・＊・

**木星落在巨蟹座的人**，一輩子都有受提拔的運勢。有可能會被上級提拔，獲得超乎實力的地位。由於你不會忘記恩惠而精益求精，即使受到史無前例的大拔擢，也能獲得善意的認同。此外，在人生的危機中，家人會是強力的後援。能在以女性為客層的工作或女性較多的環境中取得成功。

# Jupiter

## ♌ 獅子座

### 帶給人們夢想和希望，留名後世

**木星落在獅子座的人**，會在工作或興趣上取得成功，受到公眾的矚目。也可能會帶給人們夢想和希望，而留名後世。此外，你會受到掌權者提拔，做出超乎實力的成果，但由於會為了配得上這份成果而不遺餘力地努力，因此不會受到嫉妒。你與榮譽職或獎金也很有緣分，許多人會從年輕時期起就獨立維生。

## ♍ 處女座

### 以只有自己辦得到的技術確立地位

**木星落在處女座的人**，與其說是獲得華麗的成功或突然爆紅……更屬於紮實地提升技術或地位的人。你會掌握只有自己才辦得到的技術，確立寶貴的地位，也可能會擔任研究職位，並留下功績。此外，你的煩惱和問題會隨著年齡的增長而解決，這也是特徵之一。

## ♎ 天秤座

### 通過與人往來吸引好運

**木星落在天秤座的人**，會因為增加跟人互動的機會而提升幸運度。你會在從事介紹他人或與眾多人士往來的工作上獲得成功。藉由打理外表或生活方式，在高品質的事物環繞下生活，就會帶來更多幸運。你也有合資的見解，但成功率會根據合夥對象而改變。

## ♏ 天蠍座

### 確實活用有限的機會

**木星落在天蠍座的人**，天生就擁有獲得好運的強大運勢。你在人生當中獲得的機會雖然不多，但能確實掌握並順利活用，藉此獲得最大的幸福。同時，你也具有領袖魅力，可能會成為教祖般的存在。另一方面，還可能會捲入龐大的遺產繼承鬥爭中。

# ♐ 射手座

## 即使沒有強烈渴求，也會在不知不覺中成功

・＊・＊・＊・

**木星落在射手座的人**，木星的幸運能量會倍增。雖然你對名譽或財富不感興趣，但會在追求喜歡事物的期間，就不知不覺獲得了成功。即使厭倦了目前正在做的事而放棄，重新開始做其他事情，也會再次獲得成功。而且還可能在國際舞臺上大為活躍。

# ♑ 摩羯座

## 無論是公司職員或自由業者，都會以頂點為目標

・＊・＊・＊・

**木星落入摩羯座的人**，無論是隸屬於組織之中還是擔任自由業者，都會以頂尖為目標。這是因為木星的成功能量，多了摩羯座具備的野心加乘的緣故。此外，你的認真個性應該會受到上級或掌權者注意，而受到喜愛。不過，因為你是大器晚成型，所以不要急於求成功，準備好長遠計畫才是聰明的做法。

# ♒ 水瓶座

## 不察言觀色地採取行動並獲得成功

・＊・＊・＊・

**木星落在水瓶座的人**，別過於在意社會地位或周遭的目光，反而比較容易出人頭地。即使你因為不拘常規的想法受到上級責怪，也無須在意。試圖察言觀色反而會降低成功率。你將會在研究新技術等有助於未來的工作中取得成功。到時候得好好管理，避免浪費研究經費。

# ♓ 雙魚座

## 分享與感謝才是成功的關鍵

・＊・＊・＊・

**木星落在雙魚座的人**，可藉由分享自己成就的機會，並在成功時向周遭表達感謝之意來提升運勢。此外，你如果獲得財富，請記得盡己所能地樂捐。這麼一來，想讓人感到高興、讓重要的人變輕鬆的心情就會得到滿足，並成為養育成功之芽的養分。

Saturn



# 土星

♄

## 顯示人生課題、考驗、該克服的事物

在西洋占星術中，相較於木星的含義為「擴張」、「增加」，土星的含義則為「縮小」、「抑制」，因此也被稱為「考驗之星」。然而，土星也代表「忍耐」、「努力」，可用來占卜你應該克服的主題、課題，以及努力後能獲得的事物。

土星的公轉週期約為二十九．五年，會在一個星座中停留約兩年半。跟會在一個星座中停留一年左右的木星相同，可以在解讀整年運勢時參考。此外，運行中的土星會在三十歲左右繞行一周後返回，並與出生時的土星位置重疊，這段期間稱作「土星回歸」。在這段期間，你的價值觀可能會有所改變，或是容易迎接人生的轉捩點。

土星的關鍵詞為勤勉、壓抑、忍耐、縮小、時間、限制、考驗；象徵的人物為年長者、勞工、政治家。

# ♈ 牡羊座

## 讓內心擁有傾聽批評聲音的餘裕

・✳・✳・✳・

**土星落在牡羊座的人**，禁不起來自周遭的批評，會為了守護自尊心而仔細地做好事前疏通工作，或是激烈地反駁。此外，你往往會對上級顯露出狂妄的態度，需注意感謝並接納有益的意見。只要讓內心擁有傾聽批評聲音的餘裕，就不用擔心成為「穿新衣的國王」。

# ♉ 金牛座

## 若能捨棄執著心，就有機會前進與成長

・✳・✳・✳・

**土星落在金牛座的人**，往往會執著於一件事上。若是因此起了負面作用，就容易錯過進步與成長的機會。你在運勢低迷時，要反思一下自己是否執著於某件事。此外，要改變喜歡的習慣，也需要耗費許多精力，或許會為了戒掉美食、酗酒或菸癮而煞費苦心。

# ♊ 雙子座

## 只要不逃離現狀，忍耐下去就會成功

・✳・✳・✳・

**土星落在雙子座的人**，可能會有想衝動地逃離現狀的情況。一旦遭遇障礙，使事情無法迅速推展時，你就會覺得一切都很麻煩。但是唯有在此時堅持下去，才能取得更進一步的成功。此外，只要你不輕視常規或禮儀，真心誠意地應對，就能獲得年長的賢者幫助。

# ♋ 巨蟹座

## 尊重並更加相信對方的自由和意志

・✳・✳・✳・

**土星落在巨蟹座的人**，會有些「沉重」之處。「想要支配」心愛之人的想法會搶先一步，而想要掌握一切。因此，你甚至會澈底追究對方「在何時何地跟誰做了什麼事」，直到完全搞清楚為止。此外，也要注意避免像當事人一樣，過於煩惱重要之人所面對的問題。

## ♌ 獅子座

### 接觸競爭對手的方式是成長的關鍵

・✳・✳・✳・

**土星落在獅子座的人**，在他人對自己不再感興趣時，就會突然變得無精打采。此外，若是你的掌權欲望起了負面作用，可能會在競爭對手出現之際過於在意，而滿腦子想著「該如何打倒他」。你很容易沉溺在危險的戀情中無法自拔。如果明白情勢不對，就要有捨棄自尊的勇氣。

## ♍ 處女座

### 注意過度的完美主義與禁慾主義

・✳・✳・✳・

**土星落在處女座的人**，有些危險之處。你一旦因為某些契機而受到刺激，就會下意識地劇烈批評他人，或設計陷害對方。此外，在過於禁慾的情況下，可能會對你的身心帶來龐大的負擔。請注意不要過分追求完美，有時要懂得拜託周遭協助。

## ♎ 天秤座

### 如果能說出真心話，孤獨感就會消散

・✳・✳・✳・

**土星落在天秤座的人**，常會有淺而廣泛的人際關係或僅限於一時的溝通交流。因此，似乎會有受到孤獨感侵襲的情況。由於原因是強烈的「不想被人看到自己寂寞的模樣」的情緒，所以你或許可以試著刻意將真心話講給平時不太常交談、也很少接觸的人聽，這樣應該會讓心情輕鬆一些。

## ♏ 天蠍座

### 忘記過去的討厭回憶，面向未來

・✳・✳・✳・

**土星落在天蠍座的人**，會有過於謹慎而錯失機會的情況。此外，當你陷入沉思時，可能會被競爭對手超越。而且因為容易意識到過往，往往會長時間受到不愉快記憶的束縛，而懷著後悔或怨恨的心情。只要你能讓自己盡可能地轉而面向未來，就不容易受到負面運勢的影響。

# ♐ 射手座

## 來者不拒<br>逝者不追

・✳・✳・✳・

**土星落在射手座的人**，抱持的態度是「來者不拒，逝者不追」。但那些離開的人有著明確的理由。等你在晚年終於意識到這一點後，或許會感到後悔。而不瞻前顧後的行動，容易被周遭牽著鼻子走，請注意這點。請明白自己偶爾也需要反省。

# ♑ 摩羯座

## 對權力堅持

・✳・✳・✳・

**土星落在摩羯座的人**，對於權力有著強烈堅持。你有時會為了達成野心而背叛重要的人或心愛的人。請時時捫心自問，自己是否真的需要過多的榮譽與財富。只要不過度立志於往上爬，就能過著儉樸而符合自身的生活，晚年也不會陷入孤獨。

# ♒ 水瓶座

## 關鍵在於如何在社會中發揮個性或才能

・✳・✳・✳・

**土星落在水瓶座的人**，與其他人不同，喜歡自由的生活方式。你年輕時或許會周遊世界，或反覆換著工作。但是隨著年齡的增長，有可能會難以找到容身之處。請思考該如何在社會中發揮自己的個性或天賦。腳踏實地構築家庭也是不錯的選擇。

# ♓ 雙魚座

## 保持心理健康是畢生的課題

・✳・✳・✳・

**土星落在雙魚座的人**，感受性過於豐富，對謊言也很敏感。因此會考慮過多而煩惱，操心個沒完。你容易遭遇不必要的麻煩，懷著焦慮的同時而有搞壞身體的危險。相反地，也有變成自私任性的麻煩製造者的風險。如何保持心理健康將是你畢生的課題。

Uranus



# 天王星

♅

## 帶來全新變化與創造性的行星

天王星的公轉週期約為八十四年，會在一個星座中停留大約七年。有種理論認為「時代的變遷是以七年為週期」，因此在解讀一個時代的流勢時，天王星就是重要的關鍵。而天王星為「創造與改革的行星」，顯示「人生中發生的突發事件」、「正在發生的事」等，可展現時代的趨勢。在個人的星盤上，即使同樣是變化，也會是「無法靠一己之力改變，造訪人生的突然變化」。

與天王星相關的事件會有獨特的特徵，這是因為其中具有天王星的「獨創性」及「創造新事物」的特質。

天王星的關鍵詞為變化、事件、改革、獨創性、進步、自由、乖僻、魯莽、革命、未來、分裂；象徵的人物為科學家、發明家、博愛主義者、專業技術人員。

## ♈ 牡羊座

### 若能積極適應變化，就會獲得巨大成功

**天王星落在牡羊座的人**，可能會在人生重要階段迎接刺激性的轉機。由於你這一輩的人大多有著強烈的獨立意識，容易有與上級或掌權者關係不好的傾向。你會建立全新體制或價值觀，以滿足前進的力量。若能積極適應變化，就能獲得巨大的成功。

## ♉ 金牛座

### 為了避免意外，而澈底做好計畫與管理

**天王星落在金牛座的人**，現實且嚴肅。你會為了避免人生發生意外，澈底做好計畫與管理。也因此不太擅長處理突發狀況，有失去堅守至今的事物的危險。請務必提防一瞬間的鬆懈。尤其特別要注意財產相關的問題。

## ♊ 雙子座

### 一旦採取行動，運氣就會提升而成功

**天王星落在雙子座的人**，會在人生中經歷幾次刺激的轉機。由於你這一輩的人多為靈活且機動性高，在轉機之後，即使一時間運氣低迷，也會在採取行動之際掌握成功。不過，要避免在陌生的土地上冒險。因為容易在旅途中遭逢意外狀況，請特別注意。

## ♋ 巨蟹座

### 藉著意外事件，讓人生更為有趣

**天王星落在巨蟹座的人**，個性保守。你雖然不是主動求變的類型，但會因為家人或結婚對象的改變而迎接轉機。當時自己可能會優先考慮對方的心情並加以配合。你這一輩的人會重視自己人或個體，因此大多自我中心，但順應著變化或意外事件，才會讓人生更為有趣。

## ♌ 獅子座

### 沒有錯過關鍵轉機，大獲成功

天王星落在獅子座的人，會看準關鍵轉機一口氣採取行動，因此能大獲成功。雖說你這一輩的人充滿改革精神，擁有足以改變社會的能量，但應該能盡情享受充滿玩心的人生。可能會替世界帶來新的價值觀。但是請注意，如果得意忘形，就容易採取毫無計畫的行動。

## ♍ 處女座

### 用獨特的想法或新技術打破常識

天王星落在處女座的人，能夠在工作與健康領域提出獨特的管理技術和理論，或藉由打破常識的新技術取得成功。你這一輩的人也善於注意細節，能有效率地工作。有著御宅族的一面，而在知識方面，也會將擅長領域精通到極限。不過在健康方面，需要擔心突發狀況，要注意突然間身體不適。

## ♎ 天秤座

### 人生可能會因為夥伴而產生劇烈變化

天王星落在天秤座的人，在人際關係上似乎有著獨特的價值觀。你可能也喜歡不尋常的婚姻風格，比如說週末婚或分居婚等。此外，你這一輩的人能與任何人建立平衡良好的關係，而且是很有品味的時尚人士。由於人生會因為夥伴狀況而產生劇烈變化，因此在合夥事業或結婚時，需要謹慎決定。

## ♏ 天蠍座

### 果斷決定而讓人生朝著意想不到的方向前進

天王星落在天蠍座的人，往往與他人有十分深入的關係。由於甚至連人情世故都很重視，基本上容易持續過著毫無變化的生活。然而，你也會在某一時刻企圖做出大膽的轉變。這個果斷的決定，可能會導致你的人生朝著意想不到的方向前進。事實上，你這一輩的人出乎意料地滿懷往上爬的意願和行動力。

## ♐ 射手座

### 有可能跨越國家或年代藩籬大為活躍

・✶・✶・✶・

**天王星落在射手座的人**，有著追求新鮮想法與生活方式的強烈傾向。因此會有許多出國旅行、移民或透過與外國人交流而活躍的機會。你這一輩的人也有著強烈求知欲，非常積極。因此可能會透過網路等方式，跨越國家或年代藩籬而變得知名。

## ♑ 摩羯座

### 即使發生意外也能冷靜地克服

・✶・✶・✶・

**天王星落在摩羯座的人**，會藉由智慧和努力克服人生中的波濤起伏。即使發生意外，也能冷靜應對，將損失降到最低。你容易遇到的麻煩，是捲入公司的繼承人之爭或派系鬥爭。你這一輩的人能乾脆爽快地達成重大工作，而夥伴愈多，成功程度就愈高。

## ♒ 水瓶座

### 具備獨特的價值觀，追求快樂的生活

・✶・✶・✶・

**天王星落在水瓶座的人**，具備獨特的價值觀或理想，而不善於配合周遭環境。因此跟不上需受團體行動或常識束縛的生活。你因此容易被不同輩的人認為是「怪人」，但你會找出同類的人，聚集在一起追求愉快的生活方式。特徵之一是有擁有許多未來性想法。

## ♓ 雙魚座

### 熱愛大自然，期望平靜地生活

・✶・✶・✶・

**天王星落在雙魚座的人**，熱愛大自然，期望能在重要之人身旁過著平靜的生活。如果這樣的想法變得強烈，你可能會成為狂熱的自然主義者，或傾心於靈性世界。不過，由於容易沉浸其中，需要注意極端的生活。小心別因過度禁慾的飲食方式等情況搞壞了身體。

Neptune

行星的意義與影響

# 海王星

♆

## 司掌神祕性或精神世界，映照出世態

海王星被定位為代表神祕超感覺的行星。因此，在意味著「藝術性」、「不透明的事項」、「靈性事物」、「被隱藏的事物」等含義的同時，也顯示出癖好、精神創傷等本人下意識抱持的事物。當這顆行星在重要的官位，這個人的感性就會很豐富。會對神祕或靈性事物產生濃厚的興趣，也有著緣分。另一方面，如果海王星在負面方向起了作用，則會有愛作白日夢、容易受騙或容易依賴人的特質。

海王星的公轉週期約為一百六十五年，在一個星座內會停留約十四年。因此可以從中解讀所謂的「社會世態」。

海王星的關鍵詞為想像力、神祕、音樂、影像、精神世界、夢、迷信、無意識、曖昧；象徵的人物為藝術家、海洋相關人士、演員、養母。

# ♈ 牡羊座

## 於強韌的身心追求價值而自我鍛鍊

**海王星落在牡羊座的人**，精神面大多十分穩定，不會被負面情緒所淹沒。你認為強韌的身心具有價值，會藉由改造肉體或精神訓練，禁慾地逼迫自己。另一方面，一旦沒了勝負的刺激，你就找不出人生的樂趣，這點需要注意。賭博要適可而止。

# ♉ 金牛座

## 具備連結藝術與商業的才華

**海王星落在金牛座的人**，有著死心眼的特質。因此，一旦相信了不誠實的對象或偏差的思想，也難以輕易斬斷。另外，你對食物很挑剔，遇到討厭的事情時，會試圖用吃來緩解焦慮。另一方面，你也有著能夠活用與生俱來的藝術美感，將之與日常生活息息相關的商業相結合的天賦。

# ♊ 雙子座

## 由於總是勞心勞力，而喜歡獨自行動

**海王星落在雙子座的人**，直覺敏銳，說話方式非常有技巧。你可能會在沒有惡意的情況下誇張交談內容，導致結果變得誇大不實。此外，由於你的腦子雖然轉得快，但也容易耗費精神，因此更喜歡獨自行動。你總是勞心勞力，可能會與學生時代的同學、兄弟姊妹之間數度發生爭執。

# ♋ 巨蟹座

## 掌握大眾芳心，存在本身就令眾人著迷

**海王星落在巨蟹座的人**，擁有掌握大眾芳心的才華，存在本身就令眾人著迷。此外，你也擅長從無到有的創作，例如作曲和作詞等。不僅如此，你還具備獨特的天賦，能夠理解兒童或動植物的感受，與他們心靈相通。另一方面，你與母親的關係密切，而往往有點依賴。

# Neptune

## ♍處女座

### 最令自己高興的事為對社會有所助益

・✷・✷・✷・

**海王星落在處女座的人**，對於對社會有助益的事情會感到非常高興。而且會懷有強烈的「最喜歡工作」、「要好好生活」的心情。因此，你傾向於以責任感來驅動自身。你的神經原本就纖細且容易疲乏，而有依賴藥物或醫院的傾向，因此平時定期地注意保養精神，較能放心。

## ♌獅子座

### 凡事都獨力解決的堅韌精神力

・✷・✷・✷・

**海王星落在獅子座的人**，有著堅韌的精神力，會試圖凡事都獨力解決。此外，你也有令人們信任的才華。你在戀愛上尋求刺激的情況，喜歡一夜情或讓對方沉溺其中的戀愛。另一方面，你對強大的事物懷有憧憬與排斥的矛盾感覺，也有反抗父親或壓迫孩子的傾向。

## ♏天蠍座

### 在日常生活中與無形的世界十分親近

・✷・✷・✷・

**海王星落在天蠍座的人**，與神祕或靈性領域有很深的緣分。你有著將占卜或心靈相關等肉眼所看不見的世界，理所當然般地引進生活中的傾向。此外，當情緒高漲時，你也會發揮令人陶醉的領袖魅力。由於影響力非常強大，請謹慎行事，不要隨意控制周遭。

## ♎天秤座

### 追求樂趣和愉悅，喜愛浮誇的愛情模式

・✷・✷・✷・

**海王星落在天秤座的人**，憧憬著「愉悅的事」或「樂趣」。因此你會有強烈的「我不想那麼辛苦」、「開心就足夠了」的心情。此外，由於有早熟的傾向，你從年輕時起的戀愛模式就會十分浮誇。由於無論好壞，你在精神上都容易受到他人的影響，因此要慎選往來對象。

## ♐ 射手座

### 富有思想品味和語言才華

**海王星落在射手座的人**，解讀事物的方式獨特。由於你的感覺稍微有些脫離世俗，或許難以獲得周遭人們理解。另一方面，你在思想方式上很有見識，可能會因為某個偶然契機而展開思想活動。此外，你也富有語言才華，容易與外國結緣。

## ♑ 摩羯座

### 野心強大，對權力有強烈堅持

**海王星落在摩羯座的人**，富有潛在的強烈野心。甚至會為了掌權而選擇嚴厲的手段。你如果無法從事政治家或經營者一類的職業，或許會對社會產生扭曲的情緒。你的精神面非常堅韌而強大。比起憑藉直覺，以講道理的方式推展事情，更符合你的個性。

## ♒ 水瓶座

### 有著規模宏大而不切實際的一面

**海王星落在水瓶座的人**，思考方式規模宏大，滿懷對人類的愛。你對於每天會發生的日常瑣事不敢興趣，總是無邊無際地想像著未來或宇宙。也因此，可能會缺乏現實感，而沉浸於虛擬世界中。此外，你也有喜歡獨立而不隸屬於任何地方的傾向。

## ♓ 雙魚座

### 感覺敏銳，容易受到環境影響

**海王星落在雙魚座的人**，有著感覺搶先於思考的傾向。有的人會富有靈性力量或療癒能力。另一方面，由於你的感覺過於敏銳，會導致精神上的不適。因為容易受到環境影響，請你注意居住空間，以過著健康的生活。也要慎選工作場所或結婚對象。

Pluto

行星的意義與影響

# 冥王星

♇

## 象徵著平時看不見的潛在事態

在西洋占星術中，距離地球最遠的冥王星是顯示「看不見的事物」的行星。比如「生與死」、「前世」、「業」等。此外，也可以從這顆行星解讀出「破壞與重生」、或隱而不宣的「性事」。

在任何一種情況下，冥王星所象徵的都並非能透過觸摸識別的物質事物，而是存在於我們的意識最深處，可說是平時絕對看不見的事態。冥王星也是解讀突然的大變動、危機狀況下的潛力、與親戚之間的關係或問題等事的關鍵。

冥王星的關鍵詞為開始與結束、重建、探究心、大變動、因緣、前世、生殖、洞察力、破壞、滅亡；象徵的人物為考古學家、參謀、不動產相關業者、採掘相關人士、祖先、幕後黑手。

# ♈ 牡羊座

## 獨立心的強度會影響人生

・＊・＊・＊・

**冥王星落在牡羊座的人**，會因為獨立心的強度影響人生。你會趁年輕時大膽地獨立，比如說白手起家、獨自離家等。然而，往往沒有可以跟你分享成功喜悅的夥伴。建議尊重那些關照過自己的人，事先留下隨時能回復的良好關係。

# ♉ 金牛座

## 隱藏著對擁有事物的強烈欲望

・＊・＊・＊・

**冥王星落在金牛座的人**，總是懷著「想占有」的強烈欲望。你會莫名地想得到或執著於此，是因為「想獲得」的本能失控的緣故。因此，儘管你平時是個有常識的人，但偶爾會像變了一個人一樣貪婪。然而，因為你很容易在一得手後就失去興趣，所以在出手之前要仔細考慮。

# ♊ 雙子座

## 沒有特定主張或信念的自由之人

・＊・＊・＊・

**冥王星落在雙子座的人**，是期望「過著不受常識或規則束縛的生活」的自由之人，並沒有「應該這麼做」的主張或信念。也因此你在戀愛方面，可能也不會因為隨心所欲地同時與複數對象交往而有罪惡感。另一方面，你似乎有在遠離家鄉的地方活躍的傾向。

# ♋ 巨蟹座

## 與老家或親屬之間的緣分密切，追求穩定

・＊・＊・＊・

**冥王星落在巨蟹座的人**，與老家或家人之間有著強烈緣分。如果起了正面作用，無論面臨任何危機都會有親人出手相助。但是，如果起了負面作用，則可能會無法離家獨立，為了與父母之間的關係所苦。另一方面，於一九一四年到一九三八年之間出生的這一輩人較為保守，對於穩定的人生有著強烈憧憬。

Pluto

## ♌ 獅子座

### 壓倒性的領袖魅力與強大力量

**冥王星落在獅子座的人**，具有壓倒性的領袖魅力，並有達成偉大事業的可能性。但是，過強的力量如果朝著毀滅的方向發展，就有可能一口氣失去一切。於一九三八～一九五七年出生的人屬於這一輩。你具有旺盛的叛逆精神，無論在工作上或娛樂上，都會幹勁十足地認為「要由我們來建立新時代」。

## ♍ 處女座

### 雖然能幹，但內心容易感到不足

**冥王星落在處女座的人**，即使身處嚴厲的規則或障礙中，也能鞏固自己的位置。你雖然能心無旁騖地朝著目標前進，但與此同時，也可能會失去內心的滋潤或餘裕。因此可能會在某一天突然感到空虛而停下腳步。於一九五七年～一九七一年出生的人屬於這一輩，似乎有許多能幹的人。

## ♎ 天秤座

### 在受到自己人保護的同時，一邊拓展緣分

**冥王星落在天秤座的人**，會受到老家、親戚或祖先的守護。由於你擁有擴展緣分的特質，也暗示著家庭之間的感情十分強烈。如果受到結婚對象的正面影響，就會在合夥事業中大獲成功；如果是負面影響，就可能會因為對象而蒙受損失。於一九七一年～一九八三年出生的這一輩人，能夠與任何人穩定相處。

## ♏ 天蠍座

### 愈是被逼入困境，就會變得愈強大

**冥王星落在天蠍座的人**，擁有超自然的力量。愈是被逼入麻煩或爭執等危機當中，就愈能發揮強項。但是，如果活用力量的方式錯誤，就會讓你深不見底的力量失控，因此需要傾聽忠告。於一九八三年～一九九五年出生的人屬於這一輩，有著喜歡或不感興趣之間落差很大的傾向。

# ♐ 射手座

## 不會停留於一處的流浪人生

**冥王星落在射手座的人**，討厭束縛，無法停留在同一個地方。所以，縱使一切順利，你也可能會突然破壞幸福，不過也擁有能獲得其他幸福的堅強。於一九九五年～二〇〇八年出生的人屬於這一輩，多會藉著自由的想法與行動力，在國外大為活躍。

# ♑ 摩羯座

## 在人生的要衝上，以地位或特權為優先

**冥王星落在摩羯座的人**，懷有強烈的掌權欲望。你在人生重要的轉折點時，會選擇以地位與特權為優先的道路。於二〇〇八年～二〇二四年出生的人屬於這一輩，雖然被說保守，仍會在好好遵守社會規則的同時，確實地一再獲得成功。此外，特徵之一是討厭浪費。

# ♒ 水瓶座

## 追求自由，可能會在某一天踏上旅途

**冥王星落在水瓶座的人**，會認為規律或常識「令人厭煩」。在過著普通生活時，或許連你自己都不會察覺這樣的想法。但是，如果持續遭遇不講理的對待，可能會突然間拋棄一切逃避。另一方面，只要與親戚建立起朋友般的坦率關係，就能友好相處。

# ♓ 雙魚座

## 感性敏銳，富有神祕的才華

**冥王星落在雙魚座的人**，感應度很敏銳。不管你本身喜不喜歡，都會對他人的內心造成強大影響。尤其因為你具備藝術或靈性領域的才華，而會傾心於療癒、神祕學、音樂或舞蹈的世界。結果或許會導致像生活在遠離現實的世界，而被認為「簡直像仙人」也說不定。

# 4 透過宮位來看人生主題

## 讓行星的特質閃閃發亮的舞臺布景

在星盤上可見有線條從中央呈放射狀延伸，將星盤分為十二個區域。這些界線叫做「始點」，而界線切分而成的區域則稱為「宮位」，呈現出工作、婚姻、家庭等人生當中的十二種場景、情況。出生星盤可以確認一個人與生俱來的能力，會在何種情況下以何種形式發動的傾向。

比如說，如果想確認你天生的財運如何，就可以確認出生星盤中，有哪顆行星坐落於代表財運的第2宮。正如各位讀到這裡的內容，光是各顆行星落在哪個星座，都可以用來占卜一定程度的內容。不過，藉由確認行星落在哪個宮位，就能更為具體地顯現特質，並看出命運流勢——換言之，宮位可說是令一個人的特質閃閃發亮的舞臺布景。

另一方面，沒有半顆行星坐落的宮位，雖然對人生不會有重大影響，但絕對沒有毫無意義的宮位（175頁）。

# 解讀進入宮位的行星

在西洋占星術中，經常能聽到這句話：「行星是演員，星座是角色，宮位是舞臺布景。」在出生星盤中，可藉由行星在出生的瞬間坐落於哪個星座，來掌握占卜對象的內在傾向或資質、可能性。同時也會根據行星進入哪個宮位，來了解那股力量具體而言會在怎樣的情況下發動。

例如說，顯示智慧或溝通能力的水星，如果落在代表個性的第1宮，可以視為「好奇心旺盛且理性的人」，如果落在代表家庭環境的第4宮，就可解釋成「在充滿智慧且有活力的家庭中成長的人」；顯示愛情或魅力的金星，若是落在代表天職的第10宮，可以視為「擁有在魅力四射的世界裡獲得成功的可能性」，落在代表人生最後目的地的第12宮時，則可解釋成「熱衷於服務或慈善事業」。就像這樣，即使是同一顆行星，也會根據作為舞臺布景的宮位不同，而改變呈現意象的場面。

此外，行星與星座大約每兩小時會換一個宮位，因此即使是同一天出生的人，只要出生的時間不同，宮位就會相異，行星力量的展現方式也會隨之改變。展現力量的方式改變，人生自然而然地就會變得截然不同。

換句話說，如果學會解讀宮位，就能更深入地理解一個人的人生。

# 宮位是由四大尖軸為基礎所形成

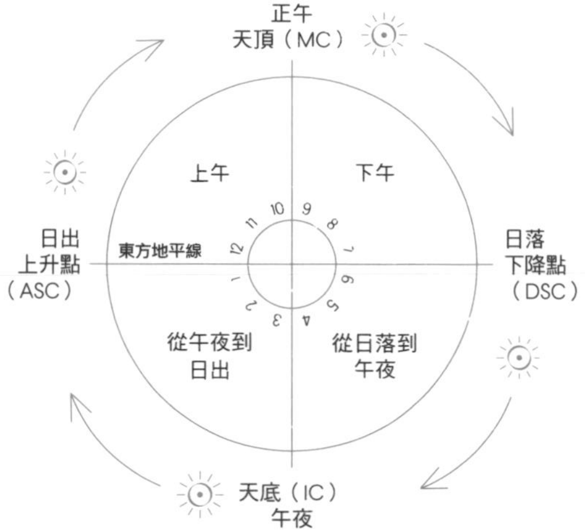


太陽與尖軸

所謂的尖軸，指的是在天球上黃道（太陽運行路徑）與地平線軸、子午線軸相交的四個交點。太陽首先從東方地平線的「上升點（ASC）」升起，穿過位於天球最高點的「天頂（MC）」，再從西方地平線的「下降點（DSC）」落下，最後經過位於天球底部的「天底（IC）」，再度從上升點出現在我們眼前。尖軸是將一天一分為四部分的時間界線，在占星學中是十分重要的交點。

上升點～天底分成三等分，分別為第1～第3宮；天底～下降點分成三等分，分別為第4～第6宮；下降點～天頂分成三等分，分別為第7～第9宮；天頂～上升點分成三等分，分別為第10～第12宮。

司掌第一印象

## 上升點（ASC）

行星或星座升起的地點，為第一宮的起始點。在出生星盤上，會從坐落於此的星座來確認一個人的第一印象。所謂的第一印象，是一個人在世界上生存所需的形象，若能活用坐落於此的星座優勢，就能活得更像自己。正如46頁中也提及的，因為相當重要，所以會分別介紹各個星座的含義（122頁～）。

司掌人際關係

## 下降點（DSC）

行星或星坐落下的地點，為第七宮的起始點。在出生星盤上，與代表自己本身的上升點呈相對的兩極，顯示的是夥伴的特徵。這裡所謂的夥伴，不僅是指結婚對象，也包括競爭對手或搭檔等「令自己成長的存在」。關係有時雖然會顯得緊張，但是在與擁有「坐落於下降點中的星座」特徵之人相處的過程中，人們將確實地有所成長。

司掌社會性使命

## 天頂（MC）

在一天之中，行星位於最高位置的地點，又稱「上中天」，為第10宮的起始點。在出生星盤上，代表的是人生中應該抵達的地點、社會性使命。因此，可從坐落於此的星座來確認一個人在社會中，需從事怎樣的活動，應該達成何種成就。另外，在天頂前後5度以內的行星稱作「中天行星」，與出人頭地、名譽有著強烈關聯。

司掌獲得平靜的場所

## 天底（IC）

與天頂呈相對的兩極，位於星盤最下方的地點，又稱「下中天」，為第4宮的起始點。在出生星盤上，代表一個人作為根基的部分、在社會上活躍所需的根據地。因此能從坐落於此的星座來解讀支撐一個人的價值觀，能令其獲得療癒的環境。此外，據說位於天底前後5度的行星，也暗示著家族相關的事物或命運。

# 司掌第一印象 上升星座的意義

## ♈牡羊座

### 如嬰兒一樣天真無邪且開朗

上升牡羊的你帶給人運動員般的爽朗印象，實際上也很適合運動風的裝扮，總之就是開朗明亮。無論做任何事都是率先著手的類型。特徵為說話方式，你總會將想說的話一口氣說出來，有時還會打斷對方的話語。會毫不躊躇地說出自己的好惡，但完全沒有惡意。天真無邪的態度，使你被形容成「很像嬰兒」。

## ♉金牛座

### 沉穩悠閒愛好自然的質感主義者

上升金牛的你給人一種「只有這個人身邊的時間流動得很緩慢」的印象。特徵為沉穩優雅，給人教養良好的感覺。許多人的聲音優美，講話方式輕快，在大多數時候都是擔任聽眾。不過，你的美感比他人敏銳一倍。此外，比起人造物品，你更喜歡存在於大自然中的美好事物，因此，身上的服飾等物常會挑選天然材質。

## ♊雙子座

### 給人單純而聰明的印象，健談且充滿朝氣

由於無論拋出古今中外各式各樣的話題，上升雙子的你都能毫不畏懼地應答，而給人一種單純且聰明的印象。總之你就是喜歡講話，在談話對象的腦中應該會浮現「口若懸河」這句成語。此外，你的靈活度高，而且好奇心旺盛，是即使在跟某人交談的同時，仍會四處張望，下意識地收集情報的類型。由於總是充滿朝氣，令人在聽到你的實際年紀時會大吃一驚。

## ♋ 巨蟹座

### 乍看之下很怕生，熟稔之後則是很溫柔的人

上升巨蟹的你十分怕生，因此在初次見面時容易給人難以接近的印象。不過，在了解脾氣之後，就會變成總是溫柔待人的人。如果能讓身邊的對象感到相處舒適，你自己也會很高興。是由於深情且迷人，而受到周遭喜愛的類型。你在時尚方面的標準，是不會讓身邊的人感到難為情，因此不會選擇與眾不同的事物。通常傾向選擇大眾喜愛的事物，如果身為女性，則會選擇讓人感覺可愛的事物。

## ♌ 獅子座

### 總是充滿自信，具有王者風範

上升獅子的你如同身為百獸之王的獅子，散發著王者風範。給人的第一印象是具有壓倒性的存在感，沉著而充滿自信、威風凜凜。但你並非難以親近，而是開朗而容易受人仰慕的類型。你說話時的聲音強而有力，行為舉止會比他人誇張，因此自然就顯得格外突出。另外，大多適合黃金等首飾、原色或花紋華麗的服裝，這可說也是聚焦目光的因素之一。

## ♍ 處女座

### 智慧且冷酷，給人毫無破綻的印象

上升處女的你給人智慧且冷酷的印象。即使跟朋友在一起時，也不會亂開玩笑，是只會說必要內容，不會過與不及的類型。你給人的印象是「雖然拘謹，其實相當能幹的人」，另一方面，也會被認為是「毫無破綻，難以親近的人」。這是因為你希望獲得周遭眾人認同的意識，導致了「凡事都必須確實完成」的想法。大多會遵守禮儀，確實地使用敬語。適合乾淨整潔的服裝等。

## ♎天秤座

### 沉穩且高雅，被評為時尚人士

上升天秤的你氣質高雅，在時尚方面也能掌握流行，選擇獲得大眾好感的事物，而獲得「時尚人士」的評價。你不會對任何人大聲怒吼，或流於情緒化，而給人沉穩且溫柔之人的印象，鮮少樹敵。這全是因為你具備俯瞰整體，客觀看待自身能力的高度。偶爾會出現過度在乎「他人如何看待自己」，而使得行動模式流於被動的例子。

## ♏天蠍座

### 沉默寡言，給人神祕的印象

上升天蠍的你眼裡蘊含著堅強的意志，但沉默寡言，容易被人認為不知道在想些什麼。你適合黑色或酒紅色等深色系的顏色，給人神祕而不可思議的印象。有人認為那是一堵高牆，也有人認為那是性感的魅力。事實上，上升天蠍的人有著深入挖掘自己本身的強烈傾向。但你認為與其草率地說出口而被人誤會，還不如保持沉默比較好，因此才會變得木訥寡言。是屬於不擅長自我表達的類型。

## ♐射手座

### 豪爽且坦率，樂觀的言行具有魅力

上升射手的你雖然光明磊落，卻不會給人壓迫感。給人的第一印象是豪爽且坦率，不拘小節的人物。在時尚方面，不可思議地適合波希米亞風或民族風等外國民族服飾。你有著強烈的求知欲、探究心，相信只要採取行動，就會有光明的未來，所以總是充滿氣勢地跳進未知的世界。是由於其樂觀的言行與果斷的行動力，而讓眾人支持擔任領袖的類型。

## ♑ 摩羯座

### 沉靜而剛強，給人可靠之人的印象

上升魔羯的你雖然給人沉靜而謹慎的印象，但內心其實蘊含著想要留名於世的強烈意念。你會為了實現這一點，而做好每刻當下所能盡的努力，以提升實績，因此帶給周遭剛強而可靠的印象。在服裝方面，你適合剪裁合身的古典風格服飾，這樣的氣質常會讓你受到上級的信賴而加以提拔。由於會謹慎地挑選詞彙，自然而然練就了具說服力的講話方式。

## ♒ 水瓶座

### 不受先入為主的概念束縛，在性別、年紀上都很自由

上升水瓶的你由於有著避免受男性或女性氣質等先入為主的概念束縛的強烈傾向，因此自然而然地給人中性的印象。在時尚方面也不會受到年紀拘束。你適合獨特的設計、人造霓虹色彩或金屬色澤材質的服裝。與人往來時，是不會對任何人抱持偏見，而培養廣泛人脈的類型。你具智慧而有邏輯，講話方式也條理分明，不過有時會冒出足以改變場合氣氛的勁爆發言。

## ♓ 雙魚座

### 喜歡原本的模樣，給人落落大方的印象

上升雙魚的你不善於將自己與他人嵌入「應該如此」的框架中，而是希望能保持原本的模樣。這點散發在外表上，而給人落落大方的印象。在時尚方面，寬鬆的設計、顏色柔和的服裝似乎很適合你。講話的特徵是會以溫柔的聲調說話，避免傷害對方，因此有不少人會單方面地依賴你這樣的氣質，而撒嬌說任性話，也有許多人則覺得想從這類人手中「保護你」。

透過進入宮位的行星來看人生主題

# 第1宮

## 你的本質

作為宮位起始的第1宮，意味的是「你自己本身」。代表基本的性格，如對人生的態度、個性、長處或強項等特色、行為模式。每一樣都是對人生至關重要的元素，可說是主宰人性本質的宮位。還顯示了自己在人生中想要珍惜的事物、使命、與社會互動時會懷著什麼主軸行動，以及你在別人眼中是什麼樣的人。此外，也能展現如何充分利用自己的優點獲得幸福的提示，以及碰到困難時該怎麼做的訊息。

### ☉ 太陽

**高舉理想開闢道路，領導者般的存在**

太陽落在第1宮的你充滿能量且有存在感，凡事都會引人注意。自我主張強烈，也善於自我表達。你充滿站在人前引領眾人的素質，以及吸引人心的魅力。有行動力，也具備實現自身理想與野心的能力，很可能年紀輕輕就已經獲得名譽或權力。不過，當形成凶相位時，可能會因為自信過頭的態度而被人撂倒，別忘了多方注意，並客觀地審視自己。

## ☽ 月亮

### 深情而溫柔的性格吸引他人

月亮落在第1宮的你，是溫柔而深情的人，總是體貼待人，而受到周遭眾人喜愛。因此在工作職場上及興趣投合的夥伴之間，都能建立良好的人際關係。當你發生事情時，即使保持沉默也常有人出手相助，可窺見被動的特質。有著容易受周圍人們的言行所左右而壓抑自己的心情、內心受到動搖的一面。當形成凶相位時，個性上容易操心或煩惱，要注意別過於受到瑣事束縛。

## ☿ 水星

### 以好奇心與點子豐富人生

水星落在第1宮的你對於社會上的動向或資訊很敏感，是個好奇心旺盛的人，也善於將獲得的資訊融入日常生活中來享受。具有高度分析能力與理解力，在工作上不僅能順應潮流，還能通過合時宜的企劃取得具有社會意義的成果。此外，你善於表達及自我行銷，而容易聚集合作之人或夥伴。當形成凶相位時，這種話術可能會引來災禍。嚴禁說謊或試圖蒙混過去，誠實的話語才能讓人感覺到魅力。

## ♀ 金星

### 熱愛人與人之間的協調與美的和平主義者

金星落在第1宮的你不善於爭執，性格沉穩。是因為協調性佳而受到眾人喜愛，尤其受到長輩疼愛的類型，也很受異性歡迎。此外，你往往會被美麗的事物或具文化價值的事物所吸引。無論是工作還是興趣，只要找到能活用自身審美觀與眼光的場合，人生就會變得豐富。當形成凶相位時，可能會過度依賴他人而造成對方困擾。如果不僅請人來協助自己，自己也懷有支持他人的想法，就會更有魅力。

## ♂火星

### 獨立心旺盛，討厭失敗的熱情之人

火星落在第1宮的你對凡事都充滿熱情，是具有強烈挑戰精神的人。也有很強的鬥爭精神，會用勝敗來思考事情。你不喜歡受到別人指揮，有著自己的人生靠自己開拓的強烈想法。愈是碰到困難就會愈燃起鬥志，並會在朝著更高的理想和目標前進時感到充實。當形成凶相位時，可能會對於理想過於堅持而看不到周遭，或有嫉妒順利的人的傾向，要培養客觀地審視自己的眼光。

## ♃木星

### 落落大方且器量大而廣獲信任

木星落在第1宮的你性格積極開朗，是即使碰到困難，也能繼續前進而不失去希望的人。你的心胸寬廣，品格高尚，不會說人壞話，因此受到朋友仰慕。個性上無法忽視有困難的人、處於弱小立場的人，所以也深受人們信任。這份誠實也體現在工作方面上，很有可能年紀輕輕就獲得認可，透過工作獲得幸福。當形成凶相位時，可能會窺探得到粗枝大葉的一面，必須注意仔細確認，別忽略細節。

## ♄土星

### 靠耐心與毅力招來成功的努力之人

土星落在第1宮的你是有耐心，凡事都能按部就班地努力的人。愈是面對他人設置的高門檻，愈能發揮這份特質。你也很有毅力，是能以堅韌精神克服困難，獲得成功的類型。不太擅長與人往來，但因為性格認真，因此令周遭的人甘拜下風。當形成凶相位時，可能會試圖獨自承擔責任，或過分逼迫自己。有時要尋求他人意見或依賴他人，溝通也是很重要的。

# ♅ 天王星

## 以與他人不同的價值觀走上獨特道路

天王星落在第1宮的你是以獨特的價值觀，以及與他人不同的角度來思考事物的人。是充滿個性，不受常識束縛，朝著自己選擇的道路前進的類型。偶爾可能會選擇令周遭感到吃驚的生活方式，從而導致人生波濤洶湧。你原本就是聰明且腦子轉得快的人，因此如果能善用獨創性，就會大獲成功。當形成凶相位時，容易因為過於拘泥自己的想法而變得頑固。要懂得保持靈活度，才不會單純被當成「怪人」，而被周遭敬而遠之。

# ♆ 海王星

## 具備出色想像力、藝術性的藝術家氣質

海王星落在第1宮的你感性豐富，給人有些愛作夢的感覺。是想像力或靈感優秀，也富有藝術才華的藝術家類型。有的人或許會對靈性世界感興趣。反之，你在現實社會生活當中，則有些不諳世事且不穩定的一面，不過周遭則將其視為有個性。當形成凶相位時，不諳世事的這一點可能有遭人利用的危險，擁有值得信賴的朋友或顧問非常重要。

# ♇ 冥王星

## 長於面對逆境，朝著自身道路勇往直前的人

冥王星落在第1宮的你，認為自己的人生凡事都要靠自己選擇，是擁有堅強意志的人。自尊心高，不愛接受他人指示。你也是一個擁有目標，並且不遺餘力去實現的人。長於面對逆境，在工作方面，可能會將困難視為機會，引發極大改革。當形成凶相位時，可能會顯得善妒，或有擺出傲慢態度的傾向。支配欲過高容易招致反感，因此請別獨善其身，而是重視客觀的角度。

# 第2宮

## 金錢、收入

第2宮是與人生中的金錢相關的宮位，比如說收入、財務狀況與擁有欲等，司掌透過工作獲得的事物。而透過繼承等方式獲得他人贈與的財產，則隸屬於第8宮的管轄範圍。

錢財或收入是支撐我們生活的重要事物，用錢方式或儲蓄方式等平時的作風自不待言，而為了獲得收入該重視些什麼？這點因人而異，並且與面對人生的態度也密切相關。透過解讀這個宮位，能得知與錢財或物質的緣分、擁有欲的程度、應該注意的重點等。

此外，還能看出一個人在財運、物質運、不動產運等方面上的問題或傾向。

## ☉ 太陽

### 大筆賺進再浮誇地花用，財運豪邁之人

太陽落在第2宮的你似乎能過著財富無虞的人生。不僅具備能藉由自身才能與資質賺取收入的能力，雙親還是財主，或擁有能從上級獲得利益的運勢。同時，你也是考慮到要過著經濟上游刃有餘的生活，而埋頭積極賺錢的類型，但也有將賺得的錢浮誇地花用的傾向。當形成凶相位時，可能會將大筆錢財投入在娛樂上，或因事業擴展過度而失敗，也請學會理性判斷或管理收入的能力。

## ☽ 月亮

### 財運穩定，內心就會穩定

月亮落在第2宮的你，精神面會受到物質的豐富程度左右。有著想透過賺取收入、得到想要的事物，藉此讓精神保持穩定的傾向。因此你很明白自己需要一定程度的收入，但工作動力卻會因情緒而升降，這也導致收支可能變得不穩定。工作方面，在關於婦女或兒童的領域，或是針對大眾為對象發展的領域上，似乎存在著商機。當形成凶相位時，容易發生支出增加，超過收入的情況，因此也需要計畫性儲蓄。

## ☿ 水星

### 將收入與擅長領域相連結，有策略地賺錢

水星落在第2宮的你，是很容易將收入與自身擅長的事物相連結的人，比如說窮極專業領域的研究人員，或是發揮文采等。由於也擁有高度的溝通能力，因此也可能在販售、業務職位，或需要在人們面前講話的工作上發揮實力。同時，你也很適合需要理解金錢流向或經濟結構的經營管理或會計工作。考慮到必要的收入或未來，也會發展副業，有策略地賺錢。當形成凶相位時，容易考慮能輕鬆賺錢的方式，請注意避免捲入可疑的工作。

## ♀ 金星

### 慷慨大方地用錢，喜歡光鮮亮麗的生活

金星落在第2宮的你喜歡光鮮亮麗的世界，很可能會從事時尚、室內裝飾、珠寶飾品等相關行業的工作。亦很有美感，能活用才華獲得收入。此外，有的人會透過與財主戀愛或結婚而獲得財產。你本身擁有財運，但也可能會為了保有光鮮亮麗的生活而耗費鉅資。就結果而言，儲蓄可能無法增加。當形成凶相位時，要注意別為了興趣或戀愛而投入太多錢。

## ♂ 火星

### 想要有效率地工作，穩定賺錢的類型

火星落在第2宮的你是對工作充滿熱情的類型，會選擇只要認真努力就能穩定獲取收入的工作。你並不討厭工作本身，但希望能更有效率地完成，不擅長需要按部就班、長時間忍耐的工作。也有選擇肉體勞動、成果制或限期工作的傾向。可能會將獲得的收入一下子花完。當形成凶相位時，可能會萌生藉由賭博或投資來一本萬利的想法，但有陷入泥沼的風險，因此並不建議。

## ♃ 木星

### 贏得周遭的信任，賺取大錢

木星落在第2宮的你，會過著在物質上或財富上都十分富足，與繁榮或投資理財都很有緣分的一生。這時候，自己的社會信用是不可或缺的，只有得到人們的信任，才能提高社會地位，增加收入。你也可能會任職於特定領域的專業職位，並在工作上獲得成果，因此獲得社會信用。也很適合理財，能踏實地累積財產。當形成凶相位時，可能會超乎必要地奢侈，或出現浪費癖，得確實做好收支管理。

## ♄ 土星

### 藉由踏實地工作，賺取穩定的收入

土星落在第2宮的你，為了獲得財富，需要按部就班、腳踏實地工作。如果能在一定程度的長時間都待在同一個地方，學習技術並工作的話，就會帶來收入，不半途而廢的決心也很重要。你跟需要耗費時間學習技術的領域，例如農業、傳統產業等也很有緣分。經濟觀念紮實，有著節省的一面。當形成凶相位時，可能會因為節省至極而感到意志消沉，或有經濟上陷入困頓的情況。請以天生的耐力、冷靜來跨越難關。

## ♅ 天王星

### 靠穩定的工作來撐過不穩定的財運

天王星落在第2宮的你，財運浮浮沉沉。經濟面上無論好壞都顯得不太穩定，可能會有意想不到的收入，也會有突發性的大筆支出。你有發明或想出點子的天賦，可藉由有趣的企劃帶來收入。有機會因為學會特殊技術或考取證照而獲得工作。當形成凶相位時，會有財務問題的徵兆，比如說大買特買，或是花大錢在假貨上，購物時需要謹慎小心。

## ♆ 海王星

### 藝術家類型，對財富漠不關心

海王星落在第2宮的你對財富不太感興趣，是金錢意識較薄弱的類型。有時甚至無法掌握自己有多少收入，在什麼地方花了多少錢，似乎也沒有深入考慮過儲蓄的事。另一方面，你擁有藝術或文學的才華，能獲得將其與工作相結合的機會。當形成凶相位時，被人以甜言蜜語矇騙，而騙去財富的危險性很高。不僅要小心詐欺，還得避免跟熟人和朋友之間有金錢上的借貸往來。

## ♇ 冥王星

### 無所畏懼地動用金錢，富有才華的人

冥王星落在第2宮的你是對於財務問題敏感，而且對錢有強烈執著的人。可能會藉由大膽而冷靜的判斷，以投資方式賺取大筆財富，與財富及權力也很有緣。有的人可能會被安排在需要運用大筆金錢的工作或立場上，並非為了生活而賺錢，而是思考該怎麼做才能賺取大筆收入。當形成凶相位時，可能會為了存錢而不擇手段，導致樹敵而一口氣失去獲得的財產，要注意避免為了獲得錢財而弄髒自己的手。

# 第3宮

## 知識、好奇心

第3宮司掌天賦、智慧活動、教育環境、好奇心的方向性等。代表興趣內容或感興趣的領域，並可檢視如何在人生中活用這份好奇心。

而且，這也是審視一個人如何以這些天賦與外界聯繫的溝通能力、人際關係或社交性的宮位。尤其與傳達想法、對話或議論等以言語溝通的交流密切相關。

此外也代表了旅行或移動等向外行動的傾向。可藉此明確解讀自己喜歡的事物、擅長的事物，以及如何有意義地活用這份才華的提示。

### ☉太陽

#### 窮極感興趣的領域，也有教育者的天賦

太陽落在第3宮的你求知欲強，是對語言或文化性事物特別感興趣的人。是在累積研究或調查之中感受到快樂的類型。你會幸運地獲得兄弟姊妹的支持，能夠沉浸於自己想做的事情中，學生生活過得很充實。因為也長於傳達自己的想法，因此有在教育界指導人們的天分。常有因為演講等事而移動或出差的傾向。當形成凶相位時，愛講道理的一面容易令人生厭，需要小心不要炫耀自己的知識。

## ☽ 月亮

### 重視心靈交流的浪漫主義者

月亮落在第3宮的你，是比起滿口客套話，更喜歡內心交流的人。你是個浪漫主義者，渴望確實地與他人心靈相通。尋求著可以由衷信任，互相暢談的朋友，而非膚淺的關係，也喜歡讓對方高興，因此受人喜愛。你的想像力豐富，有著繪畫、音樂、影像等方面的才能。當形成凶相位時，可能會心血來潮地冒出想漫無目的地旅行的想法，當想喘口氣或是讓生活產生幹勁時可以考慮。

## ☿ 水星

### 有著以語言品味令人愉悅的才能

水星落在第3宮的你，是透過閱讀或與人交談來拓展求知欲的人。因為腦子轉得很快，理解力也高，而能在短時間內學會各式各樣的事。你具有文采，並長於話術，善於用文章或談話來取悅他人，很有可能在足以充分發揮這份才能的工作上活躍。若是藉由旅行汲取靈感，更能大為活躍。當形成凶相位時，可能會有草率發言或愛講道理的傾向。不僅是仰賴言詞，採取誠摯的行為也很重要。

## ♀ 金星

### 善於交際，華麗的藝術家類型

金星落在第3宮的你是個對各種事物都很感興趣，博學多聞且求知欲強的人。其中，關於藝術、音樂、文藝方面的興趣或才華格外顯眼，有些人會在該領域活躍。似乎有許多透過旅行來接觸、體驗藝術的機會。你擅長以沉穩的說話方式吸引他人，與人融洽相處，善於交際，與包括自己人在內的眾人關係良好，而有許多人願意提供協助。當形成凶相位時，要注意別過於八面玲瓏，導致與異性起糾紛。

## ♂ 火星

### 以好奇心在社會上派上用場的領袖氣質

火星落在第3宮的你，是對於社會動向或資訊很敏感，對學習最新知識有強烈意識的人。也有將獲得的資訊回饋社會的資質。你的求知欲在工作上會成為一股強大助力，有些人能在企業或政府機構成為領袖般的存在。你也有強烈的改革意志，希望改變負面現況，也有許多人贊同你這個想法。當形成凶相位時，會有批評他人意見，議論起了口角的傾向。如果能留心傾聽對方的話，就能建立信任的關係。

## ♃ 木星

### 哲學性思想吸引許多人

木星落在第3宮的你，是能從朋友或夥伴身上接受良好刺激並成長的人。人際關係良好，有幸獲得家人、身邊之人等的大力支持。你也能在平靜的環境中孕育出深入確認事物的深思熟慮、富有哲理的思想或話語，並將這份天賦發揮在教育或寫作活動上。旅行會為你帶來大幅成長與眾多好運，與在目的地遇到的人之間的緣分，會成為進一步開闢道路的契機。當形成凶相位時，要注意別過度擴大事業範圍，而是專注於目標上。

## ♄ 土星

### 重視學習機會，以進一步成長為目標

土星落在第3宮的你，孩提時代即使對讀書或學習感興趣，也沒有許多深入學習的機會，因此在長大成人後，會積極地把握學習機會，靠上進心與專注力成長。你雖然沉默寡言，但認真、默默學習的態度獲得高度評價，也受到周圍人們信任。與工匠般的氣質相通，與古都也很有緣分。當形成凶相位時，會有迴避新知識而採用保守方法的傾向。如果能更新思考方式，成長的機會也隨之增加。

## ♅ 天王星

### 以自由的想法改變世界的創意人士

天王星落在第3宮的你，想法或行動顯得遠離現實，容易給人怪人的印象。實際上，你有以不拘泥於框架的點子，創造出有用物品或機制的可能性。雖然可能不受長輩理解，但有的人能在IT或科學領域提出劃時代的想法，並推動了發展。當形成凶相位時，事情可能不會如預期進展，而令人焦躁。成功的關鍵是改變毫無計畫的行動，不懈怠地做好準備，有耐心地不追求立竿見影的結果。

## ♆ 海王星

### 具有卓越直觀力、想像力的感性之人

海王星落在第3宮的你，容易受神祕現象、幻想、精神世界等事物所吸引，有重視感官事物的傾向。尤其是孩提時期，常會帶給人「難以捉摸的孩子」的印象。實際上，你的感受性豐富，理解他人感受的能力也十分優秀，在人際關係上不會有大問題。當形成凶相位時，在面對他人時會有消極性格強烈的傾向。如果很難直接傳達想法，請嘗試使用訊息等文字方式溝通。

## ♇ 冥王星

### 分析事物或人心，並合理地行動

冥王星落在第3宮的你，是合理劃分自己所需及不需要的事物，並澈底積極處理問題方面的類型。因此你的思考方式或行動也顯得極端。有些人會在感興趣的領域成為專家。由於你善於察言觀色，在談判中也能掌握對方的心意，實現希望。凡事都有明確的目的，鮮少有多餘的行動。當形成凶相位時，容易批評別人，不要忘記體貼的心。

# 第4宮

## 家庭、生活

包括天底在內的第4宮，代表的是對於一個人而言，作為根基的家庭環境或與家人之間的關係，還顯示了成長過程以及與父母之間的關係。這些對塑造一個人的個性或思考模式有很大的影響，因此解讀這個宮位，對於了解自己會有很大的幫助。即使這是令人想要別開目光的過去，也並非因為家人或家庭環境感到自卑，而是能成為跨越並向前邁進的契機，也能成為今後與家人之間關係良好的關鍵。此外，這也是代表居所、不動產、長大成人後家庭生活的宮位。

### ☉ 太陽

#### 珍惜家人或家族，繼承眾多事物

太陽落在第4宮的你，是在溫暖的家庭中以滿溢的愛養育長大的人，許多人與家人感情要好，並過著經濟上無虞的生活。此外你有著強烈的重視家族的傾向，或者有代代相傳的不動產或財產。由於在充滿愛的環境中長大，因此很珍惜家人，家庭運到晚年都一直很穩定。當形成凶相位時，可能會覺得受到繼承的事物束縛而感到負擔。請珍惜家人的感情，思考什麼是最好的，並加以應對。

## ☽ 月亮

### 由於經常搬家，而對故鄉懷有強烈意念的人

月亮落在第 4 宮的你，經常搬家或家庭環境變化較多。原因各式各樣，有的人可能是因為父母親工作的關係等，而違背意願地轉學，或有與家人分開生活的經驗。也因此，不少人對家人或家庭有所執著，年紀輕輕就想擁有自己的家庭，也有人強烈依戀著出生的故鄉而返回。當形成凶相位時，可能會有孩提時代的親子關係拖延到成年後的情況。與母親的良好關係，對於你的人生十分重要。

## ☿ 水星

### 廣泛的經驗孕育了豐富的人性

水星落在第 4 宮這種行星配置的人，多出生在充滿活力的家庭，由開朗的父母養育長大。家庭與親戚或鄰居的往來頻繁，少不了休閒娛樂或家族旅行。由於雙親熱衷於教育，有許多人因此不僅讀書學習，還有學習運動或興趣的經驗，而且有不少人的經驗會與一輩子的興趣或工作相結合。當形成凶相位時，容易經常搬家，人際關係淡薄。不過，每次搬家都能鍛鍊你在當地交友的社交能力。

## ♀ 金星

### 出身良好吸引了幸福的家庭運

金星落在第 4 宮的你，有著從家人身上獲得許多愛，經濟上也不虞匱乏的家庭環境。因此許多人的特徵是性格沉穩而溫柔。在結婚之際，你會希望建立一個如同養育自己長大的家庭般溫暖的環境。到了晚年，也會在家人的陪伴下過著精神穩定的生活。當形成凶相位時，會有疏於整理家務的情況。由於屋裡亂七八糟，內心也會紊亂，因此請注意平時就要保持整潔。

## ♂ 火星

### 不穩定的家庭環境孕育獨立心

火星落在第4宮的你，大多是在家人常有爭執、雙親感情不睦等不穩定的家庭環境中成長。有的人或許因為討厭死板的氛圍，而與家人保持距離。因此你有強烈的獨立心，會早早就離開家。也有很多人在學校的成績很好，並在體育等方面嶄露頭角。你能明確地思考未來，具備獨立生活的能力。當形成凶相位時，可能會有遭遇意外或麻煩的情況，請小心火災和失竊。

## ♃ 木星

### 悠閒自得地成長，良好品行招來幸福

木星落在第4宮這種行星配置的人，會有一對寵溺孩子的雙親，以滿溢的愛將你養育長大。經濟方面也不虞匱乏，是「不知人間疾苦的大小姐、大少爺」，也有的人處於可繼承財產的立場。良好的教養也體現在品格上，並因此招來幸福的人生。當形成凶相位時，可能會出現父母保護過度的負面作用，令不諳世事的任性態度變得顯眼。而且會顯現出浪費癖，可能會有失去不動產的風險，得客觀地審視自己，並重視關心他人。

## ♄ 土星

### 以努力與強大精神力來吸引幸福

土星落在第4宮的你，可能是由對孩子漠不關心，或相反地過於嚴厲的父母養育長大的。在經濟方面或許也有過困苦的經驗。在家裡自由受到限制，令你感到拘束。這份忍耐或壓抑的經驗，會培養精神上的強韌或耐力，並對自身嚴格。當形成吉相位時，這份精神力會有正面作用，構築起令人有安全感的家庭或財產。別因為不合理的過去而低聲下氣，積極正向的態度會帶來好運。

## ♅ 天王星

### 在獨特的家庭中成長，獨立心旺盛

天王星落在第4宮，暗示著你有對自由奔放的父母，構築起有些奇特的家庭環境，並在這不受形式拘束的家庭中成長。由於雙親以自己的人生為中心，使得你們之間的關係顯得有些冷漠，因此你的獨立心強，有的人年紀輕輕就獨自謀生。認為依賴他人是錯的，人際關係可能會顯得淡薄。當形成凶相位時，可能會有工作不穩定或居無定所的情況。為了避免遇到突發問題而驚慌失措，建議事先儲蓄。

## ♆ 海王星

### 在家的孤獨時間培養著感受性

海王星落在第4宮這種行星配置的人，常有在複雜的家庭環境中成長的情況，比如說父母經常不在家，或是由父母以外的人養育等。你可能會因此感到不安或寂寞，對於自己的家庭與別人不同而感到自卑。因此在精神上不太穩定，有過度尋求他人的愛的傾向。你也有愛作夢的一面，會從現實別開目光，在幻想世界中遊玩。當形成吉相位時，這份特質會起正面作用，令人鍛鍊想像力，有的人會在具創造性的工作上獲得成功。

## ♇ 冥王星

### 在「家」與自己的想法之間搖擺不定

冥王星落在第4宮的你，處於無論是好是壞，都從「家」繼承了許多事物的立場，不僅是財產或不動產，還有家業等，視情況或許可能會被迫走上自己不想走的道路。從孩提時代起，可能就會因為「出生在這個家中」這個理由，而被決定了出路或職業，並因此感到痛苦。你受到落伍的障礙所苦，無法與家人融洽相處，可能會遭受精神上的傷害。當形成吉相位時，能藉由依據自身信念採取的行動，獲得財力或能夠接受的人生。

# 第5宮

## 戀愛、娛樂

在人生當中，「喜悅」或「快樂」極為重要。就算再有錢，如果感覺不到購物的喜悅，或是無論有多受歡迎，卻找不出戀愛的喜悅，就會顯得空虛。即使是周遭認為「應該很幸福」的狀況下，如果那並非當事人由衷追求的事物，就稱不上真正的幸福。

在這個宮位，可以檢視一個人真正追求的喜悅或幸福的形式。比如說，休閒娛樂等所有遊樂、製作物品、產生藝術的創作活動、比賽或賭博，當然還有戀愛、育兒。請在此確認自己所追求的是何種幸福。

## ☉太陽

### 擅長享受戀愛，光鮮亮麗的當紅人物

太陽落在第5宮的你，即使身處眾人之中也十分顯眼，是具有華麗氛圍的人。你對時尚十分感興趣，是如果被人稱讚「真棒」會非常開心的類型。參加或主辦能展現自身時尚品味的派對，最能自我推銷，因此十分積極。而在戀愛方面，有自由奔放的傾向，你是受歡迎的類型，一生中會有許多戀愛經驗，也是喜歡賭博的人。但是，當形成凶相位時，要注意避免深入。

# ☽ 月亮

## 喜歡為對方奉獻，情緒豐富的溫柔之人

月亮落在第5宮的你是深情且溫柔的人，因為愛照顧人且親切，能從照顧他人之中獲得喜悅。而且由於你的感受性十分豐富，在美術、工藝、攝影或設計等創作性事物上有著天賦。整體來說，你的作品就如個性一般溫柔，因此製作特別以女性或孩童為對象的作品，可能會大受歡迎。當形成凶相位時，容易過於依賴情人。請注意不要陷入若是沒有對方就什麼都做不了的狀態。

# ☿ 水星

## 在戀愛及興趣上，都喜歡刺激智慧的事物

水星落在第5宮的你，由於很有智慧，而容易熱衷於知性的興趣上。比如說沉迷於猜謎節目，甚至實際去參加。你可能會為了學習外文或考取證照而去上相關課程，這與是否能派上用場無關，而是你能從中感受到獲得知識的喜悅。話雖如此，由於你擅長經商或文采，而很有可能透過所學獲得成功。你會尋找能共享知性興趣的情人。當形成凶相位時，會有見異思遷或坐立不安的感覺。

# ♀ 金星

## 在興趣與戀愛上，都追求美感的浪漫主義者

金星落在第5宮的你是美感意識很高的浪漫主義者，會為了維持美麗而努力不懈。被人稱讚看起來比實際年齡年輕或時尚，就是你最大的喜悅。你會將藝術鑑賞作為興趣，也熱衷於創作活動，會鍛鍊自己的技能，製作出美好的事物。在戀愛上追求華麗，並善於營造氣氛。當形成凶相位時，可能會無法停止奢侈浪費，或沉溺於戀愛中而導致生活變得紊亂，需要特別注意。

## ♂ 火星

### 尋求刺激與戲劇性，熱情且戀情豐富的人

火星落在第5宮的你會從品嘗刺激感中獲得喜悅。愈是刺激，就愈會令你湧現鬥志，並飛撲過去。此外，你也喜歡活動身體，適合從事所有運動。在美體美容方面，可能會超脫興趣的範圍而成為工作。在戀愛方面，你也是尋求興奮的類型，有許多戲劇性的戀愛經驗，但容易採取不瞻前顧後的行動。尤其在當形成凶相位時，容易引來戀愛上的麻煩，要格外注意。

## ♃ 木星

### 熱愛藝術，支持藝術家的愛情勝利者

木星落在第5宮的你是喜歡藝術領域的人，是比起本身從事創作活動，更喜歡欣賞藝術的類型。比如說，你會從發現不為人知的作品並加以推廣這件事中感到喜悅，也可能會在作為贊助人的支援中找到樂趣。在戀愛方面，你尋求的是平安穩定，容易獲得戀愛機會，並不會讓認定「就是這個人！」的對象逃跑，而順利進展到結婚。當形成凶相位時，沉溺於快樂的傾向較強。

## ♄ 土星

### 追求堅定不移的戀情與務實娛樂的謹慎型人物

土星落在第5宮的你，是對於未經深思熟慮的享樂不感興趣的類型，如果是沒有實際利益的休閒娛樂，就無法令你感到快樂。你追求的是能獲得經濟利益或自身成長的事物，甚至認為頭腦空空地遊玩的行為毫無意義。在戀愛方面，總之就是堅定不移的謹慎型，能從一心一意地愛與被愛當中感到幸福。無論有多受異性歡迎，只要有個摯愛的對象在身邊，就能心滿意足。當形成凶相位時，可能會談一場艱辛的戀情，因此需要有商量對象。

## ♅ 天王星

### 非常歡迎跳脫常識或醜聞的自由之人

天王星落在第5宮的你是略微古怪的人，你的興趣或感興趣的方向也很奇特，對於偏門的領域較感興趣。雖然周圍的人很難理解，但你本人並不在乎。由於你原本就擁有出色的創造力，如果徹底掌握，甚至可能成為權威。在戀愛方面，你不會受常識束縛。尤其在當形成凶相位時，可能主動跳進會引發醜聞的戀情中，讓自己與對方的立場變得危險，不要忘記保持冷靜。

## ♆ 海王星

### 擁有獨特世界觀與戀愛觀的浪漫主義者

海王星落在第5宮的你是憑感覺思考事物的人。靈感優秀，能從構築獨特的世界中感受到喜悅。在藝術領域，會創作出常人無法理解的作品，有可能在該領域大為活躍。在戀愛方面，你有追求浪漫的傾向，原本就很有魅力，機會也不少，你還會主動營造有氣氛的環境，令異性深受吸引。當形成凶相位時，容易導致三角關係或更為複雜的關係。

## ♇ 冥王星

### 愛著獨特的世界，貫徹一心一意的想法

冥王星落在第5宮的你是對獨特領域感興趣的人，常會注意到他人不太感興趣或盡量避免的黑暗領域。比如說，關注生物的死亡，或對於與死比鄰的強烈事物感興趣，並因此無法獲得周遭理解而遭到孤立。你喜愛激烈的戀情，只要是為了心愛的人，願意獻上自己的一切。當形成凶相位時，可能會有在戀愛上受傷害的經驗，需要保持冷靜。

透過進入宮位的行星來看人生主題

# 第6宮

## 勞動、健康

第6宮代表的是為了生活、與社會相連繫而應盡的義務、責任或能力。說到為了生活所需的事物，第一項就是工作，因此，這個宮位主要提及的就是與工作相關的事物。由於也有人不需工作就能維生，因此在這種情況下，請將這個宮位的內容解釋成身為社會中的一分子，應盡的義務或責任的內容。

第6宮也能用來判斷工作的適應度、工作方式，究竟是隸屬於組織中較能發揮能力，還是獨立工作型態較佳？以及最適合一個人的工作方式、職場上的上下關係或人脈等人際關係方面的事。此外，也可從中得知在健康方面應該注意的事項。

### ☉太陽

#### 在組織中才能發揮真正價值的人

太陽落在第6宮的你是個認真且實務能力優秀的人。即使是毫無變化，需要耐心面對的麻煩工作也能確實完成。你得身在團體當中才能發揮實力，而你也清楚明白這一點，為了履行自己的職責而在組織中努力貢獻，反而不太擅長獨自創業並立於頂點。你也因為責任感強而容易工作過度，需要做好健康狀況管理，避免過勞。當形成凶相位時，千萬別輕忽心臟等循環系統的問題。

## ☽ 月亮

### 富有志願者精神的支援類型

月亮落在第6宮的你是富有志願者精神的人，工作的目的是為了對社會有所助益。你喜歡工作，即使要加班或在假日上班都不以為苦。在職業種類方面，你很容易從高公共性質的工作或具大眾性質的工作中感受到人生價值。比起獨立創業，身處組織中更能發揮實力。不過，你容易體力不足，需要定期休息。當形成凶相位時，腸胃方面較弱，需要注意定期健檢及紓解壓力。

## ☿ 水星

### 兼具出色談判技巧及高智商的腦力勞動者

水星落在第6宮的你是個腦子轉得很快的人，由於適合所有需要腦力勞動的工作，如果從事需要精細計算、文書處理相關的工作或擔任研究人員等職務，就能盡情發揮能力。此外，由於你善於談判，也很適合從事業務或待客服務的行業。因此，雖然即使獨立創業也能獲得一定程度的成功，但還是隸屬於組織更能活用自身能力。在健康方面，需注意因壓力引起的腸胃炎或操作電腦導致的腱鞘炎。當形成凶相位時，容易被人誤會，需記住隨時誠實待人。

## ♀ 金星

### 優秀的藝術品味與出類拔萃的協調性是強項

金星落在第6宮的你是個藝術品味優秀的人，不分類型，適合所有設計或藝術方面的工作。另一方面，你既不適合需要體力的工作或工地相關的工作，也無法從中找出人生價值。你的性格溫和，所以在職場的人際關係上不會有太大困擾。若是獨立創業的情況，設立容易溝通協調的少人小公司就會順利。在健康方面，需要注意喉嚨疾病或腰痛。當形成凶相位時，需注意別因為優先考慮自己的方便，而導致獲得負面評價。

## ♂火星

### 精力充沛且具領袖氣質的實力主義者

火星落在第6宮的你是在工作上精力充沛的人。喜歡在實力主義的世界中受到鍛鍊，並在這樣的場所嶄露頭角，充滿活力。你適合從事需要競爭業績的業務或銷售工作，擔任常需要移動、體力活的工作也沒問題。由於具備領袖氣質，獨立創業也會成功。在健康方面，需注意工作過度造成過勞，或因粗心導致受傷。當形成凶相位時，有對晚輩或部下過於嚴厲的傾向，要顧慮到對方的感受。

## ♃木星

### 富有夥伴及工作運，努力也容易獲得回報

木星落在第6宮的你，是個一輩子在工作及人際方面都富有好運的人。而你也是努力就會獲得相應的回報，收入會隨之增加的類型，可說是十分幸運的人。比起待在辦公室做內勤，在外走動的工作更容易發揮你的才華，因此適合從事業務或服務業。由於很有人望，也推薦獨立創業。在健康方面，不需要太過擔心。不過，當形成凶相位時，要小心別自信過度。也容易暴飲暴食，需注意肥胖或肝臟疾病。

## ♄土星

### 以天生的責任感與堅韌度為信條的努力之人

土星落在第6宮的你是個責任感極強的人，會竭盡全力處理交辦的工作，並完美地完成，也能無怨無尤地達成需要耐心的麻煩工作。你會在「無名英雄」類型的職務上發揮能力，建議從事農業、林業、不動產業等與土地相關的工作。比起獨立創業，待在組織中更為穩定。在健康方面，需注意皮膚病、關節疾病或骨折。當形成凶相位時，要小心因為說明不足而引發麻煩。

## ♅ 天王星

### 活用獨特的想法，令才華開花結果

天王星落在第6宮的你，是擁有豐富才華，潛藏各式各樣可能性的人，才華能在需要運用專門知識或技術的工作上開花結果。如果從事文書職務等幕後工作的職業，或是重複單調的工作，你很快就會厭倦。由於你擁有獨特的思考方式，以自由業者的身分工作，會比起置身於組織中增加更多活躍的機會。在健康方面，需注意不規律的生活可能會帶來負面影響。當形成凶相位時，有一再換工作的危險，有時忍耐也是必須的。

## ♆ 海王星

### 會在藝術相關的工作或療癒人心的工作上活躍

海王星落在第6宮的你是擁有卓越直覺或想像力的人，可在設計或藝術領域發揮能力。不過，你缺乏注意力，態度上也難以說適合擔任下屬，因此與其期望在組織中晉升，選擇獨立創業的可能性更為寬廣。你也適合從事為人奉獻、療癒他人的服務業。在健康方面，需擔心因依賴菸酒或咖啡等嗜好品而使健康受損。當形成凶相位時，在職場上受人利用的情況會增加。因此請確實公私分明，並學會如何說不。

## ♇ 冥王星

### 追求價值，期望依循信念工作

冥王星落在第6宮的你是期望能懷著信念工作的人。即使是伴隨危險的工作，只要能從中感受到價值，也能將其當作天職。倒不如說，愈是特殊的工作，對你來說愈有魅力。你不太擅長建立人際關係，因此需要經常與人往來的工作，往往會令你感覺到壓力。在健康方面，生殖系統或排泄相關器官容易出問題，因此需定期檢查。當形成凶相位時，工作上會有起落，請記住臨機應變地應對。

透過進入宮位的行星來看人生主題

# 第7宮

## 婚姻

以下降點作為起始點的第7宮，是代表夥伴的宮位。雖是外人，但與你有很深的關聯，當聽到這樣的「夥伴」時，首先浮現腦海的想必是結婚對象吧。當然，結婚對象可說是這個宮位最重要的存在。在這個宮位中，可解讀你容易遇到怎樣的結婚對象、你期望的對象類型、根據伴侶對象不同，人生會有怎樣的變化等。此外，除了結婚對象，這個宮位同時也司掌了各種形式的夥伴。比如說在工作職場組成搭檔的對象或競爭對手、一生的摯友，或是創業之際的工作夥伴等。

### ☉ 太陽

#### 根據夥伴對象，人生會更上一層樓

太陽落在第7宮的你，會獲得開朗活潑，經濟方面也有助益的夥伴，倘若是契合度高的組合，就能過著連在精神方面都十分富足的生活。如果是結婚對象，不僅會是一對恩愛的夫妻，還能提升你的社會地位；如果是工作夥伴，將會以合夥者身分為你大顯身手，將你導向成功。當形成凶相位時，於公於私都會出現棘手的競爭對手，不過，只要忍耐應對，還是可能並肩合作。

## ☽ 月亮

### 強烈渴望結婚，也尋求著工作搭檔

月亮落在第7宮的你，強烈渴望結婚，並希望有人能在工作上及追求夢想上陪伴著你。月亮落在第7宮的特徵，是根據相位不同，狀況會大幅改變。當形成凶相位時，容易過度追求理想而看不到現實，即使決定了夥伴，仍會三心二意而定不下心。當形成吉相位時，會擁有充滿愛情的平穩婚姻生活，也能解釋成獲得工作上的好夥伴，特別有很高的可能在受歡迎的生意上獲得成功。

## ☿ 水星

### 夥伴帶來的人脈會拓展機會

水星落在第7宮的你，期望夥伴是擁有高智慧，能與你共享知性興趣的人物；而在結婚對象方面，你會選擇善於交際且聊得來，凡事都能一起享受的人物。藉由共享彼此的人脈，將產生新的邂逅，興趣、樂趣及好奇心的幅度也會隨之擴展。在工作上，各方面都會獲得人面廣的有力人士協助；在日常生活上，也能期待與知識分子之間的交流。當形成凶相位時，會因夥伴的虛偽不實而煩惱。

## ♀ 金星

### 獲得最棒的夥伴，豐富精神面以及物質面

金星落在第7宮的你，在婚姻、工作或人際關係各種情況下都能獲得很棒的夥伴。如果是結婚對象，會是能向周遭炫耀的伴侶，並過著經濟方面不虞匱乏、愛情滿滿的婚姻生活。由於你能與任何人建立良好關係，獲得好夥伴，因此在工作方面會吸引眾多良緣，如合作夥伴或贊助商。當形成凶相位時，無論公私都容易顯露散漫的一面，導致錯失機會，必須有所自覺並嚴以律己。

## ♂ 火星

### 與工作或戀愛上的夥伴建立具刺激性的關係

火星落在第7宮的你有對夥伴熱情如火的傾向，當你陷入熱戀，可能會完全看不見周遭，並在短時間內決定步入婚姻。此外，也有與夥伴競爭的傾向，在工作方面，你會從與競爭對手較勁的過程中感受到價值。當形成吉相位時，會與夥伴建立於公於私都一邊切磋琢磨，互相成長的關係；當形成凶相位時，則可能將自己的想法強加於人，必須節省熱度，並且不吝於關心體貼。

## ♃ 木星

### 在工作、交友及婚姻上，都獲得最棒的夥伴

木星落在第7宮的你，無論在人際關係、工作還是婚姻上，都能獲得誠實且可靠的夥伴。你的結婚對象很可能有崇高的社會地位，並營造富裕的生活。如果選擇受到周遭祝福的對象，就能獲得最棒的幸福。無論你是否意識到自身有這樣的運勢，對人都十分寬容，因此能建立良好人脈，並自然而然地吸引好夥伴。當形成凶相位時，婚姻生活會起波濤，記得與對象保持良好的溝通。

## ♄ 土星

### 與擁有地位的年長夥伴相結合

土星落在第7宮的你，有著不善於處理人際關係的傾向，是需要耗費長時間建立信任關係的人。你的結婚對象很有可能既勤勉並擁有地位，而且相當年長，但只要不疏於溝通，就不會因年齡差距而造成弊病，可過著平穩的婚姻生活。在工作方面，你可能會獲得並非共同事業，而是生意客戶或支持者身分的好夥伴。當形成吉相位時，在面臨困難後，對方將會成為一輩子的夥伴。

## ♅ 天王星

### 厭惡常識，有追求獨特婚姻風格的傾向

天王星落在第7宮的你，在婚姻方面是貫徹獨特風格的人。有可能會選擇不尋常的形式，比如說未登記的事實婚、分居婚或契約婚姻等。你喜歡與眾不同的類型，會獲得擁有非比尋常價值觀或感性的夥伴。在工作方面，比起發展共同事業的夥伴，更建議你建立若即若離的夥伴關係。當形成凶相位時，請小心因反覆無常而引發問題。

## ♆ 海王星

### 結婚對象很有可能從事演藝等光鮮亮麗的職業

海王星落在第7宮的你是強烈憧憬著婚姻，並追求夢想或浪漫的人，有可能會與藝術家或演藝圈相關人士結婚。但如果這個願望變成妄想，就可能看錯對象，請仔細確認，別選到欠缺道德觀或責任感的對象。在工作上你必須培養看人的眼光，避免被看似成為夥伴的對象利用。當形成凶相位時，可能會以情緒決定事情，並感到後悔。愈是重要關頭，愈要保持冷靜。

## ♇ 冥王星

### 有命運般邂逅的夥伴是最優先的存在

冥王星落在第7宮的你，無論在工作上或婚姻上，都會有堪稱命運般的邂逅，是與夥伴之間有強烈情誼的人。你會為了結婚對象犧牲奉獻，總是將伴侶放在第一位，是人生會因婚姻而大幅改變的類型，需要注意別對伴侶過於執著。在工作上，你會發揮談判能力，建立良好的夥伴關係。當形成凶相位時，會有一旦將事情往壞處想就停不下來的傾向，建議培養一套讓自己擺脫低潮的方法。

透過進入宮位的行星來看人生主題

# 第8宮

## 繼承、性愛

第8宮是司掌「繼承」與「性愛」的宮位。繼承包括一個人會獲得的各種形式的財產，並不僅限於從血親那裡繼承的事物，還包括因雙親、親戚、配偶等死亡而獲得的有形、無形的遺產，以及生前移轉的財產或權利等。

即使認為就現狀而言，「沒有這樣的親戚」、「對自己而言是不可能的事」，但狀況不知何時何地會產生變化。

此外，關於「性愛」方面，可以確認一個人的性觀念。具體而言喜歡怎樣的性愛、實際上經歷過怎樣的性經驗等，此外也包括結婚後的性生活充實度或問題等。

### ☉ 太陽

#### 經濟狀況及地位會因繼任或繼承而提升

太陽落在第8宮的你，很有可能會因為從他人手中繼承了財產或地位，使得社會地位提高。或是締結師徒關係的對象，任命你為繼承人的立場。也可能從配偶或親戚那裡繼承遺產。在性愛方面，若要說的話，是屬於開放的，你期待的是輕鬆而健康的性愛，與伴侶之間也有良好的性生活。當形成凶相位時，容易讓異性誤會你有那個意思，或是被懷疑出軌而引發問題，言行舉止要小心謹慎。

## ☽ 月亮

### 婚後變化多，內心的聯繫十分重要

月亮落在第8宮的你，與財產或地位的繼承沒什麼緣分。婚後生活容易起變化，配偶的資產狀況也顯得不太穩定。話雖如此，因為你重視人與人之間的關聯更甚於財富，只要有被愛的實際感覺就會幸福。你認為性愛是確認彼此愛情的重要溝通方式，十分重視營造浪漫氣氛或情感上獲得滿足。當形成凶相位時，靈性方面的感受性強，容易被人影響，需要小心。

## ☿ 水星

### 繼承前人知識或技術的知識分子

水星落在第8宮的你是繼承知識或技術甚於物質事物的類型。有的人會拜工匠或藝術家為師，學習專業知識。你容易對神靈相關的事產生興趣，也可能繼承宗教相關的工作。請小心別被捲進繼承財產的爭端中。當形成凶相位時，要避免與契約相關的專斷獨行或臆測。在性愛方面，你是追求變化的類型。雖然是知識至上的類型，但由於會想與伴侶一同享受，性生活大致令人滿意。

## ♀ 金星

### 容易藉由婚姻或繼承變得富裕

金星落在第8宮的你，容易過著不虞匱乏的生活，尤其可能藉由找到金龜婿而嫁入豪門；即使伴侶身分尋常，也會從周遭獲得某些協助。由於你有強烈的性感魅力，而深受異性矚目，也有許多性方面的機會，而你本身也極為積極起勁。相較於精神面，你更重視肉體上的結合或滿足感，因此如果遇上技巧高超的對象，可能會有沉溺於性愛的傾向。當形成凶相位時，要注意靈性相關的問題。

## ♂ 火星

### 獲得及失去財產的機運均會突然造訪，稍縱即逝

火星落在第8宮的你是可能會意外繼承他人地位或財產的人。由於你擁有理財才能，只要能巧妙運用，就能過著富裕的生活。不過，也有容易因失竊或災害等失去財產的一面，因此事先採取對策也是很重要的。你在性愛方面雖然積極，但瓶頸在於容易想要支配對方。當形成凶相位時，可能會因為一時的情緒而採取行動，導致傷害他人，請學習在自身情緒高漲時該如何處理。

## ♃ 木星

### 婚姻會帶來富裕的生活，提升財運

木星落在第8宮的你，很可能會與經濟實力雄厚的人結婚，並過著富裕的婚姻生活。抑或是你的配偶會繼承遺產或獲得金援。總之是因為婚姻而讓生活變得富裕的類型。在工作方面，也有獲得出資者的運勢。性愛方面有較為奔放，經歷各式各樣體驗的傾向。當形成凶相位時，會有因出現浪費癖而把好不容易獲得的財產耗盡的危險，請記得要保持堅定踏實的態度。

## ♄ 土星

### 不太能期待繼承事物，但有留下財產的可能

土星落在第8宮的你，如果期待繼承遺產、地位或金援等事，可能會落空。即使有繼承的情況，也不要急於求成，慢慢進展才是上策。此外，請避免擔任保證人或借用名義，為了避免遇到財務糾紛，必須小心謹慎。但是，當形成吉相位時，就有繼承不動產的可能，若能發揮管理能力，就可累積一筆財產。你對性愛方面不太感興趣，態度顯得較為淡泊，即使是婚後，可能也會因配偶的態度而產生厭惡。

## ♅ 天王星

### 容易由於經濟問題，導致婚後生活較不穩定

天王星落在第8宮的你，有因為配偶的財產或繼承相關的事情，而導致家計不穩定的危險。有的人可能會遭遇意料之外的事態，比如說某人毀棄約定等。當形成凶相位時，或許會因為財務問題而捲入法律糾紛中；當形成吉相位時，在問題解決後將能獲得好的結果。在性愛方面，你追求較反常奇特的內容，如果是接受這點的伴侶就沒有問題，但需要注意別因此成為你與伴侶之間的火種。

## ♆ 海王星

### 比起仰賴財產，不如靠自己賺取較為可靠

海王星落在第8宮這種行星配置的人，難以期待從結婚對象那裡獲得財產。束緊錢包，腳踏實地賺錢更重要，如果堅定踏實，穩定的生活就能持續下去。在性愛方面，由於你是唯美派，重視氛圍，因此對情境有所堅持，不過在性行為本身則容易流於被動。當形成凶相位時，有因疏忽大意或詐欺而失去大筆金錢的危險，請小心注意，尤其需要謹慎看待神祕學相關的事物。

## ♇ 冥王星

### 天生擁有嗅到賺錢機會的嗅覺

冥王星落在第8宮的你，對錢財有著敏銳的嗅覺，賺錢手段自不待言，還會獲得從他人手中繼承資產的機會。此外，你也擅長不主動採取行動，而藉他人的手獲得財富。不過如果是期待帶來財富的婚姻，就容易失敗。你對性愛方面有濃厚的興趣，也精力充沛，會為了過著充實的性生活而不遺餘力。當形成凶相位時，會以自身利益為優先，或出現自我中心的言行舉止，這點必須自重。

透過進入宮位的行星來看人生主題

# 第9宮

## 精神、向學心

相較於第3宮代表的是孩提時代獲得智慧的方向，第9宮顯示的則是更為高度深入的學問。透過這個宮位，可以了解一個人比起物質上的事物，更想了解的抽象事物、尚未見識的事物的想法，比如說思想、宗教、信仰與外國的關聯方式等，以及想特別學習的專業領域為何。並透過這些內容獲得全新的價值觀，因此成長。此外也能從中得知將在生活過程中學習的事物或人生教訓，並窺見未來的提示。如果有複數顆行星落在這個宮位，代表這個人與外國有緣，很有可能會出國旅行、留學、國際婚姻或在國外永久居留等。此外，也有人會培養身為國際人士的素養，因此大為活躍。

### ☉ 太陽

#### 累積努力，以全球性的活躍為目標

太陽落在第9宮的你有著強烈求知欲，會澈底追求感興趣的事物，對於宗教、哲學、法律領域特別感興趣。你會學習專業知識或技術，以全球性的活躍為目標，並將自身視為競爭對手，想像著未來獲得成功的自己，不遺餘力地努力。由於你與外國有強烈緣分，成功也不是夢想。然而，當有凶相位時，強烈的自我會是成功的絆腳石，因此需要忍耐。

## ☽ 月亮

### 將對外國的強烈憧憬化為現實

月亮落在第9宮的你，有著信仰心強烈的傾向，會相信能賦予你特定思想或哲學覺察的對象，並尊敬不已。可能會以此為契機，讓你往後的人生大為改變。你對外國也有強烈憧憬，有許多次長期旅行的經驗。此外，你與海洋或船隻也很有緣，也常會來趟船上之旅。當形成凶相位時，會欠缺耐心與耐力，令想法難以延續下去。為了讓夢想與成功連結，就必須具備強悍的意志。

## ☿ 水星

### 以出類拔萃的表現力與求知欲為武器

水星落在第9宮的你有著強烈的求知欲，並一心向學，是會眨眼間吸收學習內容的類型。而且你的語文能力格外優秀，能在口譯或翻譯領域發揮才華，任職於貿易相關、外資企業的話，將會大為活躍。此外也很適合從事寫作，不問主題，你的表現能力將令許多人為之沉迷。當形成凶相位時，可能會發生禍從口出的情況，需注意避免不負責任的發言造成周遭的困擾。

## ♀ 金星

### 開朗的和平主義者，會投入服務活動

金星落在第9宮的你，是個充滿愛心的和平主義者。有的人會熱衷於慈善義賣或義工服務，或在世界各地奔走，企劃慈善事業或活動。你也有許多外國朋友，很有可能會有國際婚姻或移居外國。此外，你潛藏著身為藝術家的天賦，善於創作出獨特的世界，可以期待在相關領域大為活躍。當形成凶相位時，可能會因為反覆無常的一面而容易失去目標，必須不時確認自身的立場。

## ♂ 火星

### 好奇心強烈，以旺盛野心持續挑戰

火星落在第9宮的你，是上進心及好奇心都十分強烈，總是持續奔跑著的人，會對宗教特別感興趣，而有熱衷於傳教活動的傾向。此外，你也會豎起資訊天線，仔細環顧周遭，對於與自己不同的環境或新事物十分敏感，並懷有強烈憧憬。你很有膽量，會毫不猶豫地踏進未知的世界。不過，當形成凶相位時，就需要謹慎行動，因為難保沒有在國外或出差地捲入問題的風險。

## ♃ 木星

### 於專業領域活躍，也有向國外發展的可能

木星落在第9宮的你，是對任何人都十分慷慨，具有極為高尚精神的人。你對宗教、法律、專業領域的研究深感興趣，一旦下定決心的道路，就會全心投入。也可能會站在指導他人的立場上。此外，你與國外有緣分，藉由參與相關事情，會更容易獲得好運。在專業領域獲得高度評價，想成功向國外發展也不是夢想。不過，當形成凶相位時，容易擺出自信過度、高高在上的態度，千萬別忘了謙虛。

## ♄ 土星

### 踏實地累積努力，在後半生獲得回報

土星落在第9宮的你是勤奮努力之人，比起外國事物，對於自己國家的傳統事物或思想更感興趣。此外，相較於追求眾多而嶄新的事物，你是屬於專注於一件事物上的類型。非常認真，甚至將娛樂或旅行都視為學習場所，絕不浪費。你會像這樣比一般人累積更多努力，並在後半生獲得回報。當形成凶相位時，有著強烈執著於自身想法的傾向，請記得要讓自己能靈活地應對事物。

## ♅ 天王星

### 發揮天才型才能的個性派類型

天王星落在第9宮的你是個思考方式非比尋常的人，對於平凡事物不太感興趣。你對科學或神祕學深感興趣，也很喜歡刻意為抽象類型的事物賦予理論邏輯。你若是尋求一個特定領域，將能發揮你天才型的才能，並獲得留名青史的成功。不過，當形成凶相位時，有被捲入意外事件的危險，尤其可能在外國遭遇奇特的案件，請謹慎行動。

## ♆ 海王星

### 帶有神祕氣質，直覺敏銳的人

海王星落在第9宮的你，是對於神祕學或靈性事物感興趣，也擁有能力的人，即使內心所想化為現實也不奇怪。此外，你帶有一股神祕的氣質，是令人們認為「不知道在想些什麼」的類型。在旅行方面，與有水的地方有緣，會帶來好運。不過，當形成凶相位時，會有產生強烈遠離俗世的想法。請注意別離開日常生活過遠。此外，這也暗示了你會在外國流浪。

## ♇ 冥王星

### 需注意別讓出類拔萃的專注力搞錯方向

冥王星落在第9宮的你擁有出類拔萃的專注力，並充滿求知欲，會廢寢忘食地沉浸於感興趣的事物之中。你也對魔法、心靈、宗教很感興趣，視情況而定，甚至會對人生有重大影響。此外，你如果交了外國朋友，或許會受對方影響，使得生活大為改變，甚至有人會終其一生待在國外。當形成凶相位時，你會有沉浸於異端思想的強烈傾向，必須注意別看不見周遭。

# 第10宮

## 社交

相較於位於對側的第4宮代表的是家庭，以天頂（MC）為起點的第10宮顯示的是與社會的關聯。這個宮位可以確認一個人在社會上應努力的職責、目標，以及藉由努力可抵達的社會性終點，同時也是能了解地位、名聲、天職的宮位。不過，即使能恪盡天職，也未必能帶來財富，因為這也與第2宮的因素相關。此外，第10宮還顯示了與上級或領導者之間的關係，根據坐落於這個宮位的行星而定，有的人還會因對方的提拔而掌握好運。此外，有許多顆行星落在第10宮的話，可說是一個將社會活動看得比家庭生活還要重要的人。

### ☉ 太陽

**化為凶猛的工作狂，早早就發揮才能**

太陽落在第10宮的你是個活力充沛至極的人，你相信自身的才能，會搭配所吸收的知識認真投入工作。你那相信努力終將開花結果而每日奮鬥不懈的身影，深深擄獲了周遭眾人的心，也會獲得長輩的賞識提拔，並確實掌握機會嶄露頭角，獲得地位或名聲。不過，當形成凶相位時，容易因成功而顯露驕傲自大或目中無人的態度。即使身處上位，也千萬別忘記要常保謙虛之心。

## 月亮

### 女性是掌握成功關鍵運勢之人

月亮落在第10宮的你有著協調性，並重視人與人之間的聯繫。你的個性溫柔且待人和氣，因此在周遭眾人之間也很有人望。若是從事以普羅大眾為對象，尤其是以婦女或孩童為目標的工作，會締造相當程度的實績。此外，也可能因為女性與有力人士作為後盾，而獲得成功，但你本人並沒有太大欲望。當形成凶相位時，或許會因為一時興起換工作，導致危及你構築至今的地位，需要持續努力。

## 水星

### 藉由智慧能力與廣闊人脈留下龐大實績

水星落在第10宮的你，是能發揮智慧能力，順利立身處世的人。你的溝通能力尤其出類拔萃，適合從事出版、通訊、資訊、貿易業界的工作。如果擔任企劃、業務、銷售職務，或許會留下刷新紀錄等級的實績。此外，也能利用廣闊的人脈來發展工作。不過，當形成凶相位時，也會有「樣樣通，樣樣鬆」的情況。從長遠來看，能獲得更為事業的知識較令人放心。

## 金星

### 在光鮮亮麗的世界得到強大後盾，獲得成功

金星落在第10宮的你是凡事都能圓滑地處理的類型，適合需要審美品味的業界、光鮮亮麗的世界，而這也符合你本身的喜好。你能藉由活用設計或造型等方面的天生品味，大為活躍，也相當受歡迎，而受到眾所矚目。你也可能得到擁有地位或財富的長輩作為後盾，因此獲得成功。不過，當形成凶相位時，你會有強烈地想坐享其成的傾向。請認清自己應做的事或立場，好好工作。

## ♂ 火星

### 心懷野心闖遍競爭激烈的社會

火星落在第10宮的你是野心勃勃且懷有強烈爭鬥心的類型，嚴厲的社會對你而言算不了什麼。你會為了達成目的而不遺餘力地努力，並有強烈的獨立心，待在組織之中以一介員工的身分工作，或許並不符合你的個性。你適合從事需使用身體的活動型工作或技術職務，並會在該領域嶄露頭角，獲得地位及成功。不過，當形成凶相位時，你單獨行動的模樣往往會在壞的一面引人矚目，並招致反感，請重視與周遭的協調。

## ♃ 木星

### 深獲人望，獲得最棒的夥伴與支持者

木星落在第10宮的你，在出社會後會大為活躍，並獲得地位或名聲，而且還能藉由從事喜歡的工作而獲得成功。你這一類的人個性非常慷慨且誠實，會毫不吝惜地與周遭分享自身努力所得的事物。這樣的態度令你有良好的人際關係，並能獲得願意支援你的夥伴，以及能成為你後盾的有力人士。不過，當形成凶相位時，在事物的最終階段容易輕忽大意。如果想獲得成功，關鍵在於直到最後一刻都不能鬆懈，澈底完成。

## ♄ 土星

### 以誠實的人品與責任感獲得成功

土星落在第10宮的你個性極為認真，凡事都真誠面對，你那負責並堅持到底的態度，獲得眾多人們的信任。你也會在他人看不見的地方付出比一般人更多的努力。年輕時或許比較辛苦，但這份辛苦也是值得的，令你在後半生爬上穩固的地位，身居要職並成為令人甘拜下風的存在。當形成凶相位時，可能會變得只顧外表形式。請以「勿忘初衷」為座右銘，給予自己回顧原點的時間。

## ♅ 天王星

### 活用專業技術，表達獨創點子

天王星落在第10宮的你不喜歡受框架拘束，若是處於不允許自由創造的世界，就會感到侷促。在工作方面，你適合能創造豐富變化事物的職業、以自身點子一較高下的業界。如果能擁有專業證照或特殊技能，就能向周遭表達，並總有一天獲得成功。當形成凶相位時，是暗示獨特的價值觀難以獲得周遭理解。並不是勉強他人接受，而是找到能夠理解你的人才是最好的。

## ♆ 海王星

### 以靈感為武器，持續追尋夢想

海王星落在第10宮的你，有討厭長期屈居他人之下的生活或踏實地努力的傾向，會傾其一生追尋夢想。你的直觀力或想像力出色，若是待在重視靈感的業界，可期待大為活躍。而從事寫詞作曲、文學或療癒人心的職業，則會創作出觸動人心的作品。不過，其反作用是會令你無論如何都想逃離現實世界。當形成凶相位時，夢想到頭來可能終究只是夢想，別忘記努力與動腦，好好挑戰。

## ♇ 冥王星

### 帶有領袖氣質的魅力擄獲周遭眾人

冥王星落在第10宮的你擁有吸引眾人的神祕魅力，在你所選擇的道路上，會成為領袖般的存在。你實際上是擁有能力的人，同時也具備了獲得地位與權力的運勢，尤其可能會在政治界或代代相傳的傳統類型工作上，處於繼承接棒的立場。在工作方面，你除了有自身的獨創性，還有能令周遭信服的能力，甚至會有破例出人頭地的情況。不過當形成凶相位時，傲慢自大的態度會成為負面傳聞的原因，請無論何時都別忘記保持謙虛的態度。

透過進入宮位的行星來看人生主題

# 第11宮

# 人際關係

第11宮是代表人際關係，或是團體生活中的樂趣、期望或理想的宮位，顯示的是人與人之間的聯繫，並不包括自私自利。從這個宮位，可以了解你與友人是以何種主題連結起來的，不僅是樂趣，還能找出共同處，以及如何相關。

此外，也顯示了藉由與他人共享目的或志向，在社會上做出何種貢獻，並得知這一點對你的生活有何影響，造成怎樣的變化，這對於某些人而言，還會成為人生的最後目標。此外，所謂的團體生活，指的是從輕鬆隨意地聚集在一起的社團，到社會上的團體活動均包括在內。

## ☉ 太陽

### 富有人緣，在眾多推手支持下實現夢想

太陽落在第11宮的你，由於個性真誠且寬容，因此人脈廣闊，其中也有許多富有學識素養的人或知名人士，可獲得眾多支援或各式各樣的提拔關照。如果你發現擁有同樣志向的團體、組織，請積極參與，因為在參與活動當中，會認識許多贊成你的想法並加以協助的人。不過，當形成凶相位時，可能會因為過於廣闊的人際關係引發問題，令你感到煩惱，因此需要關心周遭。

## ☽ 月亮

### 性情溫和且愛照顧人，會為了服務活動投注心力

月亮落在第11宮的你，由於和藹可親且愛照顧人，因此交友眾多。你喜歡在團體中工作，會熱衷於社會貢獻活動。當有人向你表達感謝之意，你就會猛然幹勁十足，但是當感覺煩躁時，也可能一再改變活動領域或據點。當形成凶相位時，會想束縛自己的朋友，由於難以壓抑情緒，導致關係變得尷尬。如果能意識到以「淺而寬廣」的方式往來，友情就能持久。

## ☿ 水星

### 通過知性活動獲取廣泛交流與智慧

水星落在第11宮的你，會透過知性的社團活動、研究會等方式與許多人交流。這份人際關係十分廣闊，不分男女老少，還有各式各樣立場的人們，這些人全是好的顧問般存在，會為你帶來有益的事物。此外，你也會主動向周遭傳播資訊，建立起人與人的關聯。當形成凶相位時，關係容易變得淺薄。為防萬一，能夠有個可以依靠的人物或許比較好。

## ♀ 金星

### 受到朋友的正面影響，過著充實的時光

金星落在第11宮的你，擁有既誠實、在經濟上有所助益且興趣眾多的朋友。你的朋友會對你的生活方式或言行舉止造成眾多影響，此外，也有人會透過朋友獲得浪漫的戀情。你所參加的社團或團體，幾乎都是和平而舒適的，你會在團體中扮演吉祥物般的職責。當形成凶相位時，有因人際關係而招致嫉妒，最終產生財務糾紛的危險。為了避免關係過深，請重視彼此之間的距離感。

## ♂ 火星

### 勇敢膽量獲得器重，而被賦予領導職務

火星落在第11宮的你的個性黑白分明，認為沒必要勉強與不擅長相處的人物打交道。你是會積極參與團體活動或社團活動的類型，而且富有膽量，即使是毫不熟悉的環境，也會為了實現自身理想而一躍而入。你在隸屬的單位態度凜然，常會被賦予領導職務。不過，當形成凶相位時，可能會因為過於熱心投入活動，經常與周遭的人起口角。失言也可能會引發大問題，請注意保持冷靜。

## ♃ 木星

### 在受到眾多朋友支持下實現夢想

木星落在第11宮的你，對任何人都十分慷慨，不會根據社會地位、年齡或性別來選擇往來對象。這樣的性格使你受到喜愛，朋友眾多。在朋友之中，有許多地位崇高的人，或是經濟資源豐富的人，你會因為這些人而受到龐大影響。當你在團體活動中開始做某件事時，會受到周遭的支援，大部分的事都會成功。當形成凶相位時，會增加許多只有客套話往來的關係。只要從一開始就沒有太過深入往來，也不太需要煩惱。

## ♄ 土星

### 雖然交友範圍狹窄，卻會受到長輩的關照

土星落在第11宮的你，為了建立深厚的人際關係，朋友人數並不算多。不過，因為你總是誠心誠意地與人往來，而能建立長遠的關係。此外，因為比起同輩或晚輩，與長者更聊得來，想法也比較成熟，會在長輩的提拔下獲得成功。不過，當形成凶相位時，可能會極為怕生而有孤立的傾向。為了避免主動築起一道牆，請記住要意識到這點去溝通也是十分重要的。

## ♅ 天王星

### 有個性的人群聚一處的人際關係

天王星落在第11宮的你十分獨特，抱持著想與擁有自己所沒有的能力之人深入交流的想法。因此，你所往來的人物全是很有個性的人。你也可能會加入與眾不同，或十分特殊的團體。此外，由於你的朋友或熟人多屬思想創新而不受常識侷限的類型，他們的思考方式對你也會有龐大的影響，有時甚至會令你的人生觀發生巨大的變化。當形成凶相位時，在社交關係上會有劇烈的變動，可能會突然變得親密或是疏遠。

## ♆ 海王星

### 認為心靈聯繫十分重要，會為了朋友而奮不顧身

海王星落在第11宮的你，與人不會僅限於客套話的往來，而是期望彼此之間確實有心靈交流。你有時會過於在意周遭目光，但總是抱持捨己奉獻的深厚感情跟人相處。此外，你對於藝術或志工活動也有濃厚的興趣，跟心懷相同理想的人們一起活動，就會變得積極起勁。當形成凶相位時，可能會因為沒有常識的朋友，而有蒙受損失的危險。此外，也暗示著可能會因為過於深入朋友的私生活而造成麻煩，請小心注意。

## ♇ 冥王星

### 以不可思議的緣分為契機，找到一輩子的朋友

冥王星落在第11宮的你，對於擁有非凡才華的人心懷強烈的憧憬，並以朋友的身分與對方加深互動。在不可思議的重重偶然之下，可能會以此為契機培養起友誼。尤其是與能分享祕密的對象之間，有著強烈的信任關係。在社交方面，你會選擇加入一個從事不起眼活動的團體。當形成凶相位時，與人往來會變得只考慮到利害關係。在這種情況下，連朋友都可能變成敵人，因此請謹慎處理與周遭之間的關係。

# 第12宮

## 業力

最後的第12宮，代表的是你在這世間所肩負的事物……業力（業、前世的因緣）。那包括了無形的問題或障礙、敵人、祕密、潛意識、當事人並未察覺的力量或弱點、靈感在內。同時也能確認在你內心深處所畏懼的事物為何。

由於這是超出當事人意識之外的事項，因此在日常生活中或許會難以察覺。因此，第12宮又被稱作「祕密宮位」。

第12宮看的不只是業力，藉由深入理解這個宮位，甚至能察覺如何緩解生活中的痛苦，以及令人生變得富足的訣竅。

### ☉ 太陽

**貢獻社會是人生的生存價值**

太陽落在第12宮的你，是個將能夠對社會做出多少貢獻、能夠幫上誰的忙這種事，看得比個人能否獲得高度評價或在工作上獲得成功還要重要的人。這是你人生中最大的主題，也是能令你獲得充實感的事項。你會受到父親、長輩、有力人士的眾多支援，不過可能也會因此受到一定程度的限制。當形成凶相位時，在願望實現之前會遭遇些許障礙。但是只要不放棄地繼續努力，實現願望就不是夢想。

## ☽ 月亮

### 守護處於弱勢力場的事物，奮不顧身地支援

月亮落在第12宮的你，在一生中會多次歷經孤獨或悲傷，但愈是遭遇困難時，就愈會有人伸出援手，挺身而出。因此，你會有想幫助與自己境遇相似的人的強烈想法，持續守護弱者就是你在這世上所肩負的課題。你還會從事慈善事業活動、支援在不幸家庭中長大的孩童，或領養動物。當形成凶相位時，精神上容易變得不穩定。因此你需要找到能令自己順利地重新振作的方法來轉換心情。

## ☿ 水星

### 具備出色的直觀力，在研究、寫作上大為活躍

水星落在第12宮的你，如果能將出色的直觀力活用在研究或寫作上，就能留下漂亮的成績。不過，由於你的注意力散漫，許多事需要耗費時間才能完成，如何順利地轉換心情、營造合適的環境是成功的關鍵。此外，有的人會透過旅行、與他人交流來獲得覺察，並達成人生中的目的。當形成凶相位時，可能會因為自己的研究或作品引發糾紛，令你遭到中傷或誹謗。請注意別流於情緒化，並對自己的言行負責。

## ♀ 金星

### 若能全神貫注地投入慈善或創意活動就能安泰

金星落在第12宮的你，是會因為對他人有所助益而感到非常喜悅的類型，會熱衷於服務或慈善活動。此外，從事藝術性的創作活動，也能從中獲得充實感。然而，你會因為太容易同情他人，或是無法公諸於世的祕密戀情而失敗，有遭到怨恨的風險。因此，你必須堅定內心，避免涉入多餘的事情。當形成凶相位時，有祕密戀情藕斷絲連的情況，此外，還會讓好不容易熟稔起來的朋友變成敵人，因此必須謹慎行動。

## ♂火星

### 能否替他人著想，將會左右命運

火星落在第12宮的你擁有堅強的意志與熱情，是每天奮鬥不懈的人，卻也會因為性急或任性而導致時常惹上麻煩。你似乎有說話方式容易傷人而導致樹敵的傾向，而有令好不容易構築起來的事物崩塌的危險。因此，你應該養成習慣，從平時起就思考自己的行為會令對方有何觀感。當形成吉相位時，勇敢的行為能夠幫助他人。此外，也暗示著需注意在夜路上受傷或發生意外。

## ♃木星

### 絕佳運勢能迴避困難，吸引幸運

木星落在第12宮的你簡直像是受到無形的事物守護般，即使遇到困難或麻煩，也能輕易找到解決的線索。你原本就為人慷慨且品格高尚，因此自然會有人出手相助，有時他人甚至會在你完全沒察覺的情況下，私下出手替你解決事情。此外，你也很適合參與慈善活動。當形成凶相位時，即使替他人奉獻，這份好意也難以傳達出去。話雖如此，也請你別因此嘔氣。

## ♄土星

### 積極正面地生活是開闢人生的關鍵

土星落在第12宮的你，是與社會劃清界線，於公於私都喜歡孤獨的類型。此外，你還常懷抱著他人無法理解的煩惱。因此你具備了獨自克服煩惱的強悍。在你的一生中，有遭受各式各樣的障礙或限制的傾向，重要的是即使如此仍不鬧彆扭，一邊尋求著機會，積極地生活下去。當形成吉相位時，暗示著有人正在暗中替你的努力加油。

## ♅ 天王星

### 藉由選擇可信任的朋友，將麻煩減到最小

天王星落在第12宮的你，或許會在毫無前兆的情況下被捲入麻煩中，使得人生為之一變，比如說被朋友背叛、遭到某人嫉妒而暗算的危險。擁有這種行星配置的人，並不需要太過廣泛的人際關係，你需要的是並非看上你的身分頭銜、並非會計較利益得失，而是能由衷信任的朋友，即使為數不多也無妨。當形成吉相位時，總是能藉由敏捷的應對來避免最糟的事態發生。無論如何，千萬別深入麻煩之中。

## ♆ 海王星

### 重要的是紓解壓力及信得過的朋友

海王星落在第12宮的你，由於直觀力與想像力優秀，因此比一般人更容易產生迷惘或煩惱。你也有精神上煩躁不穩定的時期，並有依靠某些事物而逃避現實的傾向。由於也有過度熱衷神祕學事物或宗教的一面，請特別注意。當形成吉相位時，擁有能撫慰人心的能力，即使是敵對的對象，到頭來也會成為你的夥伴。如果有個能讓你暢所欲言的朋友，就能解放內心。

## ♇ 冥王星

### 應該正確使用出類拔萃的洞察力

冥王星落在第12宮的你擁有優秀的洞察力，能敏銳地能看穿人心的黑暗或背後的另一面。如果能將這份能力用在正途上也罷，但若是將其用來操控資訊或控制他人，反而會將自己逼上困境。你應該注意與人相處的方式，請意識到需體貼待人這一點。當形成吉相位時，會有無形的神祕力量或事件，將你從困境中解救出來。

# 當複數行星進入同一宮時，該如何解讀？

有三顆以上的行星匯集在一個宮位的狀態，稱作「眾星雲集」或「星群」，並將這一部分視為「強調」。

在出生星盤中，如果存在有三顆以上的行星匯集的宮位，就會認為這個宮位的含義將以各式各樣的形式影響人生。抑或是該宮位所代表的事項，是人生中必須優先著手的課題。比如說，如果有人的行星匯集在代表金錢或經濟狀況的第2宮，就表示對這個人而言，重要的是如何改善自身的經濟狀況到更為良好的狀態。

此外，即使存在帶有相反含義的行星，彼此的含義也不會互相抵銷，請當作其含義會視情況較為強勢或屈居弱勢。

Column

Column

# 沒有行星進入的宮位職責為何？

既然有複數行星坐落的宮位，相反地，也存在完全沒有半顆行星坐落的宮位。若要說這樣的宮位所代表的含義是否與人生無關，也並非如此。

沒有行星坐落的宮位，比較不會對人生造成影響，優先順序較低。比如說，代表婚姻的第7宮裡如果沒有半顆行星存在，並不表示你與婚姻無緣，而是可以解釋成在你的人生中，並沒有關於婚姻的重大話題，因此不存在值得一提的顯著影響。

此外，如果想了解沒有行星坐落的宮位有何含義，請確認位於該宮位起始處（始點上）的星座，將其視為「這個星座的主管行星落在該宮位」並試著解讀。每個星座的主管行星，請從52頁起各星座關鍵詞的右欄確認。

# 5 從相位來看行星之間的影響

## 由兩顆行星形成，帶有含義的角度

使用於西洋占星術中的十顆行星分別擁有各自的力量，但是當兩顆以上的行星在星盤上形成特定的角度時，就會互相影響，產生力量的方式也會改變。

這種位於特定角度的狀態稱作「形成相位」。相位的英文為「Aspect」，可確認當行星之間形成特定角度之際，每顆行星之間的力量將如何顯現，又如何影響運勢。

相位就如吹拂的風，吹起來舒不舒服，會取決於其強度或風向。吹起的若是強度適中的「順風」，凡事就會順利進展；反之，若是龍捲風或狂風，或許就會引發極大的混亂。

話雖如此，這終究只是個性之一，重要的是對於這樣的傾向要有自覺，並意識到這一點。

# 相位的種類及觀看方式

相位有好幾種，我們根據影響程度的大小，將其分成「主要相位」、「次要相位」。在本書中，會解讀五種重要的「主要相位」，以及補十二分相。需要注意的相位有合相（0度）、六分相（60度）、四分相（90度）、三分相（120度）、補十二分相（150度）、對分相（180度）。其中，補十二分相原本並不被視為主要的相位，但考慮到其影響力，在本書中會將其與其他主要相位一同研究。

此外，形成相位的角度並非必須精準符合特定度數，即使稍有偏差，只要落在稱作「容許度」的範圍之內，就可視為形成相位。不過，關於容許度的範圍並無定論，會依照相位的種類、形成的行星、占卜內容甚至是占卜師而有所差異。在本書中，主要相位的容許度取前後5度，而補十二分相則為前後2度。比如說，如果月亮與木星在角度115度到125度的範圍內形成相位，就可視為「月亮與木星形成三分相」，而容許度數字愈小，影響就會愈強。

# 主要相位的種類

| 角度 | 相位名稱 | 特徵 | 符號 |
|---|---|---|---|
| 0度 | 合相 | 這是位置非常接近，甚至可說是「重疊」的重要相位，行星會互相強調各自的含義。就結果而言，有的會因為行星的含義顯示出卓越的力量，也有的會顯示出對本人而言的沉重壓力。 | ☌ |
| 60度 | 六分相 | 在相位中，三分相最為協調，而60度則擁有其一半左右的力量。行星會促進彼此的正面意義，帶來好的機會。不過，並不代表自己完全不需做任何努力。 | ⚹ |
| 90度 | 四分相 | 由於行星之間變得不協調，力量會互斥，因此診斷為「需要跨越障礙或困難」。這就像即使存在擁有長處的兩個人，但特質如果無法互相磨合，就無法發揮實力的印象。 | □ |
| 120度 | 三分相 | 這是最為協調的相位，行星會引出各自的正面含義，此外也有「良機」的意思。不過，還能解釋為由於太過順利、沒有需要掛心之處，反而流於安逸。 | △ |
| 150度 | 補十二分相 | 影響力雖然比180度要弱得多，但這是一個「不協調」且「帶來壓迫感、引起不安」的相位。行星各自的特質會糾纏在一起，令人感覺到壓力，也多為表現人際關係的緊張。 | ⚻ |
| 180度 | 對分相 | 這是行星位於對角線上的相位，由於處在拔河一般的位置上，因此必然會引發緊張。然而，如果是占卜戀情、婚姻的兩人之間的行星，代表的則是雖然排斥卻意識到彼此，強烈互相吸引的相位。 | ☍ |

# 吉相位與凶相位

所謂的吉相位較為協調，而凶相位則是較不協調的。不過這並不只是單指吉凶，因為如同右頁所提的１８０度相位，根據主題不同，也能解讀成正因為有難度才會有強烈的影響力，並「刺激而促進成長」；吉相位也不能一概認定「這就是吉」，會根據行星的組合或當事人的生活方式而定。也可以將吉相位視為穩定，凶相位視為變動劇烈。如果以做菜當成比喻，或許會比較容易理解，如同即使是同樣的食材，也會根據其組合方式、調味、烹調方式而做出不同的菜餚，行星之間的角度產生的作用也同樣多采多姿。請盡情享受這深奧的世界吧。

吉相位

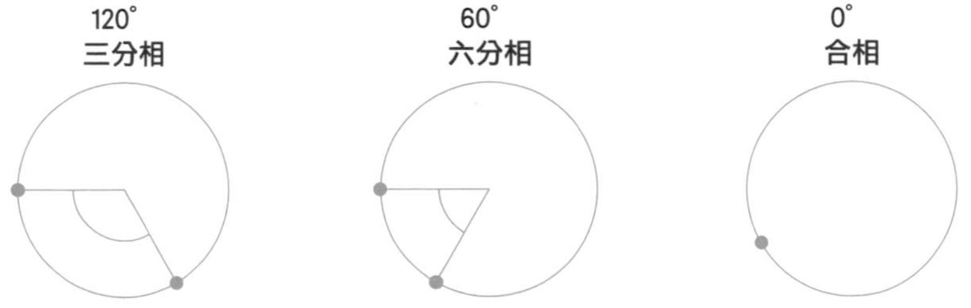


凶相位

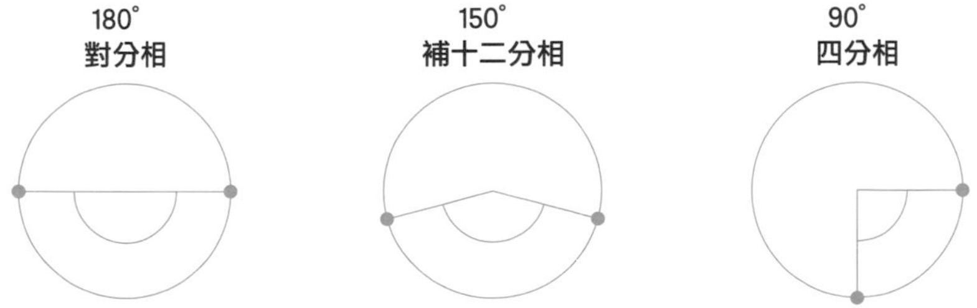

# 行星之間
# 相位的含義

## 太陽的相位

太陽的相位代表著一個人本質上的性格、特質、行為模式或價值觀。此外，由於太陽對女性而言代表了父親或丈夫，因此從太陽的相位也能得知女性與其父親、丈夫之間的關係。

| 凶相位（180°／150°／90°） | 吉相位（120°／60°） | 合相（0°） | |
|---|---|---|---|
| 你有著容易緊張或變得神經質的一面。也不擅面對突發事件，會失去冷靜而導致嚴重失敗。雖然一生中會有許多煩惱或糾葛，但由於你的腦子轉得很快，也有行動力，最後還是能掌握成功。 | 你在得天獨厚的環境中成長，由於性格坦率而溫和，可以說容易受到周遭的人喜愛，也容易獲得他人相助。這同時也是身心都十分健康的類型。在婚後能與理解你的配偶建立穩定的家庭。 | 這是非常強大的相位，具有吸引機會的力量及重大的使命感。由於你能在下意識中了解自己辦得到什麼、辦不到什麼，從年輕時起就受到矚目並大為活躍。 | 太陽與月亮 |
| 由於太陽與水星之間的距離絕對不會超過28度，因此除了合相之外，並沒有特別需要一提的相位。 | | 你的特徵為求知欲旺盛及靈活度高。擁有高度溝通能力，與任何人都能爽朗地享受交流互動。藉由努力克服不擅長的一面，而過著令人滿意的人生。 | 太陽與水星 |

| 凶相位（180°／150°／90°） | 吉相位（120°／60°） | 合相（0°） | |
|---|---|---|---|
| 由於太陽與金星之間的距離絕對不會超過48度，因此除了合相之外，並沒有特別需要一提的相位。 | | 你富有美麗的外貌及美感，帶給周遭良好的印象，善於交際且性格開朗，因此很受人歡迎。你很容易掌握機會，比如說被有力人士看上，不過如果認為能夠輕鬆獲得成功反而會失敗，需要特別注意。 | 太陽與金星 |
| 你有著血氣方剛而容易與人起衝突的一面，在人際關係上會有許多麻煩。另一方面，由於你也擁有投身困境幫助他人的勇氣，會受到晚輩的仰慕，並獲得強力支持。 | 你擁有無論任何事情都勇於挑戰的開拓精神及活力。由於十分可靠，令你自然而然地會在團體中以領袖身分嶄露頭角。擁有充沛的體力，不太會生病或受傷。 | 你總是精力充沛，是一旦想到就會立刻採取行動的類型。對於喜歡的事情會積極爭取，而且因為很有毅力，容易掌握成功。如果有競爭對手就會燃起鬥志，讓你更加提起幹勁。 | 太陽與火星 |
| 你有對於事物過於樂觀而導致失敗的傾向。不擅控制自己的欲望，因此會不顧前後地採取行動而失敗。但由於你的思考非常積極正向，所以不會因為失敗而影響到日後。 | 你擁有幸運的人生，由於個性慷慨且人品高潔，而受到周遭的支持，能在社會上獲得成功或名聲。由於比起主動，更常接納外來的狀況，因此更容易吸引好運。 | 你是個開朗且心胸寬大的人，擁有吸引幸運的能量，能過著令人滿意的人生。雖然偶爾會因為自信過度而失敗，但由於你生性樂天，因此不會受到致命性的打擊而能重新出發。 | 太陽與木星 |
| 你擁有強烈責任感，且熱衷於研究，但有著凡事消極以待的傾向。與他人相比，你也較容易感到自卑。藉由能沉浸其中的工作或興趣，提升人生品質，容易獲得幸福感。 | 你有著凡事都要基於縝密計畫進行的傾向。由於善於忍耐且具有不輸給逆境的強大精神力，一旦下定決心，就一定能達成目標。你也是個性真誠且認真的人，深受周遭信任。 | 你是名副其實的禁慾主義者。雖然會在不為人知的情況下腳踏實地累積努力，最後掌握成功，卻因為容易對事物想得太深遠，而從年輕時起勞心勞力。這也暗示著你戒心很強，容易晚婚。 | 太陽與土星 |

| 凶相位<br>（180°／150°／90°） | 吉相位<br>（120°／60°） | 合相<br>（0°） | |
|---|---|---|---|
| 你的獨立心旺盛且喜愛自由，而會遭到孤立。不過，由於你認為與其在意周遭，一個人還比較輕鬆，因此不以為苦。但是自己的想法太固執的話，就會錯失機會，因此保持靈活性也很重要。 | 你擁有不受常識束縛的獨特價值觀。雖然是個怪人，不過是周遭都認為你很有意思而願意接納的類型。你擅長獲取專業知識，與特殊的工作有緣。 | 你由於討厭無趣的日常生活，而有追求刺激的傾向，人生容易顯得波濤洶湧。然而即使面臨困境，你也絕不會低頭。甚至會以強大的獨立心與優秀的表現力，將危機化為轉機。 | 太陽與天王星 |
| 你有些愛作夢，不善於正視現實地思考。雖然擁有藝術才華，但由於不擅努力，容易花上不少時間才能出人頭地。此外，也有因為人太好而遭到欺騙的傾向，當事情聽起來很棒時，你應該認為背後有鬼，並加以警戒。 | 你的感受性豐富，且擁有敏銳的靈感。是能在音樂、舞蹈、繪畫等領域發揮優秀才華的人物。你同時也擁有將夢想化為現實的力量，因此能成為帶給眾多人們希望的存在。 | 你是無論到了幾歲，都還是想要追求夢想的理想主義者。個性略嫌優柔寡斷。有著對宗教、占卜、藝術相關等遠離現實的世界感興趣的傾向，能在相關領域發揮卓越的才華。 | 太陽與海王星 |
| 你充滿熱情且精力充沛，但不時會因為使用方式錯誤而有失控的傾向。為了過著平穩的人生，重要的是盡量避免一意孤行。學會接納事物的態度，將能為你帶來好運。 | 你是能以長遠角度觀看事物，並腳踏實地努力的人。由於擁有想達成目標的堅強意志，成功的可能性可說十分大。不僅如此，還是個能獲得周遭支援的幸運兒。 | 你擁有強烈的探求心，凡事都會深入挖掘到滿意為止。也擁有強烈信念，只要是自己想做的事，無論如何都會堅持到底。由於擁有出類拔萃的專注力與精力，因此可以掌握成功。 | 太陽與冥王星 |

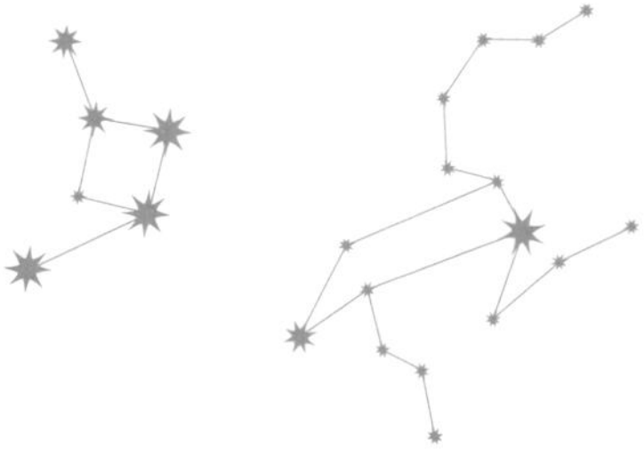

# 月亮的相位

月亮代表著一個人對於事物所採取的想法。從月亮的相位，也能得知孩提時代的環境或個性。此外，月亮對男性而言代表了母親或妻子，對女性而言則代表了自己會成為怎樣的妻子。

| 凶相位（180°／150°／90°） | 吉相位（120°／60°） | 合相（0°） | |
|---|---|---|---|
| 由於你的心情會隨著當下氣氛而改變，因此有著難以獲得信任的一面。為了避免多餘的麻煩、過著穩定的人生，隨時保持一貫的言行舉止，注意控制情緒是重要的。 | 你是個善於表達的人。特徵是交談過程不會令人感到不快，並擅長書寫文章，因此在需要使用語言的所有領域都容易獲得成功。你也很擅長家務，因此家中隨時保持舒適。 | 你是個善於解讀他人心情，總是仔細貼心的人。感受性敏銳，也非常善於表達自己的心情。特徵之一是擁有出類拔萃的溝通能力，具有學習語言的才能。 | 月亮與水星 |
| 你的個性天真無邪且坦率不做作，不過也有著自私任性的一面。雖然是個受歡迎的人，卻有容易令情人或配偶感到不滿的傾向。為了過著幸福的人生，需要懂得正視對方的長處。 | 你的個性坦率正直，是表裡如一的類型。由於平易近人且可愛，受到眾人喜愛，是能吸引良緣的人。你具備高度美感，有著被美麗事物包圍會感到幸福的一面。 | 這個相位的人在外貌上得天獨厚，大多五官端整，體型勻稱。由於性格溫和且人品高雅，可說是不分異性同性，受到眾人的喜愛。 | 月亮與金星 |
| 你擁有勇氣及行動力，但會因為個性衝動而有容易失敗的傾向，也有著情緒容易爆發而引發眾多人際關係問題的一面。為了掌握成功，重要的是記得凡事必須深思熟慮，避免做出輕率的舉動。 | 你是個無論面臨何種狀況都不會畏懼，能坦率直言自己意見的人。也擁有強韌的體力及精神力，會在大型組織中嶄露頭角。由於個性表裡如一，也容易受到周遭人們的信任。 | 你的精力充沛且活躍，對於喜愛的事物會投注驚人的熱情並埋首其中。不過，由於在各方面都顯得容易升級，會做出欠缺判斷力的行為。為了過著幸福的人生，有必要培養如何拿捏平衡感。 | 月亮與火星 |

| 凶相位（180°／150°／90°） | 吉相位（120°／60°） | 合相（0°） | |
|---|---|---|---|
| 你是雖然會描繪遠大夢想，卻往往因為沒有伴隨行動力，而導致夢想終究是夢想的人。看待事物的想法天真，有不負責任的一面。若能學習一旦開始做一件事就要堅持到底的毅力，事態就會好轉。 | 你是不會因為細微瑣事而動搖的類型。同時也擁有能將他人痛苦視為自己痛苦般的同理心及服務精神。為人大方且脾氣很好，因此受到周遭眾人喜愛，常會獲得提拔或協助。 | 你的個性積極開朗，同時也富有同情心，因此是個周遭總是聚集人群的受歡迎人物。在財運上也備受眷顧，能過著幸福人生、無論男女都能獲得良緣，建立溫暖而穩定的家庭。 | 月亮與木星 |
| 你有著總是關注事物負面意義的傾向，容易心懷不安。常會拿別人與自己比較，並因此感到沮喪。為了消除不安感，恢復正向積極的態度，建議擁有能獨自放鬆的時光。 | 你凡事都十分謹慎且嚴謹守紀。由於做事會按照計畫進行，不會有嚴重的失敗。雖然對異性的態度消極，導致戀情有需要花費許多時間才能開花結果的傾向，不過婚後能建立穩定的家庭。 | 你是正經且真誠的類型。人們對你的好感度雖高，你卻較為悲觀，容易心懷不安。有時也會因為理想與現實之間的落差而感到痛苦。只要腳踏實地努力就能否極泰來，因此重要的是千萬別自暴自棄。 | 月亮與土星 |
| 你有著極端討厭束縛或限制的傾向，因此在與親密的對象往來時，會希望能互相尊重彼此的自由。由於喜愛受人矚目的快感，因此與在意他人目光而無法做自己想做的事這種壓力無緣。 | 你擁有特殊的表現力與獨特的思考方式。雖然是個怪人，但由於個性爽朗，善於跟人保持適當的距離，因此深受周遭眾人歡迎，能夠建立充沛的人脈。此外也有擅長數位方面的特徵。 | 由於你有追求刺激生活的強烈傾向，常會遭遇突發事件，過著充滿變化的人生。你是屬於走在自己道路上的類型，不擅長過團體生活。也有新奇的點子廣受世人接納，因此有可能大為活躍。 | 月亮與天王星 |
| 由於你的非現實思考方式的傾向強烈，容易因理想與現實之間的落差而煩惱，常會別開視線，不願面對現實的嚴峻。為了人生穩定，重要的是能確實完成辦得到的事的態度。 | 你是容易與無意識世界連結的人，直覺敏銳，擁有能順利迴避危險情況的能力，並且會從夢境接收重要的訊息。由於擅長自我表現，很有可能在藝術領域開花結果。 | 你是容易對無形世界等神祕事物感興趣的類型，感受性強並富有靈感，擁有能吸引你所期望的現實的力量。是很有可能以占卜師或心理治療師的身分活躍的人。 | 月亮與海王星 |

| 凶相位（180° ／150° ／90° ） | 吉相位（120° ／60° ） | 合相（0° ） | |
|---|---|---|---|
| 你的喜怒哀樂情緒劇烈，容易心懷嫉妒，有澈底討厭敵視對象的傾向。由於會忍耐到極限後一口氣爆發，導致與周遭的關係惡化，因此要勤快地紓解壓力。 | 你充滿愛心且擅長照顧人，擁有為了守護心愛之人，什麼事都辦得到的強悍。認為哪怕為數不多，也要珍惜地培養與信任對象之間的感情，有著一度接受恩情就絕對不會忘懷的正直個性。 | 你是一旦自己想這麼做，無論發生任何事都會強硬地貫徹到底的人。由於行動十分突然，有容易過於極端的傾向，因此失敗的情況不少，但還是具備能從谷底回歸的潛力。 | 月亮與冥王星 |

## 水星的相位

水星的相位代表智慧或學習能力，顯示出一個人容易發揮才華的領域。由於水星也意味著溝通，因此也可從中得知如何與他人或社會有所關聯。

| 凶相位（180° ／150° ／90° ） | 吉相位（120° ／60° ） | 合相（0° ） | |
|---|---|---|---|
| 由於水星與金星之間的距離絕對不會超過76度，因此除了合相、吉相位之外，並沒有特別需要一提的相位。 | 你是求知欲旺盛，且溝通能力很強的人。由於應對給人良好的印象，是令人好感度高的類型。你充滿感受性，也具備藝術才華，所以也適合創作、設計方面的工作。 | 你是個善於拿捏平衡感且具協調性的人，同時善於交際，有取悅他人的才華。工作方面，很有可能會在興趣與實際利益兼具的領域上獲得成功。由於能靈活地應對變化，適合從事走在時代最尖端的職業。 | 水星與金星 |
| 你較為神經質且會拘泥於細微瑣事，此外也有著任性的一面，如果其他人無法與自己以同樣的步調行動就會感到煩躁。若能留心接納他人，從更寬廣的角度來看待事物，就能提升人生的品質。 | 你的上進心強，凡事都會積極地處理，而且行動力強，一旦想到什麼就會立刻付諸行動。由於你是博學多聞且言出必行的類型，因此深受周遭的信任及仰慕。 | 你是腦子轉得很快，靈活度高的類型，也善於處理事情。工作上雖然能幹，卻會因為講話方式直接而招致反感。若想獲得成功，重要的是留心慎選言詞。 | 水星與火星 |

| 凶相位<br>（180°／150°／90°） | 吉相位<br>（120°／60°） | 合相<br>（0°） | |
|---|---|---|---|
| 你是喜歡華麗、很有自信的人。由於對事物的看法粗率而缺乏責任感，有難以獲得周遭信任的傾向。為了獲得成功，凡事萬分小心謹慎可說是不可或缺的。 | 你是正義感強，思考方式健康的人。由於向學心強烈，能在需要專業知識或高度技術的領域活躍。你會透過腳踏實地努力，受到有力人士青睞，獲得成功。 | 你渾身散發出爽朗的氣質，是令人好感度很高的人。具備高度的溝通能力，能與任何人相談甚歡。而且做事精明能幹，可期待在各式各樣的領域大為活躍。 | 水星與木星 |
| 你有著事情應該是何種型態的強烈想法，因此溝通能力差強人意，認為獨處比較輕鬆。可能會因為杞人憂天而失敗，如果認為有機會，重點是不假思索地採取行動。 | 你是非常喜歡學習的類型，由於對腳踏實地累積努力完全不以為苦，很有可能在事業領域獲得成功。你在工作職場上並不亮眼，但謹慎且很少出錯的工作表現，令你受到周遭眾人的信任。 | 你雖然能認真且腳踏實地努力，但由於有些笨拙，若想獲得世人認同，有需要花費不少時間的傾向。也會因為過於堅持自己的意見而遭到孤立。學會凡事靈活應對的方式，是成功的關鍵。 | 水星與土星 |
| 你是頭腦清晰，善於表達自身想法或心情的人。雖然也具備特殊才能，但由於較為偏門，而難以受到眾人支持。如果擔任自由業者，會更容易獲得成功。 | 你的腦子轉得很快，還具備出類拔萃的記憶力與果斷決心。富有發明或企劃才能，同時具有先見之明，可望在擅長領域大獲成功。你也善於交際及創造人脈，很容易獲得合作夥伴。 | 這個相位常出現在被稱為天才的人身上。你頭腦聰穎，具備一般人想也想不到的表現力，可在特殊領域獲得成功。也有貫徹獨特生活方式的傾向，總是思考未來也是特徵之一。 | 水星與天王星 |
| 你具備想像力及寫作品味，若是置身於創作界，就很容易掌握成功。由於有著精神力弱且容易逃避現實的傾向，重要的是記得保持腳踏實地的想法。 | 雖然你給人飄忽不定而難以捉摸的感覺，其實是十分嚴謹守紀的類型。是會為了實現夢想或目標而努力的人，由於想像力豐富且富有文采，多會從事寫作相關的職業。 | 你兼具敏銳的想像力及豐富的靈感能力。對神祕事物感興趣，希望自己也能成為神祕的存在。如果注意在藝術領域自我表現，就能掌握成功。 | 水星與海王星 |

| 凶相位（180°／150°／90°） | 吉相位（120°／60°） | 合相（0°） | |
|---|---|---|---|
| 你的腦子轉得很快，專注力驚人。雖然也擁有足以抵抗逆境的強悍，不過一旦努力不受認同，就會突然失去活力。尤其在工作職場上，常會在發洩不滿後感到後悔，因此言行舉止都要注意冷靜。 | 你討厭虛有其表的往來，想要確實地溝通以加深互相的理解。由於具有果斷的決心，且具備一旦說出要做的事就一定會付諸行動的堅強意志或行動力，而能在職場上獲得高度評價。 | 你的腦子轉得非常快，也具備優秀的洞察力，因此不會讓自己陷入不利的狀況。嚴以律己也嚴以待人，是在工作上貫徹始終的類型。請注意避免因為工作過度而搞壞身體。 | 水星與冥王星 |

## 金星的相位

金星代表的是一個人的戀愛傾向或財運，若形成吉相位，就能過著財運及戀愛運得天獨厚的豐富人生，不過根據相位而定，也會顯示出玩過頭導致失敗等負面的傾向。

| 凶相位（180°／150°／90°） | 吉相位（120°／60°） | 合相（0°） | |
|---|---|---|---|
| 由於你有容易沉溺於物質快感的傾向，仍會與內心早已遠離的對象長久持續著貧瘠的關係。在財務方面，容易有衝動購買的情況。若能將熱情投注在創作活動上，精神就會游刃有餘，過著穩定的生活。 | 你不僅受到異性的歡迎，還擁有令眾人羨慕的幸福戀情。你也富有美感，知道如何讓自己展現美麗的一面。在金錢觀念上的平衡也很好，能順利地累積儲蓄。 | 由於你充滿吸引異性的魅力，從未缺少戀愛對象。不過，你很容易沉溺於快感之中，導致在不夠了解對象的情況下就陷入過深的關係，需要特別注意。在財務方面，常有衝動購買的傾向。 | 金星與火星 |
| 你喜歡鋪張奢侈浪費，經常大肆揮霍，不太能存錢，因此重要的是提醒自己，要過著符合自己身分條件的生活。由於個性開朗且喜歡有趣的事，受到異性歡迎，但有著自私任性地將對方耍著玩的傾向。 | 這是一輩子都很有人緣的幸運相位。你會擁有許多戀愛機會、受到有力人士的提拔而實現夢想等，十分容易獲得好運。而且也有物質方面的運氣，凡是想要的事物都能輕易獲得。 | 你擁有豐富的愛情，能過著令人滿意的人生。在金錢上、物質上也得天獨厚，過著衣食無缺的生活。由於你善於交際且平易近人，而受到周遭喜愛，也能引來社會性的成功。 | 金星與木星 |

| 凶相位（180°／150°／90°） | 吉相位（120°／60°） | 合相（0°） | |
|---|---|---|---|
| 你會因為比較消極而錯失機會，或是受到喜愛的人誤會。積極表達對對方的想法，是讓戀情成功的關鍵。在財務方面有過於節省的傾向，記得重點是凡事都要適可而止。 | 你會對由衷尊敬的對象一心一意地奉獻。有受到年長且博學多聞的對象吸引的傾向，並在婚後建立穩健踏實的家庭。你是屬於按部就班地存錢的類型，喜歡符合自身條件的生活，鮮少過度浪費。 | 你喜歡儉樸的生活而能存錢，但在關鍵時刻有捨不得拿出來的傾向。在戀愛方面，你會因為無法順利表達自己的心意而長期苦戰，容易持續單戀很長一段時間。請記得要積極地嘗試溝通。 | 金星與土星 |
| 你是容易迷戀上人，順著心意行動的類型，需要小心謹慎，避免被捲入戀愛相關的麻煩中。雖然能活用創意方面的才華賺錢，卻有因為毫無計畫而難以存錢的傾向。 | 你在戀愛方面，有著與一般人不太一樣的戲劇性傾向，比如說因為許多不可思議的偶然狀況重疊，而與人開始交往等。雖然不太擅長儲蓄，但擁有好運，在緊要關頭總會不可思議地獲得幫助。 | 你擁有獨特的感受性與品味，喜歡古怪的異性。因此常有波濤洶湧的戀愛經驗。在財務方面是起伏很大的類型，也可能會獲得大筆的臨時收入，比如說彩券中獎等。 | 金星與天王星 |
| 你對平庸的戀情不感興趣，而有與有問題的對象談戀愛的傾向。如果能將熱情投注於創作活動上，而非談戀愛，就能避免厄運。在財務方面，活用創意才華就能賺錢。 | 你是想談浪漫戀愛的人，由於愛照顧人且為人和善，而有喜歡上能刺激你保護本能的人的傾向。財運雖然不差，但由於不太堅持得住，最好避免有金錢的借貸往來比較安全。 | 你有著難以言喻的神祕魅力，也擁有療癒他人的能力，因此相當受歡迎。也有為了心愛之人願意付出一切，捨己奉獻的想法。你有著敏銳的直覺，所以不會為錢所苦。 | 金星與海王星 |
| 你會談一場難以稱得上有道德的戀情。雖然會留下痛苦回憶，但藉由難受的經驗也會令你更添魅力。由於只要是想要的物品就會努力取得，所以很難留住錢。 | 你充滿吸引人的魅力，雖然經常有人追求，但你並不輕率，不會輕易答應邀約。而是會與令你著迷的對象談一場身心都獲得滿足的戀情。財運也很好，一輩子都不用為錢所困。 | 你雖然是個非常受歡迎的人，但在戀愛方面容易波濤起伏。一旦認為不行就乾脆地離開，這樣就能躲避不幸。儘管財運起伏劇烈，但也蘊含著可一攫千金的可能性。 | 金星與冥王星 |

# 火星的相位

從火星的相位，可以解讀出一個人容易對怎樣的事情投注精力，或是會如何向周遭自我推銷。此外，也能得知性方面的癖好。

| | 凶相位（180°／150°／90°） | 吉相位（120°／60°） | 合相（0°） |
|---|---|---|---|
| 火星與木星 | 你是對一切都充滿熱情的人，但由於行動十分突然，也容易專斷獨行，容易與周遭起摩擦。能過著幸福人生的關鍵，在於要記得以客觀角度看待自己的言行舉止。 | 你既熱情且具行動力，有著大方且愛照顧人的一面，也十分可靠，所以常會被交付領袖般的職責。因為喜歡活動身體，所以能在運動或舞蹈領域中發揮實力，並出人頭地的可能。 | 勇於投入感興趣的事物中，而不顧有何風險。由於對事物的態度熱衷而專注，很有可能在專業領域獲得成功，但也會因為做過頭而失敗。需要培養如何拿捏平衡感。 |
| 火星與土星 | 你雖然具備熱情或積極度，但不善於長期投入在一件事情上。一旦產生半點覺得不太對勁的想法，就會乾脆地放棄，而讓人生顯得有些半途而廢。如果想獲得成功，就必須學會不屈不撓。 | 你兼具計畫性與執行力，會從克服問題中感受到喜悅，每當跨越一道考驗就會大幅成長，增添個人魅力。由於擁有維持精力的力量，而能在需要體力或耐力的工作上獲得成功。 | 你擁有比常人多一倍的自律心，卻也有容易累積壓力的傾向。雖然會面臨障礙或意外狀況，卻也具備解決問題的能力。你的課題在於必須有耐心地處理任何事，而不半途放棄。 |
| 火星與天王星 | 這是常會對社會產生反感的類型，有採取激進行動的強烈傾向，而受到周遭的提防。由於你衝動的言行舉止容易造成人生起起落落，因此在採取行動前請養成三思的習慣。 | 你是具備獨特信念與創新思考方式的人，討厭無聊，有著積極採用新的事物來享受人生的傾向。也擁有豐富的表現力，可因應場合做出適當的判斷，因此深受周遭的信任。 | 你具備非凡的瞬間爆發力與直覺力，但因為有些神經過敏，令人覺得你是沉不住氣的人。由於有強烈的批判精神，而會惹怒他人，因此最好記得放軟說話方式。 |

| 凶相位<br>（180°／150°／90°） | 吉相位<br>（120°／60°） | 合相<br>（0°） | |
|---|---|---|---|
| 你是心思纖細而容易受傷的類型，如果無法順利適應社會，就可能有陷入不健康生活的傾向。容易受人影響，也容易遭人利用，重要的是必須慎選親密往來的對象。 | 你是個總是情緒高昂且開朗的人，周遭的人只要跟你待在一起，就會覺得獲得活力，讓你經常因此受到感謝。你喜歡幻想世界，也是擁有豐富想像力的人，因此會從事創作活動獲得成功。 | 你是個具備優秀靈感與洞察力的人，才華能在藝術方面開花結果。你容易對神祕世界著迷，並實際有過感覺到無形事物的體驗。由於禁不起誘惑，容易在戀愛方面遭遇麻煩。 | 火星與海王星 |
| 你的個性十分堅持而不願妥協，一旦遭人否定，就會出乎意料地有攻擊性。雖然在精神上與肉體上都很強韌，卻也容易勉強自己。為了人生過得穩定，請記得凡事要適可而止。 | 你擁有強韌的精神力，討厭失敗。即使面對逆境或障礙也絕不感到挫折，會用盡各種手段試圖突破。由於你充滿了創造全新事物並加以推動發展的力量，出社會後將會大為活躍。 | 你是個擁有強勁能量的人，凡事都會貫徹始終，絕對不會半途放棄。並具備抵抗逆境的力量，可在講求勝負領域的相關工作上嶄露頭角。 | 火星與冥王星 |

## 木星的相位

木星是司掌擴張、成功、發展的行星，可以從中得知一個人究竟在哪方面得天獨厚、擁有發展什麼方向的力量，相反地，有哪一方面可能會有做過頭的風險等。

| 凶相位<br>（180°／150°／90°） | 吉相位<br>（120°／60°） | 合相<br>（0°） | |
|---|---|---|---|
| 你是內心有許多糾葛的人，雖然懷有崇高的理想，卻沒伴隨著行動力，時常導致理想終究是理想。掌握幸運的重點是要記得在自己所處的環境中竭盡所能。 | 你總是客觀地審視自己，十分清楚自己能辦到什麼、辦不到什麼。擁有優秀的判斷力與下定決心的勇氣，耿直而嚴守分際的個性，令你大受周遭眾人信任。你很有可能會受到上級提拔，因此出人頭地。 | 你是個正經八百而耿直規矩的人，充滿計畫性，也有一絲不苟的一面。你的自制力強，善於控制情感。由於能確實地推動事物發展，深受周遭信任，常能以領袖身分活躍。 | 木星與土星 |

| 凶相位<br>（180° ／150° ／90° ） | 吉相位<br>（120° ／60° ） | 合相<br>（0° ） | |
|---|---|---|---|
| 你擁有創新的思考方式，也具備領袖氣質，能以推動眾多人的領袖身分活躍，不過也容易產生激進的思想，有導致失敗的危險。請留心別追求突然的變化，而是培養如何拿捏平衡感。 | 你是積極且尖銳的人，無私無欲，總是思考著該怎麼做才能為社會貢獻。善於拿捏平衡感，個性開朗而受到周遭喜愛。也會獲得從天上掉下來的好機會。 | 你總是積極向上，充滿希望。善於交際且重視人與人之間的聯繫，而能建立廣闊的人脈，也會與外國結緣。由於有強烈上進心，很有可能在專業領域大為活躍。 | 木星與天王星 |
| 由於你人很好，因此有容易上當的傾向。在戀愛問題及財務上有蒙受傷害的危險，需要特別小心。因為有些散漫，也有令人難以信任的一面。為了獲得成功，需要澈底地自我管理。 | 你是富有同情心且希望站在社會弱勢那一方的人，會藉由參與慈善活動或環保運動獲得喜悅。由於你的內心單純，有可能受到他人利用，與人接觸時要保持一定程度的警戒。 | 你兼具吸引人的神祕感與直覺力＆洞察力，靈感也十分豐富，能在創作活動中發揮才華。個性不夠堅定可能會釀禍，因此要盡量避免與態度強硬的人扯上關係。 | 木星與海王星 |
| 你是難以控制自身欲望的類型，由於會強迫事情朝自己的意願發展，可能會受到周遭排斥。為了彌補這缺點，你必須記住要保持道德心與謙虛。 | 你很有魅力，並具備吸引許多人的領袖氣質。能順利地在社會上獲得成功，成為名人。由於是富有財運的人，可能會繼承名貴的物品等，而能享受舒適的生活。 | 你蘊含了在各種領域都能成功的可能性，為人努力且人品高尚，能在社會上獲得崇高的地位。你也善於賺錢，與經濟困苦無緣。如果能傾力於國際交流上，就會進一步提升運氣。 | 木星與冥王星 |

# 土星的相位

土星是考驗與限制的行星，土星的相位代表的是不擅長的領域或應該克服的課題。為了活用土星的相位，需要積極地將面臨的困難視為自己應該克服的課題。

| 凶相位（180°／150°／90°） | 吉相位（120°／60°） | 合相（0°） | |
|---|---|---|---|
| 由於你比較有個性，難以被周遭的人接受而十分辛苦，容易感到孤獨，也會感到悔恨。需要較長時間才能獲得社會的評價，不過只要全神貫注於一件事情上，就一定能成功。 | 你是個很有個性、很認真，責任感強的人。即使明知狀況艱難，也不會逃跑，會勇於正面迎戰。雖說成長需要時間，但是晚年能獲得社會地位。 | 由於嚴以律己也嚴以待人，你很容易受人疏遠。因為也討厭他人干涉，所以容易遭到孤立，不過你擁有足以忍耐困境的強悍精神力。擅長深入追究一件事，擔任研究人員會獲得偉大成就。 | 土星與天王星 |
| 你很容易懷抱自卑感且態度消極。由於會無法擺脫負面思考而將自己逼進死路，學會如何客觀地觀察思考，逃離負面循環是很重要的。 | 你心懷遠大的夢想，但不會讓夢想終究是夢想，會為了實現夢想而竭盡所能去做的人。由於能腳踏實地思考，也擁有領袖氣質，常會以領袖身分大為活躍。 | 你是能為了達成夢想或目標而踏實努力的人，雖然給人可靠踏實的印象，不過也會懷抱遠離現實的夢想。你的課題可說是如何在現實與理想之間取得良好平衡。 | 土星與海王星 |
| 你是容易遭逢重大困難或障礙的類型，為了跨越難關，需要在與人相處時不求回報。藉由接觸他人的善良親切與溫暖而改善人生，並能平安順利地克服困難狀況。 | 你是個不遺餘力地努力改善人生的人，由於身心都十分堅韌，具備能克服眾人都認為辦不到的事的力量。是隨著鍛鍊經驗、年齡增長而越發有魅力，也能踏實地提升地位的類型。 | 你擁有不畏考驗或障礙，不屈不撓的精神。是相信努力必定有回報，會不為人知地持續努力的人。你也善於自制，只要有那個想法，無論在任何領域都能獲得成功。 | 土星與冥王星 |

## 天王星的相位

天王星代表變化、機會、改革、獨創性。如果吉相位愈多，那麼即使很有個性，也能被周遭所接受；而當相位不佳時，則容易受到周遭的人孤立。

| 凶相位（180°／150°／90°） | 吉相位（120°／60°） | 合相（0°） | |
|---|---|---|---|
| 你很容易主動擴展選項，導致猶豫不決。由於難以設定目標，雖然努力卻難以留下實績。請重視與自己本身對話，並確實設定好目標。 | 你是感受性豐富，且對於他人的情緒很敏感的類型。有不少人擁有靈性能力，以心理諮商師、治療師或占卜師的身分活躍。你會提議以前所未有的方式解決問題，而被視為能幹的寶貴人才。 | 你能憑藉敏銳的直覺力與獨創力，創造前所未有的嶄新事物。這個相位雖然在個人星盤上不會有太強的影響，卻是創造全新時勢的一代。 | 天王星與海王星 |
| 你是極為討厭受到老舊體制束縛的人，或許會成為違反規則的慣犯，還會引發一般人難以想像的激進行動。在採取行動之前，先思考是否有能夠和平解決的手段是很重要的。 | 你是個不遺餘力想打造更美好世界的人，不僅如此，還擁有領導氣質及率領團隊的能力。只要朝著目標確實擬訂計畫，踏實地持續努力，就能獲得社會性的成功。 | 你是屬於不知疲勞為何物、忍耐力強，凡事都能貫徹到底的類型，是會為了新時代而努力奔走的人。這個相位的人適合擔任大幅改變時代的改革者，或是以想法改變世界價值觀的發明家或研究人員。 | 天王星與冥王星 |

## 海王星的相位

海王星代表創造力、超感覺、夢等，海王星的相位則代表了感受性的強度或同情心的強度等。當海王星形成相位時，會有浪漫主義者的傾向，或是對於志工活動感興趣的傾向。

※組合解說表請見下一頁。

| 凶相位<br>（180° ／150° ／90° ） | 吉相位<br>（120° ／60° ） | 合相<br>（0° ） | |
|---|---|---|---|
| 你對於神祕、宗教、超常現象等感興趣，由於有濫用或遭到濫用的傾向，使你常會遭遇麻煩。此外，你也很容易沉浸於反常的事物中，對危險的遊戲心懷憧憬。 | 你對於靈性領域有著濃厚興趣，是能自然而然地接受無形事物的人。也對生與死、時空或宇宙等感到好奇而想深究。由於這是屬於跨世代的相位，鮮少會呈現在個人的星盤上。 | 你是脫離了物質世界或欲望，對無形世界十分理解的人，擁有高度精神性。由於海王星與冥王星都是公轉速度很慢的行星，因此極少會形成這個相位。 | **海王星與冥王星** |

## 冥王星的相位

冥王星會影響潛意識的事態現象，或人生的重要轉機。當有許多吉相位時，很有可能掌握龐大權力；而當相位不佳時，則有凡事容易失控的傾向。

※冥王星所形成的相位，請見其他行星各表格的最後一欄。

### 關於次要相位

在近現代的占星術中，比從前更長採用次要相位。所謂的次要相位，有六分相的一半——微吉相位十二分相（30度）、四分相的一半——微凶相位八分相（45度）、與四分相意義相似，加上90度與45度可形成的補八分相（135度）、將360度星盤分成五等分形成的相位，與創造性有關的五分相（72度）、與五分相含義相似的倍五分相（144度）等。次要相位的重要度不高，只要當作知識了解即可。

# 三顆以上的行星重合的特殊相位

也有三顆以上的行星形成特定角度的情況，這被稱作「特殊相位」。由於是以剛才所介紹的主要相位其中兩種以上組合而成，可以想見展現的行星力量既複雜且強大。不過，並不是所有人的出生星盤都會存在特殊相位，只是擁有這類特殊相位的人，應該能更明確地感受到比剛才所介紹的內容更為強勁的影響。

特殊相位有好幾種，在此介紹廣為人知的其中五種。

## T型三角

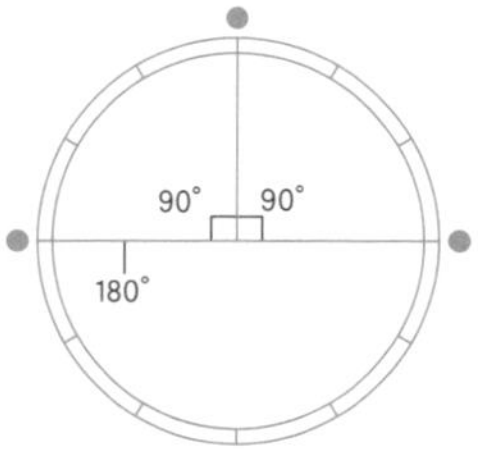


兩顆行星形成對分相（180度），另外一顆行星則分別與這兩顆行星形成四分相（90度）。由於正好形成英文字母的「T」，因此稱作「T型三角」。由於是以不協調相位的對分相與兩個四分相所形成的狀態，而會增加心理負擔，但也能解釋成需學會深思熟慮的含義。可視為導向成功的相位之一。

## 大十字

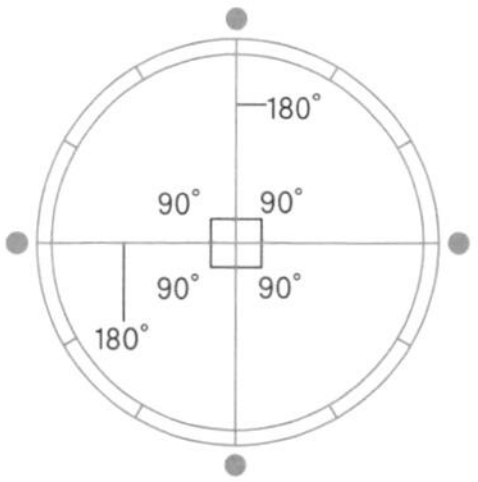


這是由兩組行星分別形成對分相（180度），而這四顆行星再分別形成四分相（90度）的相位。由於正好形成「十」字，因此稱作「大十字」。這個相位代表著困難，同時也代表了克服困難的強悍。在出生星盤上有這個相位的人，可以解釋成雖然辛苦，但能夠開拓人生，並累積人性的強度。

## 大三角

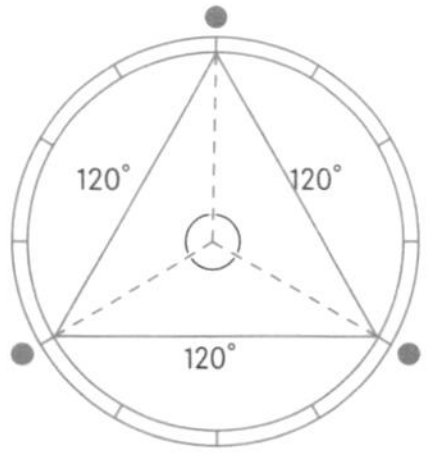


互為三分相（120度）的三顆行星形成等邊三角形，常在同一元素的星座之間形成，又被稱作「幸運大三角」。在出生星盤上有這個相位的人，能過著富有支援的平穩人生，但另一方面，也可解釋成有流於安逸的傾向。這是只要有此自覺，嚴以律己就能掌握幸運的相位。

## 上帝手指

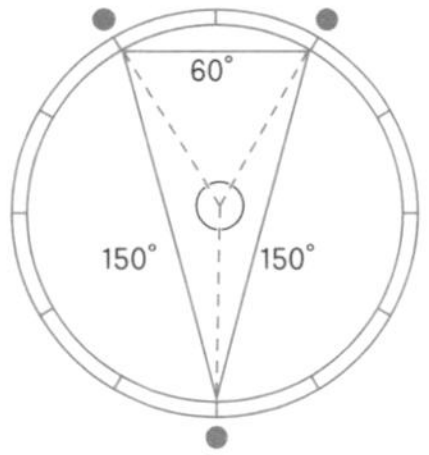


兩顆行星形成六分相（60度），而另一顆行星則分別與這兩顆行星形成補十二分相（150度）。是在星盤上呈英文字母的「Y」的配置。有著這個相位的人，容易過著彷彿被神之手推動的命運般人生，而在出生星盤上時，則容易令人感受到壓力。重要的是與自己的意志協調，接納命運並尋找活用之道。

## 風箏

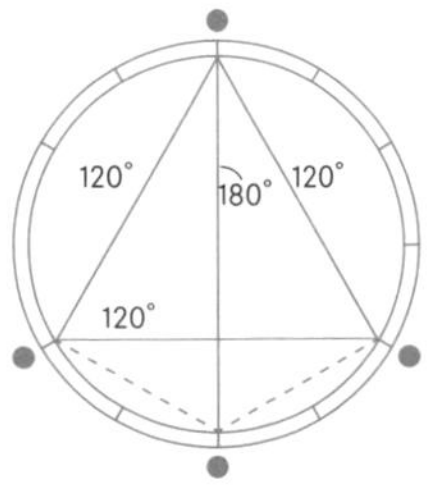


由三顆行星形成大三角，而另一顆行星則與大三角的行星之一形成對分相（180度）。這四顆行星的配置是因為正好形成風箏的形狀而得名的相位。由於對分相給容易流於安逸的大三角帶來適度的緊張感，如果在出生星盤上有這個相位，可以視為不會甘於好運，取得良好平衡的人。

Column

# 當存在「緊密」相位的情況？

所謂的「緊密」，指的是「緊貼」、「密合」的意思。比如說，即使行星之間的相位為85度或93度，如果將容許度設定為5度，則兩者就都在90度的範圍內，也就是形成「四分相」。在這個範圍內，愈接近90度，就稱作「緊密」，相位的含義會被強調。當然，從0度～180度的其他相位也是相同的。

愈是緊密，就愈是形成重要的相位。尤其是主要相位中，如果是與太陽、月亮、上升點或天頂形成緊密相位，就可認為影響力愈大。

不過，視情況而定，也會有並非緊密的相位產生強大影響的情況。到頭來，還是需要囊括相位之外的情況，做出綜合性的判斷。

Column

# 關於未形成相位的行星

當沒有形成合相、對分相、四分相、三分相、六分相等主要相位時的情況，就稱作「無相位」（這時候不會將補十二分相算作相位）。

無相位行星會帶來何種影響，要視情況而定，而且含義也會依行星而異。並未形成主要相位時，可以解讀成該行星的特徵不會受到其他行星影響，而會直接展現出來；相反地，也會有因為與其他行星之間沒有管道，而導致難以發揮力量的狀態。

另一種模式是累積至極限的行星之力，或許會在某一天突然爆炸性地釋放出來。無論如何，都可說是需要關注的行星。

# 第3章

# 解讀星盤

# 實踐！解讀星盤

## 首先按順序閱讀

請運用讀到這裡為止的基礎知識，進一步實際解讀星盤吧。首先，作為練習題，請按照「從整體到細節」的順序來診斷虛構的A小姐的星盤。接著再按照同樣的程序，檢視你自己的星盤。從210頁起有可填充整理的表格，請加以運用。

接下來，還會根據人生的七大主題——財運、戀愛、工作、婚姻、人際關係、健康、幸福——來說明將重點放在星盤的何處。此外，還會列舉「特別相位」，介紹若有突出的才能或好運，會以怎樣的配置來呈現。

在解讀自己的星盤時，負面的關鍵詞或許會令人感到排斥，不過首先請坦率地將其視為「了解自己的一把鑰匙」，享受解讀的樂趣吧。接著，也請試著挑戰分析你所熟知其性格的人們，比如說情人、朋友、家人等的星盤看看。

## 被關鍵詞搞混時

解讀星盤時，有時會出現含義相反的關鍵詞，比如說太陽星座為「積極」，但月亮星座卻是「消極」的情況。尤其是相位的數量會根據行星分布而大為不同，數量愈多，關鍵詞也會隨之增加，或許會造成混亂。不過，這正是人類的複雜性及多面性，請視為一個人身上擁有各式各樣的要素。此外，這些並不會全都以同樣的強度在你身上起作用，相信你能透過累積解讀星盤的經驗，切身掌握行星或相位的重要度。

並非侷限於關鍵詞本身，掌握含義的核心，並與現實相結合的過程也很重要。即使含義相同，如果能轉換成「靈光一閃的詞彙」，就會更加有趣。

## 解讀星盤的樂趣

只要檢視過的星盤數量愈多，就愈能體會其深奧之處，也會增加樂趣。在看完自己或是重要人們的星盤後，也請試著運用網站盡量製作你知道出生年月日的人的星盤。

即使是名人或歷史人物，只要知道出生年月日，也能製作出簡易的星盤。出生地點姑且不論，由於有不少人無法確定自己的出生時間，因此請選擇「不詳」後製作。這麼一來仍能診斷月亮之外的行星星座或相位。不過，請確認舊曆等曆法的差異。此外，如果清楚創立的年月日，甚至還能製作公司或團體的星盤來解讀，想必會對其中符合現實的內容或所暗示的未來著迷不已。

練習題

# 解讀A（37歲、女性）的星盤

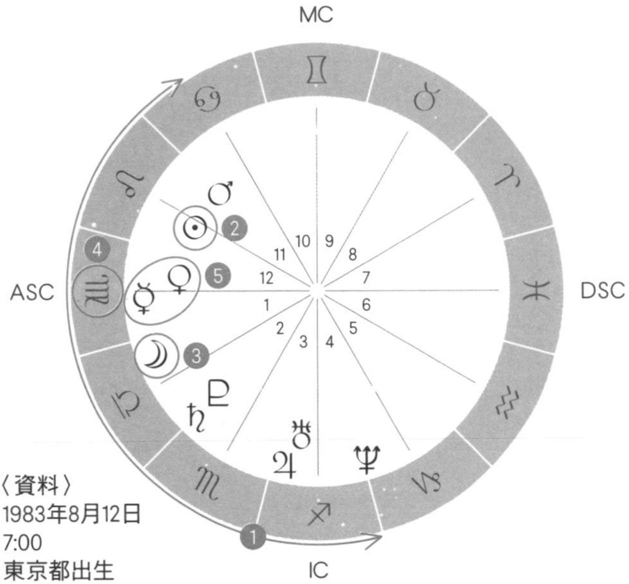


〈資料〉
1983年8月12日
7:00
東京都出生

## ❶ 行星分布為碗型

參閱 P.41

A小姐的星盤，行星從巨蟹座跨至射手座，分布成漂亮的碗型。由於主要在左側的東半球相連，因此代表她是個「藉由自己的想法與力量打造人生的行動派」，可解讀出有積極自我實現的傾向。

## ❷ 太陽星座為獅子座

參閱 P.60

太陽星座為獅子座，是活潑開朗的人。富有創造事物的能力。可以得知她是個想活得華麗，自尊心強的人。會被職場上的同事認為「十分可靠」，而看在熟人眼裡，則覺得她「雖然好勝，其實出乎意料地怕寂寞」。

## ❸ 月亮星座為天秤座

參閱 P.84

從落在天秤座的月亮，可以得知她在情感上取得良好平衡，總是提醒自己「保持冷靜」。太陽獅子座的喜愛自我表現，與月亮天秤座的討厭誇張看似矛盾，但正因為如此，才會十分自制，展現出恰如其分的形象。

## ❹ 上升星座為處女座

參閱 P.123

上升處女座的診斷為「善於關心他人，容易受傷。比起擔任領袖，更適合擔任祕書」。給予初次見面的人的第一印象，是整潔而拘謹。不過，她的本質開朗爽快，可以推測愈是熟稔，就愈會展露她無微不至而有氣概的一面。

## ❺ 上升星為水星與金星

由於水星與金星都落在上升點前後5度內，因此屬於上升星。可以診斷她美麗而氣質高雅，是個受歡迎的人，而且根據她的話語，甚至可能改變人生。如果從事需要使用語言的工作，會獲得高度評價，並因此提升地位等。

※上升星的解說請見下一頁。

★

# 何謂上升星？

## 與上升點接觸的行星

所謂的上升星，指的是位於上升點5度以內的行星。這類行星的能量，會對基本性格或命運帶來重大影響。如果有複數顆行星存在時，請將以下符合的內容全加入診斷中。即使沒有存在行星，也不代表欠缺任何事物。

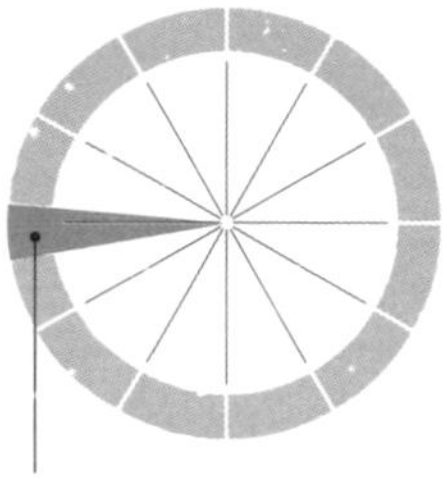

位於上升（上升點）前後5度以內的行星為上升星。

### ☉ 太陽

散發著高貴氣質，只要你一登場，就會展現出令周遭都明亮起來的存在感。若是落在第1宮，就會因為自己的行動而獲得成功；落在第12宮時，如果身為女性，就會因為父親或丈夫的支援而獲得成功。

### ☽ 月亮

十分迷人而受歡迎，是非常體貼且富有同理心的人。會擁有比別人加倍傾注豐沛愛情的人生。不過在運勢上欠缺穩定，有著容易改變工作或環境的傾向。

### ☿ 水星

散發著充滿智慧的氛圍，尤其是你在工作上遇到的人，會給他們「腦子轉得很快的人」的印象。可擴展活躍的舞臺並獲得高度評價，但反之，也可能會因為失言或惹火眾人而改變立場。

### ♀ 金星

給人柔和的印象，行為舉止美麗而高雅。因此受到許多人喜愛，並受到長輩疼愛。能過著在物質方面不虞匱乏的生活，但如果沒有堅定信念，就會有無所事事地度日的危險。

## ♂ 火星

散發出蘊含了深不可測力量的氛圍。視情況而定，可能會顯露出具攻擊性的一面。為了實現自身願望，會不問條件或風險地奮勇前進，過著強而有力的生活。也有因為情感激烈而樹敵的傾向。

## ♃ 木星

擁有得天獨厚的豐裕環境，也會獲得有力人士或財主的庇護。給人的印象也是「落落大方的人」、「在充滿愛的環境中長大的人」。獨立之後，容易過著較為奢侈的生活。

## ♄ 土星

大多直到二、三十歲左右，都還是在長輩的限制下度日。父母的教育方針嚴厲，會受到教練、師傅、上司一類的人物鍛鍊。不過，你會以努力與耐心克服一切，並在後半生獲得成功。

## ♅ 天王星

給人很有個性的印象，「討厭與他人相同」的想法總是十分強烈，喜愛奇特的事物。無論處於任何環境，都會是十分顯眼的存在。在人生之中會發生幾次突發狀況，並因此左右你的生活。

## ♆ 海王星

給人一種輕飄飄而難以捉摸的印象。有些愛作夢，即使是白天的活動時間也常會徜徉於幻想世界中，不太善於規劃現實的人生。你需要能夠確實支持你的夥伴。

## ♇ 冥王星

散發著獨特的氣質，容易被周的人認為是「複雜的人」、「難應付的人」。會繼承許多因當地風俗而留下的習慣。因人而定，可能會難以擺脫所謂前世因緣的神祕要素。

## 6 解讀A小姐的行星坐落星座與宮位狀況

接著，依序來確認A小姐的行星與宮位。在上升星那段（203頁）已經提及了落在第1宮的水星，同樣落在第1宮的還有月亮，顯示出具智慧而體貼，情緒容易受到環境左右的一面；代表收入、財產的第2宮，則有落在天秤座的土星與冥王星對應。可以提取出的關鍵詞是雖然善於交際，但人際往來廣而淺，是對於金錢有強烈執著的類型；落在射手座的木星與天王星對應第3宮，擁有會在喜歡的事情上成功的運勢，有豐富的點子；對應第4宮的海王星，顯示出由於出生成長的家庭環境，令她有比別人加倍追求他人的愛的傾向。而從海王星落在射手座，也能得知她具備哲學性品味。

第5～10宮沒有行星，在這個情況下，就請確認各宮位對應的宮首星座的主管行星（52頁～）。由於第5宮的始點落在摩羯座，就請確認摩羯座守護行星的土星×第5宮的含義；同樣地，第6宮的宮首星座為水瓶座，主管行星為天王星，因此可以診斷出她特別會在工作職場上，活用獨特的想法。第7～10宮為止的內容請見左頁表格。火星對應代表人際關係的第11宮，因此是個常會成為團體領袖的人，但因為火星落在巨蟹座，所以有愛操心的一面。太陽落在第12宮獅子座，是上進心強且引人矚目的存在。作為上升星，落在處女座的金星同樣對應第12宮，可以診斷出是會從慈善活動中獲得喜悅的人。

| 宮位 | 對應該宮位的行星與坐落星座<br>（如果沒有行星，則填入宮首星座的主管行星） | 宮位、行星、星座的含義 |
|---|---|---|
| 1 | 水星（處女座）<br>月亮（天秤座） | 實務能力高、完美主義、<br>總是保持冷靜、善於交際 |
| 2 | 土星（天秤座）<br>冥王星（天秤座） | 廣而淺的往來關係、<br>對金錢執著 |
| 3 | 木星（射手座）<br>天王星（射手座） | 不知不覺間成功、<br>創意人士 |
| 4 | 海王星（射手座） | 孤獨的孩提時代、<br>哲學性品味 |
| 5 | 無行星：宮首星座為摩羯座 → 土星 | 戀愛為一心一意且謹慎 |
| 6 | 無行星：宮首星座為水瓶座 → 天王星 | 獨特的想法 |
| 7 | 無行星：宮首星座為雙魚座 → 海王星 | 結婚對象的職業光鮮亮麗 |
| 8 | 無行星：宮首星座為牡羊座 → 火星 | 財運突然起伏 |
| 9 | 無行星：宮首星座為金牛座 → 金星 | 開朗的和平主義者 |
| 10 | 無行星：宮首星座為雙子座 → 水星 | 智慧能力、人脈 |
| 11 | 火星（巨蟹座） | 領袖人物、愛操心 |
| 12 | 太陽（獅子座）<br>金星（處女座） | 上進心、明星風範、<br>慈善活動、善於儲蓄 |

## 7 解讀Ａ小姐的相位

接著來調查Ａ小姐的相位。共有兩組合相（０度）：木星與天王星形成的０度代表的是「積極且善於交際」、「建立廣闊的人脈」；土星與冥王星形成的０度則含有「嚴以律己且嚴以待人」、「承受困境的強韌精神力」的意義。不過，因為這些均是移動緩慢的行星之間形成的相位，與其說是個性，倒不如說是這個世代的特徵。

屬於吉相位的60度與１２０度共有六組：火星與木星形成的三分相（１２０度），由於代表活力充沛的火星與擴張的木星十分協調，因此顯示著充滿熱情。再加上太陽獅子座，會浮現出開朗而強悍的女性形象。具備一旦感興趣就會投身其中的勇氣，也蘊含領袖資質。

六分相（60度）首先由月亮分別與火星、木星、天王星三顆行星所形成。由此可找出「不畏懼地坦率直言」、「脾氣很好」、「爽朗」、「善於跟人保持適當距離」等關鍵詞；而土星與海王星形成的60度為「懷抱著遠大夢想」；海王星與冥王星形成的60度則為「對神祕事物的好奇心」。

屬於凶相位的四分相（90度）共有三組，沒有對分相（１８０度）：金星與天王星形成的90度為「容易迷戀上人」；火星與土星形成的90度為「不擅長持續」；火星與冥王星形成的90度則為「十分堅持、容易勉強自己」。

由此可以整理出，Ａ小姐是個個性開朗強悍、希望能對人有所助益、對事情的態度熱衷而專注的人。

| | ☉ | ☽ | ☿ | ♀ | ♂ | ♃ | ♄ | ♅ | ♆ | ♇ |
|---|---|---|---|---|---|---|---|---|---|---|
| ☽ | | | | | | | | | | |
| ☿ | | | | | | | | | | |
| ♀ | | | | | | | | | | |
| ♂ | | 60 | | | | | | | | |
| ♃ | | 60 | | | 120 | | | | | |
| ♄ | | | | | 90 | | | | | |
| ♅ | | 60 | | 90 | | 0 | | | | |
| ♆ | | | | | 150 | | 60 | | | |
| ♇ | | | | | 90 | | 0 | | 60 | |

月亮與火星、木星、天王星呈60度。可解讀出活潑且受歡迎、在經濟方面獲得成功、人生富有變化等。

火星與木星呈協調的120度。含有熱情、開朗的意義。

火星與冥王星呈90度。會顯得有些攻擊性。

※各相位的含義請參閱P.180～。

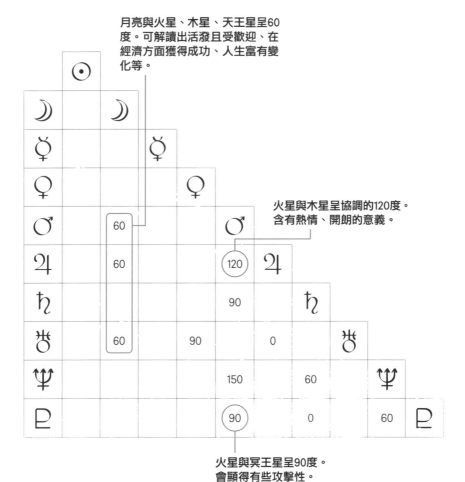

填充式

# 分析你的星盤

接下來的內容，是整理出你的出生星盤中各要素的表格。請參考A小姐的案例，來分析你的星盤吧。

行星分布可從38頁的類型中，挑選出最接近的即可。關於太陽星座，保險起見，請先確認過出生時間、出生地點後再輸入。並從太陽星座的項目（52頁～）中，摘錄出最符合自己的關鍵詞，並填入空格中。雖然沒有準備表格，但是也請同樣確認在月亮星座之後的水星、金星、火星、木星、土星、天王星、海王星與冥王星的坐落星座。

## ❶ 行星分布為

型

## ❷ 太陽星座為

座

❸ 月亮星座為

座

❹ 上升星座為

座

❺ 上升星（如果有的話）落在

座

## 6 你的宮位行星與坐落星座狀況

接著來整理你星盤上的宮位狀況，將對應各宮位的行星與坐落星座填入表格。

在將資料填入本書時，由於空間有限，當有複數行星坐落的情況，請運用行星符號與星座符號。請從各宮位的行星關鍵詞（126頁～）、各行星的坐落星座診斷（78頁～），挑出符合的內容或在意的內容並寫下來。

然後，再寫下你星盤上的相位，並從各自的診斷（180頁～）中選出關鍵詞。我想你應該已經確認過符合自己的部分了，但藉由重新統整起來，就會更容易掌握。

**填寫範例**

| | | |
|---|---|---|
| 1 | 月亮（天秤座） | 情緒不定的人 |

| 宮位 | 對應該宮位的行星與坐落星座 | 宮位、行星、星座的含義 |
|---|---|---|
| 1<br>本質 | （　　　座）<br>（　　　座） | |
| 2<br>收入 | （　　　座）<br>（　　　座） | |
| 3<br>好奇心 | （　　　座）<br>（　　　座） | |

※請參閱P.78～與P.126～，在右邊欄位簡單填入對應各宮位的行星含義。

| 宮位 | 對應該宮位的行星與坐落星座 | 宮位、行星、星座的含義 |
|---|---|---|
| 4<br>家庭、生活 | （　　　座）<br>（　　　座） | |
| 5<br>戀愛、娛樂 | （　　　座）<br>（　　　座） | |
| 6<br>勞動、健康 | （　　　座）<br>（　　　座） | |
| 7<br>婚姻 | （　　　座）<br>（　　　座） | |
| 8<br>繼承、性愛 | （　　　座）<br>（　　　座） | |
| 9<br>向學心 | （　　　座）<br>（　　　座） | |
| 10<br>社交 | （　　　座）<br>（　　　座） | |
| 11<br>人際關係 | （　　　座）<br>（　　　座） | |
| 12<br>業力 | （　　　座）<br>（　　　座） | |

※如果在一個宮位裡有多顆行星，寫不下時請統整在筆記本等處。

## 吉相位〈0度、60度、120度〉

**填寫範例**

| | | | |
|---|---|---|---|
| 火星 | 120度 | 木星 | 熱情、行動性 |

| 行星 | 相位 | 行星 | 兩顆行星形成的相位含義 |
|---|---|---|---|
| | | | |
| | | | |
| | | | |
| | | | |
| | | | |
| | | | |
| | | | |
| | | | |
| | | | |
| | | | |

※請參閱P.180起的相位內容，按各行星分別在右邊欄位簡單填入含義。

# 凶相位 〈90度、150度、180度〉

**填寫範例**

| | | | |
|---|---|---|---|
| 金星 | 90度 | 天王星 | 容易迷戀上人、難以存錢 |

| 行星 | 相位 | 行星 | 兩顆行星形成的相位含義 |
|---|---|---|---|
| | | | |
| | | | |
| | | | |
| | | | |
| | | | |
| | | | |
| | | | |
| | | | |
| | | | |
| | | | |

※如果有許多相位，無法全部寫進本頁時，請統整在筆記本等處。

## 關於形成相位較多或較少的行星

形成眾多相位的行星，會對星盤各處多有影響。因此，在考察綜合運勢之際，基本上在判斷相位時，要先從形成相位較多的行星確認起。

其中，如果行星形成了大三角、T型三角、上帝手指等特殊相位的話，首先請關注這些相位（195頁）。

接著，一般而言會依序確認主要相位、次要相位。此外，如果有無相位的行星，仍可能有特殊的影響，會另外關注。

### 你的情況

形成相位較多的行星（或形成特殊相位的行星）

形成相位較少的行星

無形成相位的行星

Column

# 解讀吉象、凶象的角度

在占星術中，自古以來就將吉象（Benefic）稱作「吉星」，意指帶來喜悅的行星，主要有木星、金星，接著是太陽、月亮。

另一方面，則將凶象（Malefic）稱作「凶星」，意指造成傷害的行星，主要有火星與土星。此外，水星則被認為是吉凶皆有可能的行星。

然而，吉凶的標準也會根據時代或立場而改變。說到底，行星原本就有多重含義，難以單用吉凶區分。

比如說，作為凶象的土星代表壓抑或考驗，給人強烈的凶星印象，卻也是培養人生中重要的耐心或自制心的行星。

在解讀星盤時，請保持「並非關注吉凶，而是了解該如何活用行星的力量」這樣的態度。

# 解讀人生的七大主題

## Money
## 與金錢的緣分、生財方式

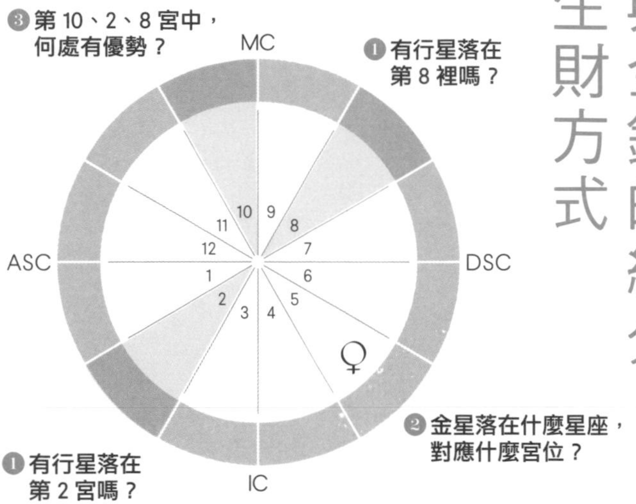
❸ 第 10、2、8 宮中，何處有優勢？
MC
❶ 有行星落在第 8 裡嗎？
ASC
DSC
10 9 8 7 6 5 4 3 2 1 12 11
♀
❷ 金星落在什麼星座，對應什麼宮位？
❶ 有行星落在第 2 宮嗎？
IC

### ❶ 從落在第2宮與第8宮的行星，來看與金錢的緣分

第2宮最能顯著表現出一個人與金錢的緣分、財務意識的高低。當有行星落在這個宮位時，與金錢的緣分會比沒有行星的情況更深厚。其次重要的是位置與第2宮相對的第8宮。相較於第2宮顯示的是自己所賺的錢，這個宮位所代表的則是與生俱來、繼承的遺產等不勞而獲的事物。從第8宮的角度來看，債務同樣也是財產（能借錢的信用也算財產之一）。

第2宮的詳情參閱130頁～，第8宮參閱154頁～

## ❷ 可從金星坐落的星座得知想要的事物，對應宮位了解你的資金來源

如果只是將錢拿在手中欣賞，並沒有太大的樂趣，如何運用也很重要。

所謂的財富有各式各樣的型態，是現金、土地等不動產，還是名貴的寶石或股票？你想要持有何種型態的財富？想如何運用在什麼地方上？主要就由金星坐落的星座來呈現這些內容。藉由掌握興趣或嗜好，就能了解符合你的財富運用方式。此外，金星對應的宮位，則會告訴你自身的資金來源會位於哪個領域。

金星星座的詳情參閱90頁～，對應宮位參閱126頁～

## ❸ 確認第10、2、8宮，何處為強勢狀態

要論如何生財，大多數情況下與工作有重要關聯，因此就要確認代表天職的第10宮與天頂。如果有木星、太陽坐落於此，令這些宮位具有優勢，出人頭地、創業的話就有機會獲得社會名聲及財富。然而，工作與財富有時未必會直接相關。當第2宮較強時，會將「賺錢」視為最優先，而工作內容等就成了附加的；第8宮較強的話，即使不靠自己賺錢，也有獲得各式各樣恩惠的情況。第10宮看的則是榮耀、人脈等財富。這麼一來，你也能確認在自己的人生中有何財富了。

宮位的詳情參閱126頁～

Love

# 戀愛習慣與邁向婚姻的過程

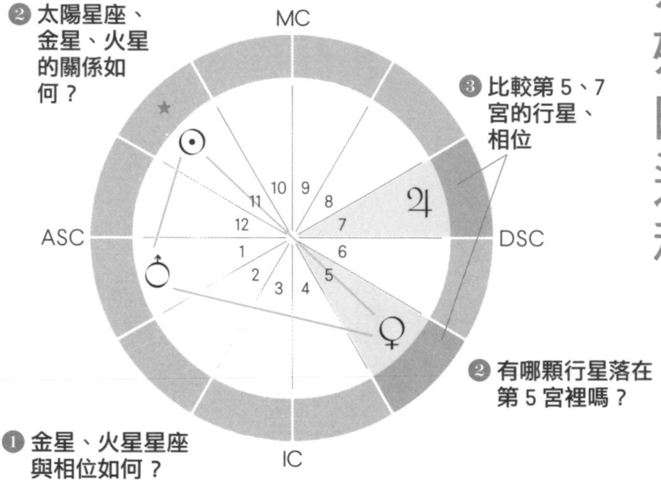

❷ 太陽星座、金星、火星的關係如何？
MC
❸ 比較第5、7宮的行星、相位
ASC
DSC
1
2
3
4
5
6
7
8
9
10
11
12
❷ 有哪顆行星落在第5宮裡嗎？
❶ 金星、火星星座與相位如何？
IC

★標記代表星座。

## ❶ 從金星和火星坐落的星座與相位了解戀愛習慣

最能夠代表戀愛習慣的，是又稱「戀愛雙星」的金星與火星。只要得知這兩顆行星落在哪個星座，就能明白自己會受什麼樣的人吸引，會想談怎樣的戀愛。比如說，如果金星與火星落在同一個星座或元素，戀愛傾向就會有一致感。但如果金星落在火象、火星落在水象這類元素並不協調的星座時，就會形成雖然想談一場活躍的戀情，卻會被溫柔而多愁善感的男性所吸引，顯得不太搭調。此外，如果形成凶相位時，就容易陷入有問題的戀情，而吉相位則很有可能談一場圓滿的戀情。

金星星座的詳情參閱90頁～，火星星座參閱94頁～，相位參閱180頁～

## ② 從第5宮看戀愛經驗，從太陽看資質上的戀愛運

對戀情而言，邂逅運也很重要。如果金星、木星等吉星（217頁）落在第5宮，就容易獲得戀愛機會；若是土星的話，戀愛經驗就容易減少。雖說戀愛次數的多寡並不直接攸關幸福，但知道自己有多少戀愛機會是很重要的。此外，由於原本擁有的基本資質與戀愛運也大有關聯，因此太陽與月亮坐落的星座及其相位也很重要。如果太陽、月亮、落在第5宮的行星、金星與火星對應的各星座形成吉相位等，在平衡良好的情況下，整體而言的戀愛運也會很好。

第5宮的詳情參閱142頁～，太陽星座參閱78頁～，相位參閱180頁～

## ③ 比較第5宮與第7宮的狀況，了解戀愛與婚姻的關聯

你的戀愛觀與婚姻觀是一致的嗎？還是認為戀愛與結婚是兩回事呢？若想了解在戀愛的未來是否存在婚姻，請同時確認第5宮與第7宮。如果在第5宮與第7宮雙方都存在吉象，或是具吉相位的行星等協調的情況，就很有可能會順其自然地從戀愛步入婚姻。然而，比如說只有第5宮較好，就可能表示戀愛運雖然佳，但若要考慮結婚，就不太順利了。相反地，如果只有第7宮較好，也可能是認為將戀愛與婚姻分開來考慮比較俐落明確。

第5宮的詳情參閱142頁～，第7宮參閱150頁～

# Work
# 天職與工作人生

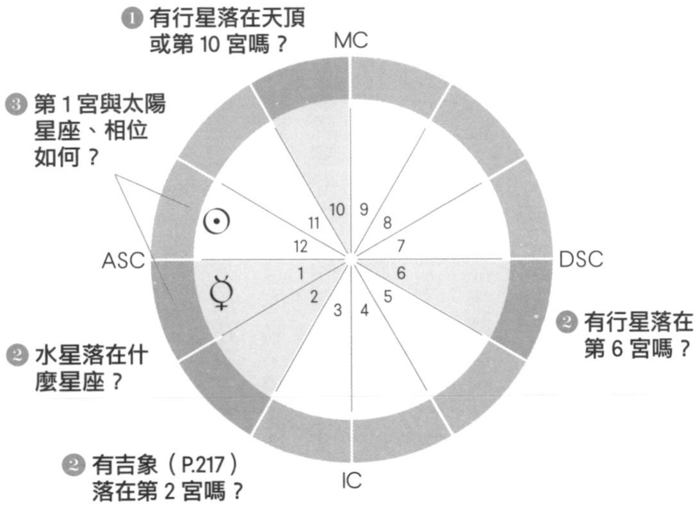
❶ 有行星落在天頂或第 10 宮嗎？
MC
❸ 第 1 宮與太陽星座、相位如何？
ASC
DSC
❷ 有行星落在第 6 宮嗎？
❷ 水星落在什麼星座？
❷ 有吉象（P.217）落在第 2 宮嗎？
IC
10
9
11
8
12
7
1
6
2
5
3
4

## ❶ 天頂與第10宮代表人生的目標，也顯示出人生中的工作價值

位於星盤頂端的天頂，或是以此為起點的第10宮代表著人生的目標。如果有行星坐落，就表示你很有可能遇見自己的天職，而那若是太陽、木星或土星，或許還能視為「工作就是人生」並期待發光發熱。然而，並不是每個人都擁有天職，因此也可以考慮成是在工作之外的人生價值，或是在人生中的收穫。當天頂或第10宮裡沒有行星時，也能解釋成想活出「並非只有工作」的人生，與工作保持一定距離的生活方式或想法，將會令你的人生更加豐富。

第10宮的詳情參閱162頁～

## ❷ 從第6宮看適合職業，從第2宮、水星看賺錢才能

即使必非天職，一個人還是需要工作，而且，每個人都有適合自己的職業。在想要了解工作方面時，除了第10宮，其次重要的就是第6宮。得知適合自己的工作方式或職場環境，工作起來就更加順手，也更容易找出能感覺到價值的工作。如果這兩個宮位裡都沒有行星坐落，就請確認第2宮。如果在第2宮有行星，而且還是吉象，就代表著比起從事何種職業，「工作賺錢」這件事的意義更大。只要仰賴能告知自身才能的水星所在的星座，就能重點式地尋找能賺到更多錢的工作。

第6宮的詳情參閱146頁〜，第2宮參閱130頁〜，水星星座參閱86頁〜

## ❸ 第1宮與太陽顯示該如何活出人生

星盤頂部顯示的是事業，代表事業對人生就是如此重要。而第1宮與太陽肩負的重大含義也會影響到事業。由於第1宮與太陽顯示的是該如何活出人生，在考慮事業方面時也是不可或缺的。太陽星座會顯示出大方向，而其光芒則有整合一切的力量，如果在事業或人生方面有所迷惘時，請回歸到太陽星座吧。太陽形成的相位若是吉相位就要培養溫厚，若是凶相位就要培養自我，與構築事業或人生有所關聯。第1宮對應的星座也會顯示你的長處或強項何在。

太陽星座參閱78頁〜，第1宮參閱126頁〜

Marriage & Home

# 婚姻與家庭生活

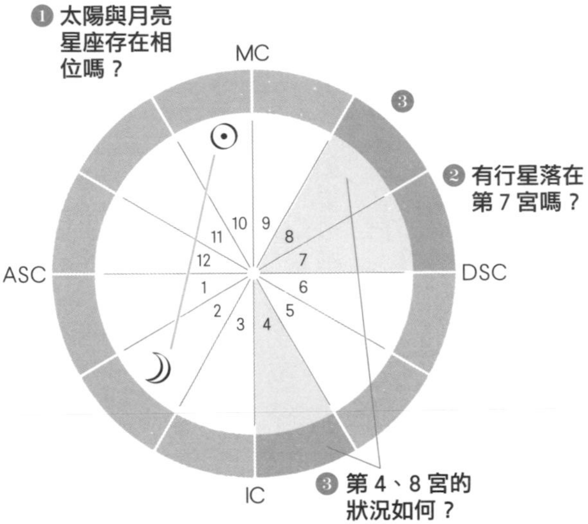


## ❶ 確認太陽與月亮星座是否有相位

對女性而言，太陽代表的是理想中的丈夫類型；對男性而言，則是月亮代表著理想中的妻子類型。直截了當地說，該星座也會是結婚對象的太陽星座，即使並非如此，也常有上升或金星等其他重點是相同的星座或同一元素的情況。如同確認「婚姻契合度」這一項，女性的月亮代表的是身為妻子的自己，男性的太陽則是身為丈夫的自己，因此如果在自己的星盤裡，太陽與月亮形成吉相位，就可以說夫妻之間的溝通順暢，婚姻生活會十分順利圓滿。

太陽星座的詳情參閱78頁～，月亮星座參閱82頁～，太陽與月亮相位的詳情參閱180頁

## ❷從第7宮的行星了解結婚對象的模樣

說到第7宮所顯示的夥伴關係，最具代表性的就是結婚對象，藉由坐落的行星所導出的人物形象，很有可能就是結婚對象。如果落在這個宮位的是代表肉眼看不見的無形現象、業力等的冥王星，就能解讀成可能會因為理論難以解釋的神祕緣分而結緣。此外，行星代表的不只是人物形象，也可能會是怎樣的婚姻。比如說，如果是土星，就表示會在自己本身的精神面成熟之後才結婚。而與落在第7宮的行星形成相位的行星，則會告知如何步入婚姻的路線或提示。

第7宮的詳情參閱150頁～

## ❸從第8宮看婚後生活，第4宮診斷建立家庭

第8宮所管理的內容之一，為「與他人的深厚感情」，「性愛」主題也與這個宮位相關，但不只如此，透過這個宮位，能窺見婚後的整體生活狀況會如何。內容可從落在第8宮的行星、宮首星座的主管行星等形成的相位來推測。此外，第4宮為人生之中支撐一個人的「根基」部分，考慮到婚姻生活可解釋成「獨立之後靠自己建立的根基」，只要搭配第8宮來解讀，也能得知自己會建立怎樣的家庭或家族。

第8宮的詳情參閱154頁～，第4宮參閱138頁～

Relations

# 人際關係、溝通能力

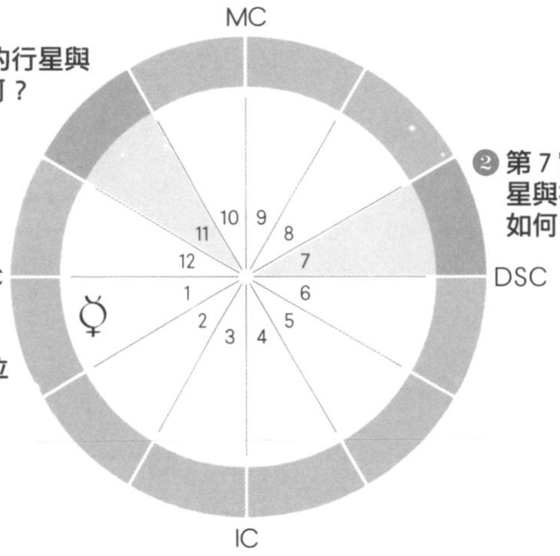
❸ 第 11 宮的行星與相位如何？
❷ 第 7 宮的行星與相位如何？
ASC
❶ 水星星座為何、相位如何？


## ❶ 從水星星座與相位診斷與他人之間的往來方式

身為傳令之神的水星，能清楚顯示一個人的溝通方式。水星坐落的星座代表的是一個人想如何與周遭往來。形成吉相位的行星代表的是擅長的社交方式，形成凶相位的行星則代表不擅與人交際的部分。無相位的情況下，則表示有自己的想法無法順利傳達出去，或是無法獲得周遭理解的傾向。不過，也因此使得內在世界變得豐富，而能培養想像力。此外，這部分也可能藉由其他行星加以彌補。

水星星座的詳情參閱86頁～，無相位參閱198頁、水星的相位參閱185頁～

## ❷從第7宮的行星或相位，可以得知密切合作的對象

落在第7宮的行星所代表的不僅是結婚對象，而是與一對一面對面的人物之間的關係。該行星的形象，往往會直接表現出會成為這類關係的人物。當凶相位眾多，或是與落在第1宮的行星形成對分相時，代表這段關係難以順利發展，存在必須克服的課題。只要藉由避免兩人發展共同事業，而是盡可能地以團體形式往來，藉由下這些功夫，應該就能迴避大多數麻煩。

第7宮的詳情參閱150頁～，相位參閱180頁～

## ❸第11宮顯示成年後的朋友與朋友圈中的位置

第11宮主要是了解「成年後結交的朋友」，比如說出於興趣或相同目的而聚集夥伴的時候，作為關鍵的宮位。這裡如果有複數行星坐落，代表成年後也會在許多朋友的圍繞下活動。當然，還是要確認坐落的行星為何、形成何種相位。如果是太陽或木星落在這個宮位，並形成吉相位時，就容易在這樣的朋友圈中成為領袖般的存在，在退休後或工作之外的活動會成為人生價值，在社會上也會有顯眼的活躍度。

第11宮的詳情參閱166頁～，相位參閱180頁～

*Health & Beauty*

# 健康、美容、減壓法

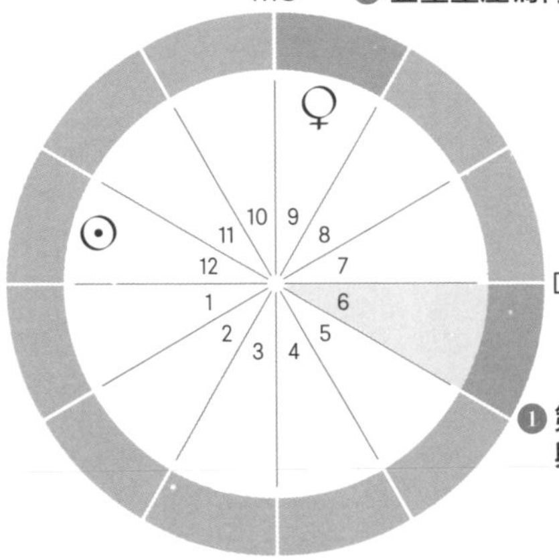
MC
❸ 金星星座為何？
❷ 太陽星座與相位如何？
ASC
DSC
IC
❶ 第6宮的行星與相位如何？


## ❶ 從第6宮的行星與相位來診斷健康方面的主題、部位

這裡所謂的「健康」，只的是一個人身體上天生的特點。如果已經出現任何症狀，請務必遵從醫師的指示。請調查第6宮裡有何行星坐落、形成怎樣的相位。行星代表著一個人在健康方面容易成為焦點的身體部位，即使是吉象（217頁），也顯示出某些健康方面的主題。而從坐落行星或形成相位的行星所顯示的關鍵詞，有找出原因的可能性。藉由確認這些內容，就有可能迴避危險，比如說防止發病或演變成重症等。

第6宮的詳情參閱146頁～，相位參閱180頁～

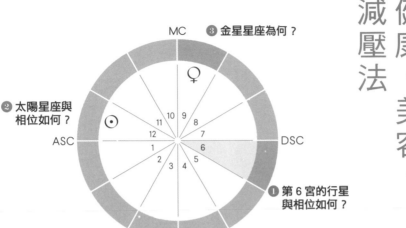

## ❷太陽星座代表能量的特點與要害

太陽所顯示的星座，代表著一個人所具備能量的特點；同時，該星座司掌的身體部位，也可能會是弱點所在，那個地方對一個人而言，或許是最重要的「要害」。而與太陽形成相位的行星，也可以解讀成影響健康方面的因素。如果是與凶象（217頁）形成凶相位，就需要特別注意。比如說，落在牡羊座的太陽如果與火星形成四分相，就可以解讀成雖然精力充沛，卻缺乏耐力，也需要小心受傷。

太陽星座司掌的身體部位詳情參閱52頁～，相位參閱180頁～

## ❸金星星座顯示的是魅力、美麗、心理健康領域

金星坐落的星座，會告知一個人最大的魅力與美麗之處，同時也會顯示哪種美容方式最適合你。如果落在雙魚座，代表你的魅力所在是可愛或治癒系的氣質，一味地面對機械的禁慾型訓練並不適合你，而舞蹈等同時能發揮美感的運動，則可以長久持續下去。此外，金星星座還會表現出一個人單純覺得有趣的事物為何。培養該星座司掌領域的興趣，也有助於維持心理健康。

金星星座的詳情參閱90頁～

Values & Happiness

# 價值觀、生存價值、幸福

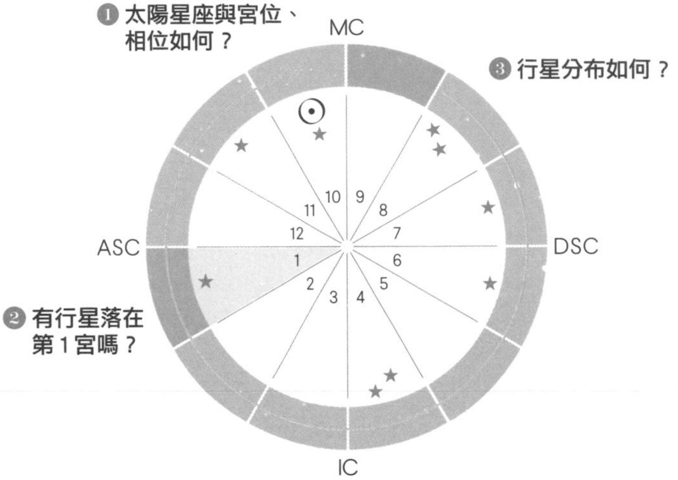


★標記代表行星。

## ❶ 從太陽星座與宮位、相位診斷應該前進的方向

最能明顯代表一個人應該前進的方向的，就數太陽星座了。因人而異，或許也有人會認為太陽星座的特質完全不符合自己，感覺很不舒服。不過，即使是這樣的情況，藉由以太陽星座所顯示的工作或職業為目標、在興趣或地區活動等方面活用太陽星座的含義，大多還是會讓整個生活變得活力十足。此外，也請將太陽落入哪個星座，與其他行星形成何種相位考慮進去，太陽的光芒將會確實照亮你應該前進的道路。

太陽星座的詳情參閱78頁～，宮位參閱126頁～
相位參閱180頁～

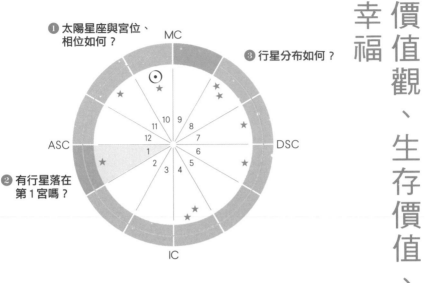

## ❷從第１宮的行星確認價值觀，沒有行星時以主管行星診斷

若想得知在人生中會從什麼事物發現價值，請確認落在第１宮的行星。如果是金星坐落，就代表你期望能被美術品或金銀珠寶等美麗的事物圍繞；如果是火星，就代表你的人生要憑實力在充滿競爭的社會中獲勝，才能感覺到生存價值。如果有兩顆以上的行星坐落，就將每一顆行星的含義融合起來。而且性格也會因此變得更為強悍，極有獨立開拓人生的傾向。如果沒有行星坐落，就用作為第１宮起始點的上升星座的主管行星來判斷。

第１宮的詳情參閱１２６頁～，主管行星參閱52頁～

## ❸星盤上的行星分布顯示出生存價值

從星盤上的行星配置，可以得知一個人在人生當中的重心何在。如果大多分布在南半球（上側），表示會藉由讓自己積極投入社會大為活躍，來獲得充實感；如果是北半球（下側），則代表是從與身邊的人溫暖地交流或個人的樂趣中找出生存價值。尤其是在四大尖軸（上升點、下降點、天頂、天底）附近有行星時，就會加強那半球的含義。就像這樣，乍看馬虎隨便的判斷方式，其實也含有重要的啟示。

行星分布的詳情參閱38頁～

# 星現在星盤上的特別相位

## 確認能創造特別運勢的行星配置、相位

星盤由各式各樣的相位所交織而成，而其中也存在「如果有的話就太幸運了！」的「特別相位」。如果以手相作比喻，就是「斷掌」、「神祕十字紋」等特別的手相，這並非像生命線或感情線一般，是每一個人都有的線條。跟手相一樣，星盤中其實也存在好幾種當仔細觀察行星之間的相位，或是哪個符號位於哪個宮位時，令人只能認為是「在受吉星眷顧下誕生」的模式。具有這種特別相位的人，即使沒有自覺，也能獲得許多行星的眷顧，不過重點在於當事人有沒有察覺到這一點。

接下來，就來確認看看在你的星盤上是否存在這類「特別相位」吧。如果有符合的相位，就證明你有天生的幸運體質，值得高興。當然不能夠完全依賴這種相位，但在人生旅程上，請務必意識到這點並加以活用。

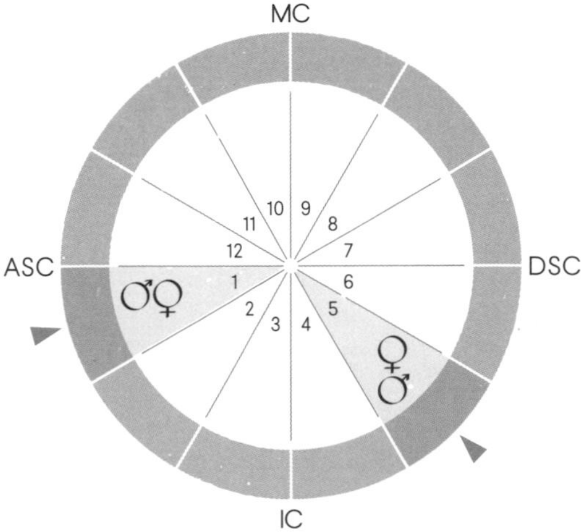


# 搶手的星盤

## 無論到了幾歲都很受歡迎的人

### 金星與火星在第1宮或第5宮形成合相

司掌愛人與被愛能力的金星，與能增強對周遭吸引力的火星如果形成合相，就會隨時散發魅力，令你非常受歡迎。尤其是當這個相位落在象徵自己本身的第1宮，或是象徵戀愛或樂趣的第5宮時，就可以說是無敵。即使只是靜靜地待在原地，仍會散發氣場，帶給人存在感強烈的印象。這份運勢不會隨著年紀增長而變化，讓你能獲得比常人更多的戀愛機會，持續吸引著周遭眾人。這可說是在戀愛至上主義者身上常見的相位。

# 戀愛時一心一意的星盤

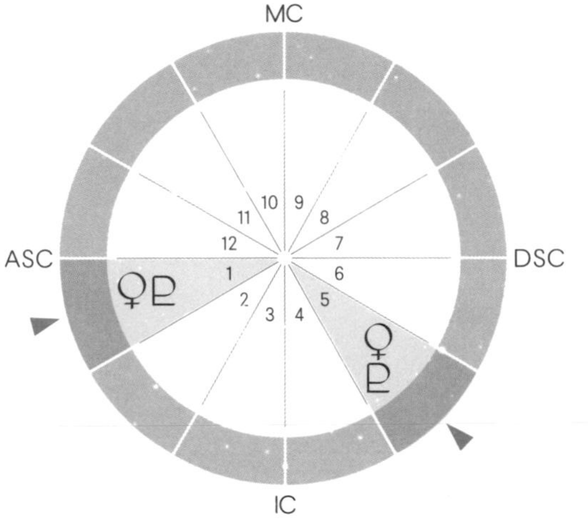


## 會陷入劇烈戀情的人

### 金星與冥王星在第1宮或第5宮形成合相

當感受愛情喜悅的金星，與擁有足以令命運產生劇烈改變的威力的冥王星形成合相，就會有為談一場充滿戲劇性的戀情而拚命的傾向。尤其是當這個相位落在象徵自己本身的第1宮，或是象徵戀愛或樂趣的第5宮時，就常有陷入令周遭大感吃驚的劇烈戀情中的情況。視狀況而定，也可能一再發展出從三角關係或外遇演變成私奔等，可說是「事實比小說驚人」的戀情。不過，深厚的愛情也有轉變為憎惡的可能。

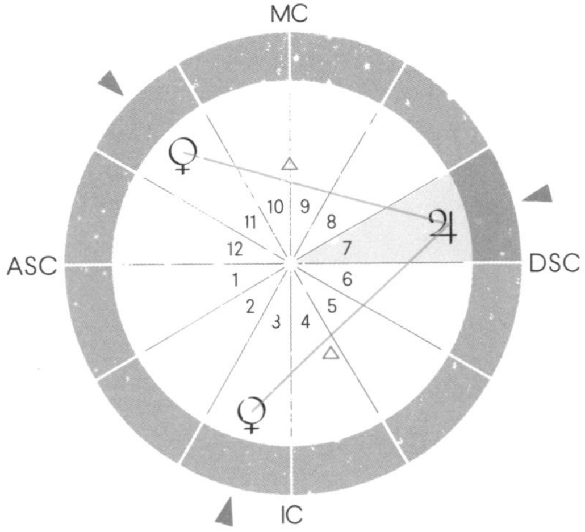


# 麻雀變鳳凰的星盤

## 人生因婚姻而發生劇烈變化的人

### 木星與金星在第7宮形成三分相

當代表發展、擴張的木星位於象徵婚姻的第7宮時，基本上就已經暗示了十分幸福、圓滿的婚姻生活。而當木星又與意味著財富和愛的金星形成三分相，換言之就是金星落在第3宮或第11宮時，代表豐盛程度會隨著婚姻升級！擁有這種相位的人，極有可能會被知名財主或具有財力的人物求婚而「麻雀變鳳凰」。簡直就像眾人羨慕的灰姑娘故事，將能盡情享受到安穩且優雅的生活。

# 天才的星盤

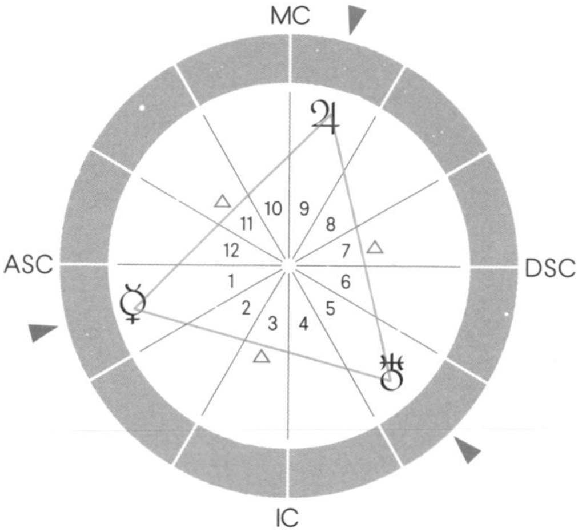


## 堪稱完人之輩

### 水星、木星、天王星形成大三角

當司掌工作能力的水星、代表發展與擴張的木星、象徵嶄新創造力的天王星在同一元素下形成大三角時，這個人就會擁有能綜合發揮多樣能力的力量。不但能接二連三地誕生獨特點子，還能延伸到各處，甚至獲得附加收穫。能夠同時兼顧好幾種不同產業，展現多才多藝的模樣，簡直是神乎其技。尤其是當這個相位落在代表「思考」的風元素時，孩提時代就極有可能會跳級升學，被人稱作神童。

## 用發現、點子改變世界的人

### 太陽與天王星在第10宮（天頂）形成合相

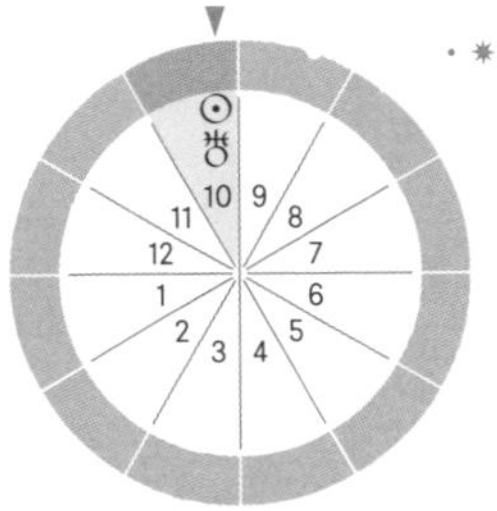

當顯示原本生活方式的太陽，與象徵發現或創造力的天王星形成合相時，就會成為能想出無人料想得到的點子的人物。這個相位若是落在天頂或第10宮，就不會僅限於個人的點子，甚至會延伸為改變整個社會或世界的重大發現。如果擁有這個相位，請務必將你的點子向外界宣傳，這麼一來定能對某人有所助益、賦予提示，如果是在工作上，創造出熱賣商品貢獻社會也不會是夢想。

## 過著戲劇化且高密度人生的人

### 太陽、月亮、冥王星形成大三角

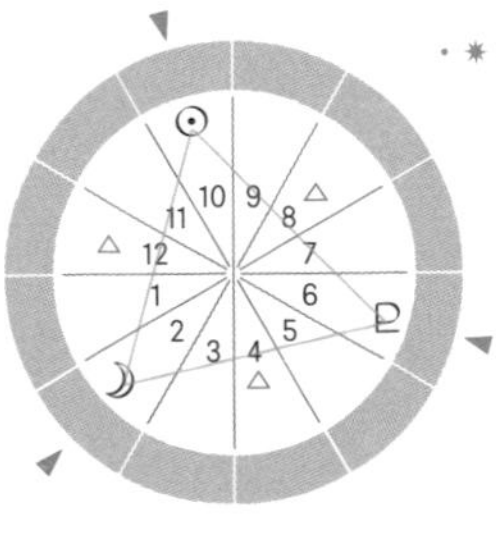

當代表自己本身的太陽、司掌潛意識領域的月亮、象徵命中註定的命運冥王星形成大三角，就有過著戲劇化且高密度人生的傾向。與自己的意志無關，你會有如同戲劇主角般被宏大的運勢之流吞噬的感覺。僅管如此，因為這是吉相位，所以不會往糟糕的方向前進，也容易上演只能認為是祖先庇佑的翻轉劇情。將會過著漫長而認命的人生。

# 爆紅的星盤

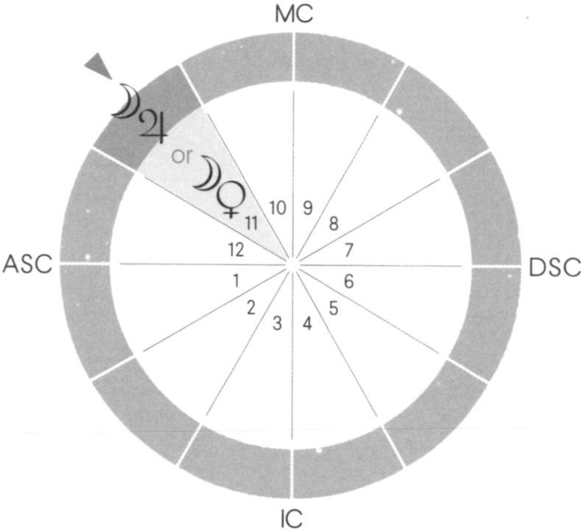


## 受到每一個人喜愛的人

### 月亮與金星或木星在第11宮形成合相

當代表受到社會大眾歡迎的月亮，與愛之星・金星形成合相時，會顯示出極為強大的受歡迎運；而月亮與象徵擴張、發展的木星重疊時也帶有相同的含義。當然，如果是月亮、金星、木星三顆行星重疊，將會成為受到每一個人喜愛，人際關係無敵的存在。尤其是如果相位落在司掌友愛或夥伴的第11宮，將會與擁有社會地位的人們建立人脈，獲得受到疼愛的好運。這也能說是「永遠的偶像」的形象。

### 後半生會成為眾人矚目的焦點

## 落在第10宮的土星與太陽形成三分相

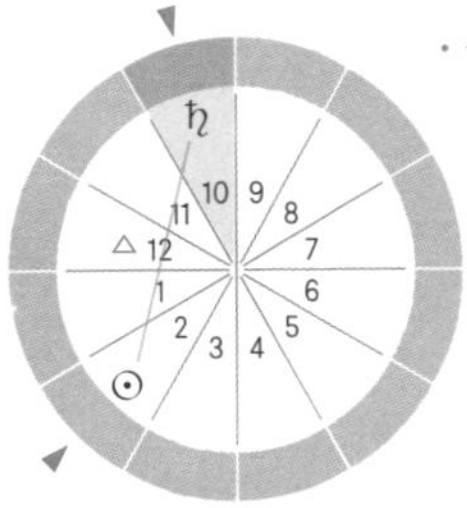

太陽與土星形成三分相，意味著花費長時間窮究一件事。這同時也是典型的大器晚成型相位，會受到長輩的提拔而活躍。尤其是當土星落在作為起始點的第10宮時，可說是後半生比年輕時期更容易沐浴在聚光燈下。你會藉由一再努力而爬上頂點，接受在社會上堪稱重要地位的職責。是在經年累月累積了知識或經驗後，發揮真本事的政治家身上常見的相位。

### 衝上頂端的人

## 太陽與木星在第10宮（天頂）形成合相

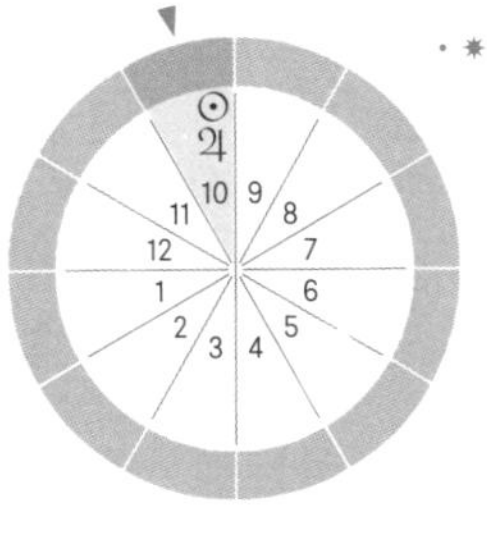

當象徵原本生存方式的太陽，與擴張、發展的木星形成合相時，會是無論在哪個方面都富有機會，能眨眼間衝上頂端的人。尤其是這相位如果落在天頂或第10宮時，就會以受到愛戴的領袖身分大為活躍，成為大企業CEO等級也不是夢想。由於木星是受到周遭喜愛的行星，你不會因為位於頂端就令人望而生畏，而會受到周遭的支持。「自然而然地被捧上臺」這樣的形容十分貼切。

# 品味高雅的星盤

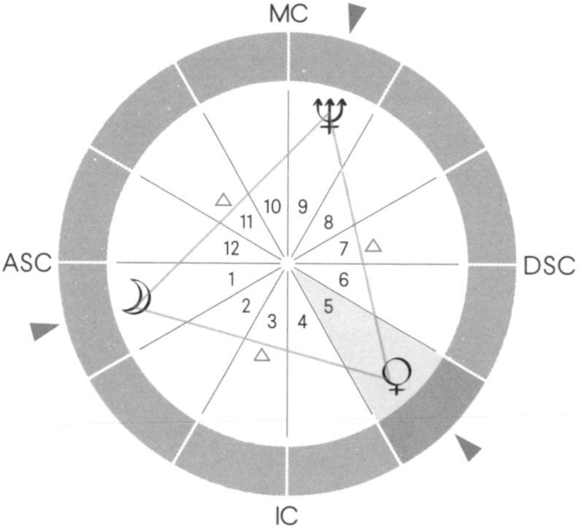


創造出帶給人們夢想事物的人

## 月亮、金星、海王星形成大三角

金星與海王星形成的三分相代表細膩的情感，善於在藝術領域表現美感的事物。當象徵大眾性的月亮加入這個相位後，就會賦予一個人創造出令大眾產生共鳴的作品的才華，你會如同呼吸一般，持續地將詩詞、音樂、畫作呈現給世人，帶給人們勇氣與夢想。如果金星落在第5宮，並與海王星形成三分相，出於興趣製作的作品則會沐浴在聚光燈下。這是「在社群網路上介紹作品，被電視報導後一躍成為知名人士」的人身上常見的相位。

## 生活方式鼓勵著他人的人

### 太陽與土星在第9宮形成0度或對分相

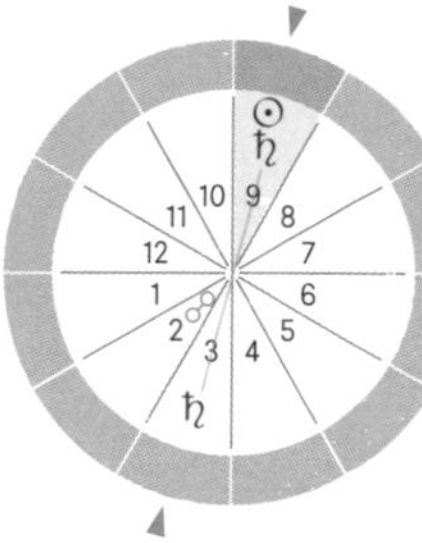


太陽與土星形成合相，是人生自力更生的證明。雖然絕非精明之人，卻能心懷信念腳踏實地累積努力，最後獲得成功的相位。當這個相位落在第9宮，你一心一意地追求理想的生活方式會受到尊敬，並影響許多人。如果是對分相時，嚴峻度會提升，你肩負著苦難，時而遭受挫折仍持續前進的身影，將會感動眾人。年輕時雖然勞心勞力，但在到了一定年紀後，就會成為很有深度的人物。

## 有出色品味，成為受人憧憬的對象

### 月亮與金星在第1宮或第7宮形成合相

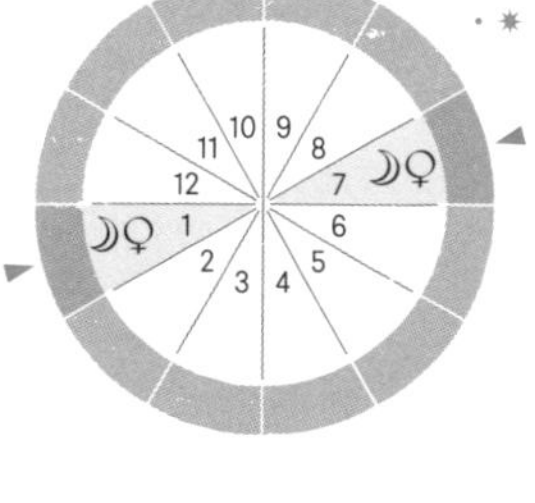


月亮與金星形成合相的人，言行舉止都十分溫柔且可愛，容易獲得眾人的好感。如果這個相位落在第1宮，就會因為美感十分優秀，善於挑選襯托外表的色系或服裝，再加上性格善良而受到眾人喜愛。另一方面，落在第7宮的月亮與金星，則顯示著會獲得擁有高雅品味的夥伴或朋友。受到周遭人們的影響，你也會自然而然地親近美好事物，鍛鍊品味。兩種相位都有深受女性歡迎的傾向。

# 不知危機為何物的星盤

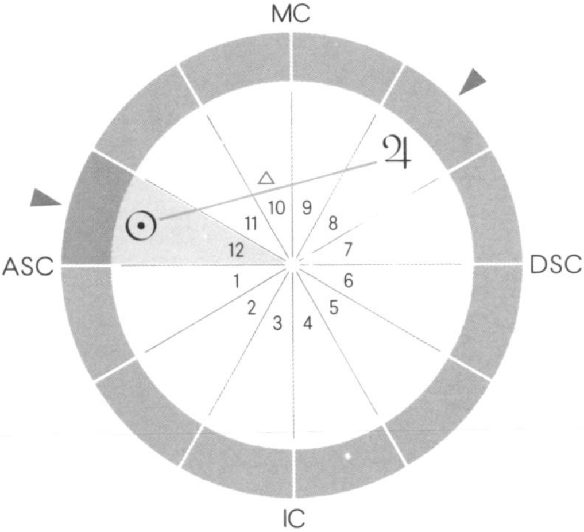


## 總是受到周遭相助的人

### 太陽與木星在第12宮形成三分相

太陽與木星形成三分相，代表著樂天且積極正向的個性，樸素而悠閒自得，是容易令人產生好感的相位。再加上太陽如果落在第12宮，就暗示著擁有「幫助運」，在爆發麻煩或困難，不知該如何是好時，就會有人伸出援手，或獲得解決方案。此外，由於擁有這種相位的人通常不太在意自己的面子，因此在需要幫助時會坦率地說出「幫幫我」，結果常在事態變嚴重之前，問題就得到解決。

# 百折不撓的星盤

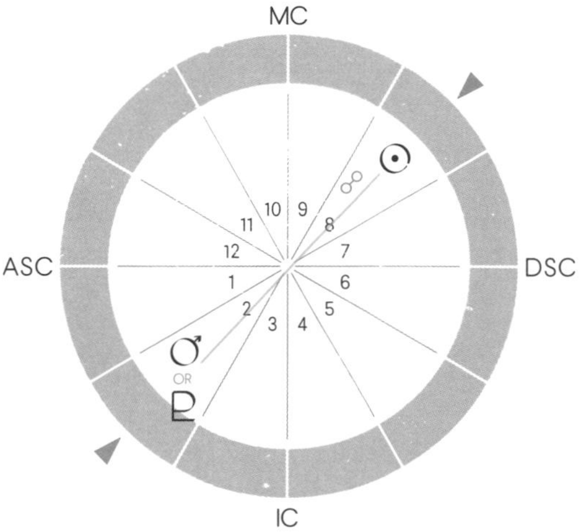


## 翻轉局勢掌握勝利的人

### 太陽與火星或冥王星形成對分相

火星或冥王星與太陽形成對分相，是擁有翻轉運之人的特徵。太陽與火星呈180度，會塑造出頑強而討厭落敗的人；太陽與冥王星呈180度，則會塑造出不顧一切地努力的個性。再加上對分相原本就含有「持續面對問題的強悍」，在這些效果相輔相成之下，賦予太陽力量，使得這個人即使受挫也會重新站起來。擁有這種相位的人，總會挑戰面對某些事物，否則容易顯得有太多力量無處可用。愈是忙碌時，身心狀況反而會愈好。

## 名媛的星盤

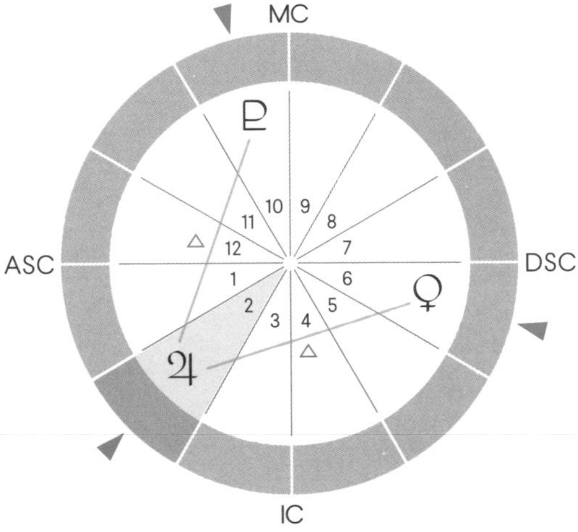


### 能不需辛勞就過著富裕生活的人

#### 落在第2宮的木星與金星或冥王星形成三分相

木星落在第2宮顯示著「豐饒」，可以期待擁有社會性成功或豐盛的財富，光是如此就可以說有強大財運了，如果再與金星或冥王星形成三分相，就堪稱恐怖至極。與金星呈120度代表高度的美感意識，會將錢花在美食或時尚上，不過也擁有強大運勢，能賺回花掉的收入。另一方面，與冥王星呈120度是成功人士常見的相位。你擁有指揮團體的能力，極有可能鼓舞工作夥伴，締造驚人的業績。由於這兩種相位都擁有浪費傾向，請嚴格管理財務。

## 從他人手中繼承許多事物的人

### 落在第8宮的太陽或木星與其他行星形成吉相位

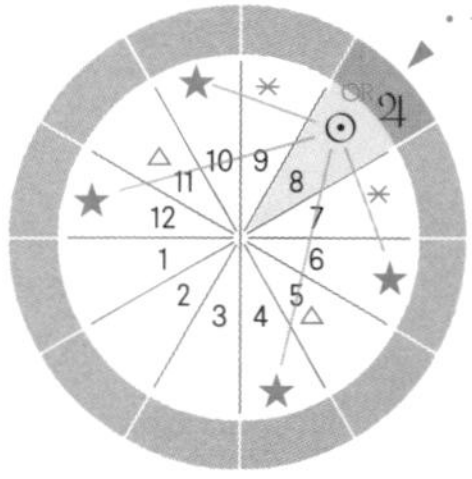

如果有行星落在第8宮，就代表有「繼承」某些事物的緣分。尤其如果是太陽或木星落在這個宮位，又與其他行星形成吉相位時，代表有很高的可能會繼承祖先或前人的社會地位或財產。第8宮也代表配偶的財運，所以也可能會因為結婚而提升社會地位。繼承的事物未必一定是錢財，也包括技術、傳統、人脈等無形的財產在內，可以從形成相位的行星一定程度地推測出具體而言會繼承什麼事物。

## 容易遇見機會的人

### 太陽與木星180度，木星落在第1或第9宮，與其他行星形成吉相位

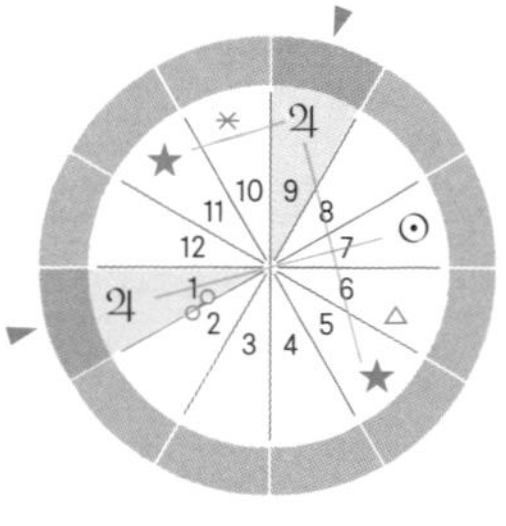

太陽與木星的對分相會為你的生命力帶來多得不得了的機會，在日常生活中也容易發生幸運事件。你雖然會變得相當忙碌辛苦，不過就結果而言，有很高的機率能在短期內晉升或掌握成功。此外，落在第1宮或第9宮的木星代表高度精神性，溫和而高潔的人品會吸引許多合作夥伴或支持者。如果與其他行星形成吉相位，機會就會透過支持者降臨。

# 消除針對星盤擔憂之處的Q&A

本書到目前為止從各種角度介紹了解讀星盤的方式。

不過，這種「解讀方式」只是其中一種範例，根據占卜者的思考方式，以及時代的演變，解釋也會隨之變化。你目前才剛站上起跑線，從現在起，請盡量閱讀星盤，判斷「或許還有這種解讀方式」，建立起屬於自己的解讀方式。

接著，在這裡回答幾個今後在解讀星盤的過程中，可能會浮現腦海的疑問。

## Q 我用網路上的免費資源製作星盤，為什麼會有差異？

**A 根據宮位的計算方式不同，劃分界線的方式及星辰位置都會有所改變。**

劃分星盤的宮位，有各式各樣的計算方式。本書的網站使用的是稱作「柯赫制」的方式，除此之外還有「普拉西德制」、「太陽宮位制」等，其他網站會使用不同方式，以此為準計算的話，宮位劃分的方式或大小都會隨之改變。每一種計算方式都有優缺點，先以一種方式為主，等習慣解讀後再嘗試其他方式也可以。

**Q 我經常聽到「逆行」這個詞彙，是行星會逆向移動嗎？**

**A 這指的是「看起來」倒退的現象，行星的影響力會減弱。**

行星通常會從牡羊座以順時針方向，往金牛座→雙子座……雙魚座的順序移動。不過，除了太陽與月亮以外的行星，有段時間會有看似從摩羯座→射手座，或牡羊座→雙魚座的現象，這種現象就稱作「逆行」。當然並不是行星實際在倒退，只是因為與地球公轉速度的差異與行進軌道的緣故，而讓人看起來覺得如此罷了。呈現逆行狀態的行星，影響力會降到大約70％，可視為行星所意味的事物無法順利進行。

**Q 在二元性、三大模式上偏向某一邊，是代表性格上有偏差的意思嗎？**

**A 所謂的偏移是個性的表現，並非判斷「好壞」，而是看成「是怎樣的個性」。**

所謂二元性（陽星座性、陰性星座）、三大模式（開創星座、固定星座、變動星座）的平衡有偏移，代表的是此人多麼有個性。存在著容易強烈表達出個人特質的傾向，比如對事情有所堅持或好惡分明等。如果能將應該發展的事物盡量發展，就有可能成長為可充分活用個人特質、充滿魅力的人。重點在於，那並非「好壞」，而是一個人的個性表現。此外，比如說在三大模式下，有的宮位完全沒有行星坐落，也能受到身邊之人的影響，彌補該宮位的不足。

## Q 我的水元素中沒有半顆行星，是否代表我在情感方面有所欠缺？

## A 元素只是顯示出思考迴路的習慣，並不是缺少情感。

比如說，代表情感的行星是月亮，由於所有人的星盤上都存在著月亮，因此並不是代表沒有情感。

「水」元素代表的的確是情感、情緒，不過比起性格，更是在顯示思考迴路的習慣。即使思考的是同一件事，如果是缺少水元素，較多風元素的人，思考時就會先想到理論面，接著是現實面，最後才是情感面。這並不是說欠缺情感，而是說先從其他角度開始思考，比較容易著手。

## Q 代表婚姻的第7宮及代表家庭的第8宮沒有行星！是我的婚姻運很弱嗎？

## A 沒有行星坐落的宮位，代表的是不包括可視為人生高潮的話題。

如果有行星坐落在宮位中，無論好壞，該宮位的確都都十分「強大」，但是沒有行星並不代表你無法結婚。比如說，如果是寫自傳，有行星坐落的宮位就會充滿足以寫好幾頁的話題；沒有行星的宮位，就會幾乎用不到一頁。意味婚姻的第7、8宮裡沒有行星坐落，並不是代表結婚運弱，而是可以解讀成「過著平穩的婚姻生活，不會發生可成為人生高潮的事情」。

Q 代表金錢的第2宮位裡沒有行星，是表示我的人生與財富無緣嗎？

A **財運不只看第2宮，也要看第8宮，此外也要確認金星、太陽的狀態。**

第2宮指的是金錢或經濟，尤其指一個人親手工作賺取的財富。如果這個宮位沒有行星坐落，與其說是與財富無緣，不如說是在人生中沒有什麼與「自己獲得的財富」相關的話題。也可能是當事人並不看重金錢。根據代表從他人手中獲得財產的第8宮狀態而定，或許會有與「繼承財富」相關的話題，而財富的狀況也會根據金星或太陽、接近天頂的行星狀態等有所差異。

Q 代表限制的行星・土星形成許多相位，是代表我的人生會受到諸多限制嗎？

A **這代表的是有許多應該克服的主題，換言之，會獲得許多成功的機會。**

「土星＝限制眾多」這個含義是不能一概而論的，如果土星造成正面影響，就會帶來信任、努力、耐性，或成為某些方面的專家等，有在人生中獲得重大成就的可能性。土星之所以會有「壓抑」的形象，是因為這代表的是在人生中有許多應該克服的主題。當土星形成許多相位時，代表著從許多方面都有需要克服的事件降臨，雖然或許需要耗費各種工夫，但也表示增加了許多成功的機會。

**Q** 太陽或木星等重要的行星形成許多凶相位，是代表人生困難重重嗎？

**A** **雖然存在許多不以為苦的波折，人生或許仍會有重大成就。**

重要的行星形成許多凶相位的人，在人生當中需要下足工夫，或許需要多少繞點遠路。不過當事人似乎不覺得有那麼困難或辛苦。這類人的特質原本就是多屬「如果沒有些許風波，就沒有努力度日的感覺」的強者。對於呈許多凶相位的人而言，所謂的「美好人生」，就是即使多少有些波折，結果還是能獲得真正追求的事物，並有重大成就，因此大多不會將其視為艱辛的人生。

**Q** 如果愛之星・金星形成凶相位，是代表戀情會有障礙嗎？

**A** **有的或許並非障礙，而是「學習」。以吉星為武器加以應對吧。**

這代表的或許並非障礙，而是代表在戀愛方面有需要學習的事物或跨越的主題。不過，金星代表的並不只是戀愛，還有財富、藝術等各式各樣的含義。此外，也會根據顯示一個人基本特質的太陽或月亮的狀態等而有所差異，因此難以一概歸納成「戀情有困難」。無論如何，跨越障壁的方法要多少有多少。其中一種，是以在自己星盤上強大（狀態佳）的行星作為武器，再搭配與對方之間的契合度，將吉星作為王牌來應對，就有可能談一場幸福的戀愛。

# 第 4 章

# 透過星盤診斷契合度

# 基本、戀愛、婚姻三大契合度

## 你與周遭人們之間的契合度

「人無法獨自生存」，是一句常見的話。就廣義而言，指的是生活上難以自給自足的現代社會；而另一種意義則是在我們的人生中總會與其他人有關，由家人撫養長大，向朋友、長輩、老師學習許多事物，在喜怒哀樂中成長。在出社會後，就會與更多人產生關聯，並締結戀愛、結婚這種特殊的人際關係，接著又增加了家人……一切事情都與人密不可分。

有的人第一次見面就意氣相投，彷彿認識許久般相處熱絡；另一方面，也有的人明明已經待在身邊許久，卻不知為何關係尷尬。而在占卜鑑定時，也有許多前來諮詢的問題是類似「我跟這個人能相處順利嗎？」等，與契合度有關的內容。在本章中，首先會仔細檢視從基本性格解讀「基本契合度」、許多人諮詢的「戀愛契合度」及「婚姻契合度」後，再介紹與各式各樣的對象之間契合度的診斷方式。

# 透過太陽星座解讀彼此的基本契合度

從下一頁起，會將太陽的十二星座×十二星座的所有模式以表格方式呈現。請檢視你的太陽星座那一頁，並確認你與周遭人們之間的性格契合度。由於是基本契合度，因此不分年齡性別，能適用於所有對象。即使對方是外國人或在外國出生，只要確定太陽星座就能占卜。

在表格中塗了底色的星座，是與你的太陽星座相同元素的星座，代表著價值觀合得來的良好契合度。即使會與在星盤上處於完全相反的兩側（對立，２６７頁）的星座互斥，仍是不容忽視的契合度。

## 基本契合度簡易指南

- ＊同星座的兩人之間容易互相理解，契合度佳。另一方面，也會有過於親密的傾向。
- ＊元素相同，同為火象、土象、風象、水象星座的兩人之間會很投緣。
- ＊火象與水象、土象與風象之間的性格會完全相反。
- ＊火象與風象、土象與水象之間的契合度有相乘效果。

# 牡羊座的你與十二星座的基本契合度

**雙子座**▶兩人都是靈活度高的行動派，興趣或想做的事情如果一致，就會非常合得來。雖然能一同度過愉快的時光，但因為兩人都是三分鐘熱度，欠缺持續性。或許需要努力維繫交流。

**金牛座**▶與活躍的牡羊座相反，金牛座屬於文靜型。乍看之下並不平衡，不過只要能確實將彼此的職責做好分工，就會是很好的一隊搭檔。雖然是由你主導的關係，不過只要不是單方面，也尊重對方的執行力就會是◎。

**牡羊座**▶兩人的性格傾向原本就十分相似，也因此一旦表現出討厭失敗的一面，或許就容易起爭執。另一方面，當擁有共同的目標或興趣等指標時，就能以良性競爭對手或令人放心的夥伴身分組隊。

**處女座**▶你對處女座的印象是「細膩」、「神經質」，而對方則容易覺得你「沒神經」，乍看之下或許是水火不容的關係。不過，務實的處女座同時也是能彌補你不足之處的可靠對象。

**獅子座**▶兩人都同樣討厭失敗也同樣努力，是會互相認同，成為良性競爭對手關係的契合度。當意見不合時，可能會有固執己見而爭執不下的危險，但只要你主動既往不咎，就能維持良好的關係。

**巨蟹座**▶巨蟹座驚訝於牡羊座的大膽，同時也感到羨慕。而對方會讓你感覺像與家人相處般平靜舒適，因此一旦熟稔起來，關係就會出乎意料地融洽。面對個性纖細的對方，你需要注意避免直截了當地說得太過頭。

**射手座**▶兩人都是直覺型且十分活躍，也有許多共同點，似乎能一見如故，意氣相投。雖然是十分合拍，無論做什麼事都十分享受的搭檔，卻也容易順勢而行，所以在工作等實務方面上令人有些擔心。你似乎需要擔任輔助角色。

**天蠍座**▶對於外向的牡羊座而言，內向的天蠍座就某方面來說是神祕的存在。由於天蠍座十分謹慎，是需要花費時間才能消除隔閡的類型。不過一旦敞開心房，就會將你視為可信任的對象，所以請有耐心地建立這段關係。

**天秤座**▶天秤座具協調性且處事精明，相對地，牡羊座則有著魯莽笨拙的一面，所以或許是截然不同的類型。不過，正因為不同才容易互相吸引，能彌補彼此之間所缺乏的事物，可說能成為很棒的搭檔。

**雙魚座**▶是由牡羊座掌握主導權的組合。雙魚座會配合牡羊座，不過因為依賴心重，可能會覺得一味走自己的路的你「薄情寡意」。如果能隨時關心，對方就會更仰慕你。

**水瓶座**▶兩人都很友善，是感情要好的契合度。雖然說是由牡羊座在引導的關係，不過配合度高的水瓶座也很合拍。由你來將對方的點子付諸執行，就能發揮良好的默契。

**摩羯座**▶牡羊座單純明快，摩羯座深思熟慮，兩人很容易感覺到彼此間價值觀的差異，需要花費時間才能消除隔閡。面對摩羯座時，誠實非常重要，只要不將意見強加在對方身上，尊重彼此間的差異，就能培養信任關係。

# 金牛座的你與十二星座的基本契合度

**雙子座▶**求知欲旺盛的雙子座，是聊起天來很開心的對象。若是待在一起，對方會告訴世界顯得狹隘的金牛座各式各樣的資訊。另一方面，處事精明卻三分鐘熱度的對方，也常令你感到不知所措。是需要理性思考作判斷的契合度。

**金牛座▶**兩人同星座，價值觀也相似。由於彼此都較為保守，需要花費時間才能熟稔，但一旦熱絡起來後，就會關係良好。雖然是令人安心而穩定的契合度，不過由於兩人同樣固執，一旦吵架就有冷戰的傾向。

**牡羊座▶**由於牡羊座相當活躍，穩重型的金牛座得耗費心力才能跟上，可說是節奏合不來的契合度。然而，跟對方待在一起，行動範圍也會擴大，是能讓生活模式趨向固定的金牛座拓展自身世界的對象。

**處女座▶**能自然而然地熟稔起來的組合。處女座細心體貼，令人能放心把各種事交給他，對方也能被你療癒而敞開心房。藉由對彼此關心體貼，雙方能建立非常良好的關係。

**獅子座▶**獅子座是領導型，而溫厚的金牛座則會追隨他，是能建立良好關係的契合度。雖然凡事只要交給果斷的對方「就能放心」，但由於彼此都相當頑固，一旦起了爭執，就需要花費時間才能修復關係。

**巨蟹座▶**是容易熟稔的契合度。由於彼此追求的都是家人般的感覺及誠實的關係，待在一起就能感到放心。雖然能建立良好的關係，不過獨占欲強的巨蟹座會希望建立只有兩人的世界，或許會令你感到有些窒息。

**射手座▶**對於穩定型的金牛座而言，大膽的射手座是無法預測的對象，常會發生「搞不懂為什麼要做那種事」的情況。然而，眼界遼闊的射手座也是能讓你學習全新價值觀的對象，因此請接受對方的自由吧。

**天蠍座▶**兩人乍看之下完全相反。由於天蠍座的警戒心強，一開始會給人難以接近的印象。不過，對方既誠實又一心一意，只要花費時間獲得信任，就能建立良好關係。尤其在戀愛方面，會培養出穩固的感情。

**天秤座▶**兩人的美感都十分優秀，品味方面也十分相似，會擁有良好印象。但另一方面，由於根本上的價值觀有細微差異，容易令人感覺偏差。關鍵在於必須理解彼此的差異，並且不要過度介入。

**雙魚座▶**金牛座的情感穩定，雙魚座的個性纖細，由於能不著痕跡地互相輔助，是容易互相吸引的契合度。雖然容易成為朋友，但也存在只要情感上有所偏差，關係就會惡化的一面。重要的是確實將關心的話語說出口的態度。

**水瓶座▶**對於感覺型的金牛座而言，講求邏輯的水瓶座是難以相處的對象。不過由於對方擁有很具個性的想法，是同時能拓展你的眼界的契合度。不要一味地關注差異，而是尊重能互相認可的地方，就能建立良好關係。

**摩羯座▶**兩人同是現實主義者，價值觀相似。由於同為謹慎型的人，需要花費時間才能消除隔閡，但由於基本上契合度佳，而能一點一點地建立信任關係。是隨著往來愈多，就愈能體會到彼此優點的關係。

# 雙子座的你與十二星座的基本契合度

**雙子座▶**兩人個性相似，十分有默契。興趣與話題也聊得來，是能夠一同愉快度過時光的關係。契合度絕佳，不過由於彼此都不會過於深入，關係容易流於膚淺，需要努力維繫關係。

**金牛座▶**雙子座是行動派，金牛座是謹慎派，基本上是步調不合的組合，但金牛座的堅韌或包容力，是雙子座所沒有的特質。若能尊重這一點，由你來主導，就能發揮良好的默契。

**牡羊座▶**兩人都擁有行動力，且十分合拍，如果感興趣的方向一致，契合度就會無比良好。對於一同享受想做的事的雙子座來說，勇於冒險的牡羊座應該能成為你的好搭檔。不過，由於對方較為急躁，考慮到這一點很重要。

**處女座▶**彼此都是知識型，但兩人的方向不同。神經質的地方也十分相似，堅持的部分則不同，可說是容易感受到微妙偏差的契合度。話雖如此，由於彼此都有值得尊敬的地方，只要保持一定距離就能友好相處。

**獅子座▶**雙子座為投射型，獅子座為執行型，若是由獅子座實現雙子座的點子，就能合作愉快。可說是一起做事時最強的組合。由於雙子座容易成為支援角色，所以要好好控管。

**巨蟹座▶**相對於追求家人般關係的巨蟹座，雙子座則喜愛自由，價值觀不同的對象容易令你喘不過氣。然而擅長照顧人的巨蟹座如果成為夥伴，會是非常可靠的對象。只要保持適度的距離，應該就能建立良好關係。

**射手座▶**好奇心旺盛的兩人，是容易互相吸引的組合。雖然契合度佳，卻也因為十分相似而容易變成競爭對手。或許需要注意容易競爭而吵架這點，若能發展成切磋琢磨、互相成長的關係是最好的。

**天蠍座▶**對於喜歡廣而淺的交流的雙子座而言，期望窄而深入關係的天蠍座是價值觀合不來的對象。是容易在溝通上失之交臂的關係。重要的是理解彼此間的差異與個性並加以尊重。

**天秤座▶**兩人都既有知性品味又是交際高手。你們的價值觀也相似，可以馬上互相理解彼此想說的話，是知己程度的契合度。雖然能舒適地往來，不過相乘效果無論好壞方面都相當大，關鍵在於必須自制，別被拉往歧途。

**雙魚座▶**雙魚座是能夠配合人的類型。由於也能配合雙子座的點子或興趣，而讓你能愉快地主導。不過對方的依賴心也重，可能很容易增加你的負擔。為了維持良好的關係，保持適度的距離感很重要。

**水瓶座▶**兩人都是知識分子，也有追求變化的強烈傾向。因此能培育出良好的關係，成為互相刺激、一起成長的存在。契合度出類拔萃，不過美中不足的是雙方也都是三分鐘熱度。藉由在團體中交流，應該能長久往來。

**摩羯座▶**雙子座是進步派，摩羯座則是保守派，是一開始就容易令人感覺「合不來」的組合。另一方面，在工作等實務上則能合作愉快。對方能將你的想法在現實面上經由妥協後統整起來，似乎能成為很好的搭檔。

# 巨蟹座的你與十二星座的基本契合度

**牡羊座▶**你常會被不顧一切往前衝的牡羊座牽著鼻子走，容易形成只有單方面的關係，是會累積壓力的契合度。不過，當有共同目的時，能成為指揮塔的牡羊座就會是非常可靠的存在。這段關係中的角色分配非常重要。

**金牛座▶**兩人的價值觀一致，是共同點眾多的契合度。由於彼此都是重視家庭或生活的類型，能成為即使什麼也不說仍能互相理解的關係。另一方面，由於常會建立只有你們倆的世界，使眼界變得狹隘，因此要意識到與社會的接觸點。

**雙子座▶**巨蟹座感性，雙子座理性，是容易切身體會到價值觀差異的關係。不過，學識淵博的雙子座似乎會為你展現截然不同的世界。只要不完全將對方的言行舉止當真，在某種程度上聽過就算，就能建立良好的關係。

**巨蟹座▶**同星座的兩人，十分有默契。是即使不多說也能互相理解的契合度。待在一起十分舒適，只要不忘記體貼，關係就能長久維持下去。不過，由於會散發出一種令他人不敢靠近的氛圍，因此與其他人交流也很重要。

**獅子座▶**細膩的巨蟹座會依偎在具領導能力的獅子座身邊，兩人是這樣的關係。只要你支持對方，對方也會保護你。不過，一旦意見或主張起衝突，可能會長時間僵持不下，因此需要你主動退讓一步。

**處女座▶**兩人都十分細膩且細心體貼，是能夠分擔煩惱，待在一起十分放心的組合。不過因為雙方都有些怕生，需要花費時間才能消除隔閡。重要的是慢慢培養感情。

**天秤座▶**天秤座是外向型，而巨蟹座是內向型。兩人感興趣的向量不同，是難以理解彼此的關係。天秤座喜歡廣泛與人交流，因此容易令獨占欲強的巨蟹座產生不信任感。重點在於要接納彼此的不同，別過於束縛對方。

**天蠍座▶**兩人都十分情緒化且重視他人的心情。由於情感機制相似，是自然而然地能傳達彼此想法的「心領神會」的契合度。由於重視一心一意及誠實，能培養出更為堅韌的感情。不過也有容易排他的問題，需要注意。

**射手座▶**射手坐落落大方的態度，看在巨蟹座的眼裡反而是粗率且沒神經；射手座也覺得巨蟹座十分死板，兩人湊在一起相處，會十分辛苦。然而，樂天派的射手座卻能拯救容易消沉的巨蟹座，可說是互補型的契合度。

**摩羯座▶**兩人都十分保守且踏實，在生活方面的價值觀也有許多相似之處。另一方面，家庭性的巨蟹座與社會性的摩羯座之間，對於社會上角色的意識則有很大的差異。如果角色分工得好，就能建立非常好的關係。

**水瓶座▶**對於重視心情的巨蟹座而言，愛講理的水瓶座是講不贏的對象，因此令你容易累積挫折，但你又會從理論派的水瓶座身上感受到自己所沒有的魅力。若能以寬敞的心胸接納，應該就能建立良好的關係。

**雙魚座▶**兩人在情感豐富這點很相似，是能感覺到療癒的組合。待在一起會十分放心，而隨著關係愈來愈親密，信任程度也會加深。雖然堪稱是「默契絕佳」的名搭檔，不過由於兩人都容易受情緒左右，或許很容易欠缺果斷。

# 獅子座的你與十二星座的基本契合度

**雙子座▶**兩人都是開朗的行動派。雙子座的見多識廣對於獅子座很有助益，而獅子座的執行力則能拉著雙子座前進，因此能進一步擴大彼此的行動範圍。只要不束縛住自由的雙子座，兩人就能維持良好的關係。

**金牛座▶**兩人的性格傾向完全相反，但頑固之處卻十分相似。由於兩人都不會主動低頭，是一旦吵架，關係就難以修復的組合。另一方面，由於在生活中所重視的事物，如購物或美食等容易想法一致，只要配合喜好就會關係良好。

**牡羊座▶**兩人都擁有堅強的意志，是能夠互相刺激、一起成長，具發展性的契合度。能成為追尋同一個目標的夥伴或良性競爭的對手，互相切磋琢磨。不過，由於雙方有堅持主張互不相讓而起爭執的危險，讓步的態度也是很重要的。

**處女座▶**對於領導型的獅子座來說，處女座是會成為能幹祕書的存在。然而，那是當獅子座在權力關係中處於上位時的情況，如果立場顛倒，反而容易顯得尷尬。視情況而定，必須注意謙虛或態度謙遜。

**獅子座▶**兩人十分相似，契合度出類拔萃。由於前進的方向容易一致，會以強大的動力與決心達成許多事。然而，由於在起衝突時也會竭盡全力，吵起架來容易鬧得很大。禮讓之心是關係圓滿的祕訣。

**巨蟹座▶**犧牲奉獻型的巨蟹座會支持著強而有力的獅子座，兩人之間是這樣的關係。雖然因為類型不同而容易互相吸引，但相對地，在價值觀或情感方面也容易產生摩擦。你不只是拉著天真浪漫的巨蟹座前進，重要的是還得時時以寬廣的心胸關懷體貼對方。

**射手座▶**雙方都是積極的行動派。擁有崇高理想的兩人，是能互相刺激、一起成長的契合度。雖然是能共享夢想或目標，並加以支援的關係，但若是其中一方遭受挫折，就會形成奇妙的氛圍。你需要無論何時都能認同對方的度量。

**天蠍座▶**對於態度開放的獅子座而言，戒心很強的天蠍座是難以理解的存在，是難以融洽相處的組合。不過若能讓對方敞開心扉，就能互相尊重彼此的信念。若能花費時間構築起關係是最好的。

**天秤座▶**這是善於交際的出色組合。獅子座是能拉動周遭的類型，而天秤座是能整合眾人的類型，兩者可說是平衡性佳的契合度。另一方面，則可能因為雙方都過於在意外表，使得腳步有些不穩，因此需要更穩固一些的觀點。

**雙魚座▶**對於愛撒嬌的雙魚座而言，獅子座是能守護他的存在。由於對方十分坦率地表達對你的仰慕，你也會覺得幹勁十足。另一方面，情感上則容易產生偏差。在面對纖細的雙魚座時，需要特別注意講話方式。

**水瓶座▶**兩人都十分重視自己的生活風格或個性，相似之處眾多，是容易互相吸引的契合度。另一方面，由於彼此的個性及主張都很強勢，有無法坦率而互斥的一面。你要成熟一些，退讓一步的態度是很重要的。

**摩羯座▶**獅子座是活躍型，摩羯座是謹慎型，在生活步調或價值觀上都容易感覺到落差。另一方面，兩人在社會方面都上進心強且野心勃勃，因此是作為競爭對手時會甘拜下風的關係。如果擁有共同的目標，就能建立起良好關係。

# 處女座的你與十二星座的基本契合度

**雙子座▶**兩人都是健談的知識分子，乍看之下似乎很合得來，但由於你們感興趣的知識方向並不同，是容易感覺到落差的契合度。對處女座而言，雙子座顯得有些輕率，不過如果將他視為能提供不同觀點的存在加以尊重，就能關係良好。

**金牛座▶**兩人都真誠而踏實，契合度出類拔萃。雖然缺少刺激，卻是能給人溫暖安心感的組合。不過，一絲不苟的處女座也可能會被態度一派悠閒的金牛座搞得煩躁不已。若能好好地引導，就能維持良好的關係。

**牡羊座▶**牡羊座講求迅速，處女座講求謹慎，是節奏不合的契合度。不過，對於纖細的處女座而言，精神強大的牡羊座也是你憧憬的對象。不要一口氣縮短距離，而是花費時間建立良好的距離感。

**處女座▶**同星座的兩人，是默契很好的契合度。由於雙方都是謹慎派，無法一認識就志同道合，但是會透過工作等情況，在作業過程中培養信任。只要維持體貼的心，就保持良好關係。

**獅子座▶**處女座會追隨值得信賴的獅子座，兩人之間是這樣的關係。處女座的細心體貼，對獅子座而言也是很有幫助的存在。雖然能建立良好的關係，但處女座可能會有被迫忍耐的情況，因此別勉強自己配合對方，要注意適當地「斟酌」。

**巨蟹座▶**對於纖細的處女座而言，巨蟹座是能理解你情感細微之處的存在，能讓你產生「受到理解」的安心感，培養良好關係。另一方面，巨蟹座的獨占欲強，因此最重要的是一旦承諾了就不能背叛的誠實。

**射手座▶**對於管理能力強的處女座而言，行事隨興的射手座是超乎理解範圍的存在。雖然很容易被耍著玩，但你也有被樂天派的射手座拯救的一面。另一方面，對於對方而言，處女座顯得較神經質，因此重點在於不要凡事都出手干預。

**天蠍座▶**兩人都很認真而責任感強。天蠍座給人乍看難以接近的感覺，因此一開始會難以融洽相處。另一方面，對天蠍座而言，處女座則是足以信任的存在。而且這份感覺會隨著時間愈來愈強，能成為待在一起就很放放心的夥伴。

**天秤座▶**善於交際的天秤座對處女座而言是耀眼的存在。會不著痕跡地關心人，令你有很好的印象。此外，務實的處女座能成為天秤座的良好後援。不過，必須注意別因為對天秤座抱持期待而太過嘮叨。

**雙魚座▶**處女座與雙魚座的關係，會是處女座負責照顧雙魚座。由於雙魚座會仰賴責任感強的處女座，而讓你總覺得「該做些什麼」，因此變得像對方的監護人一樣，使得關係失衡。重要的是別做過頭，保持適度距離的態度。

**水瓶座▶**處女座講求紀律，水瓶座熱愛自由。兩人雖然同為知識分子，價值觀卻不同。水瓶座過於獨特的思考方式會令你手足無措，不過若能改變角度，也能學到許多。藉由在現實面上加以輔助，就能培養良好關係。

**摩羯座▶**兩人都很踏實而認真，有許多共同點。只要由處女座引導保守的摩羯座，就能加深關係。尤其如果擁有相同的目標，在工作等合作上就能成為以絕佳默契進展的最佳夥伴。

# 天秤座的你與十二星座的基本契合度

**雙子座▶**具靈活度且出色的兩人，契合度出類拔萃。總有聊不完的話，是待在一起十分自然的關係。然而，你們雖然尊重彼此的自由，卻也容易造成關係膚淺。為了維繫關係，有時聊些深入的話題，比如說分享煩惱也是很重要的。

**金牛座▶**兩人的美感極高，是認同彼此品味的組合。如果興趣或嗜好合得來，就能培養出非常良好的關係。另一方面，對方的固執也會令你感到疲倦，為了維持感情，建議保持若即若離的關係。

**牡羊座▶**牡羊座積極主動，而天秤座則尊重和諧，是能互補缺少部分的契合度。你會受活躍的牡羊座刺激，但相反地，也會感覺到他不拘泥的一面。別讓對方過度踏入自己的領域，保持一定的距離，就能維持良好關係。

**處女座▶**對天秤座來說，處女座是完美主義且嚴厲的存在。雖然處女座容易覺得你是「處事精明的人」，不過其中蘊含了羨慕天秤座高度溝通能力的念頭。若能尊重對方的的意見，對方將會成為令人放心的盟友。

**獅子座▶**喜愛華麗事物的兩人，是容易互相吸引的契合度。藉由善於拿捏平衡的天秤座來輔助領袖型的獅子座，能建立良好的關係。雖然天秤座總會需要讓步，但或許不會感到很難受。

**巨蟹座▶**對於總是保持冷靜的天秤座而言，巨蟹座有些棘手，你可能會覺得「真是個沉重的人」。不過，一旦與善於照顧人的巨蟹座熟稔起來，他會成為可靠的存在。首先如果能從在團體中相處著手，應該就能抹去覺得對方難搞的感覺。

**射手座▶**對天秤座而言，具行動力的射手座是可靠的存在，你總會受到積極正面的射手座鼓舞。射手座雖然可以主導，卻會有些小毛病，比如說漏掉關鍵重點等。如果由天秤座握住韁繩，就能維持好這段關係。

**天蠍座▶**天秤座追求廣闊的交流，而天蠍座則追求窄而深入的交流。是容易感覺到價值觀落差的契合度。另一方面，天蠍座也憧憬著天秤座的品味，並對你感興趣。只要認真地面對，就能逐漸消除隔閡。

**天秤座▶**同星座的兩人波長相合，價值觀及興趣也很合得來，因此會自然而然地就建立良好的關係。另一方面，你們就連不說真心話的傾向也很相似，因此實際上得花費時間才能敞開心房。請確實地傳達你的真正想法。

**雙魚座▶**對於會與任何人保持一定距離的天秤座而言，因為愛撒嬌而與他人之間的界線模糊的雙魚座，是令人不知道該如何應付的對象。另一方面，也有許多能向善於撒嬌的雙魚座學習的地方。如果你能下定決心主動依賴對方、說出真心話，就能建立全新的關係。

**水瓶座▶**兩人的求知欲都很旺盛，是平衡感極佳的契合度。對水瓶座而言，天秤座的靈活度充滿魅力，並希望能學習這份品味。如果能偶爾交流討論，傳達真心話，就能培養出更良好的關係。

**摩羯座▶**對於踏實的摩羯座而言，天秤座似乎給人誇張的印象。雖然很容易覺得兩人合不來，但實際上卻對天秤座的溝通能力欽佩不已。此外，耿直的摩羯座也是能在工作等社會方面促使你成長的對象。

# 天蠍座的你與十二星座的基本契合度

**雙子座▶**雙子座對時尚很敏感，天蠍座則不會受潮流所影響，是容易感覺到價值觀差異的契合度。雙子座喜愛淺而廣的人際關係，相對地，天蠍座則是獨占欲強，常會因此吃醋。不加以束縛、尊重對方自由的態度是很重要的。

**金牛座▶**兩人都是一心一意且真誠以對的類型，認為彼此都是「可信任的對象」，是容易互相吸引的契合度。不過因為雙方都很謹慎，需要花費時間才能熟稔起來。此外，兩人在頑固這點上也很相似，一旦吵架可能會拖很久。

**牡羊座▶**兩人在充滿熱情這點很相似，不過牡羊座是外放型，天蠍座則是隱藏型。一旦起了爭執，雙方可能都會十分逞強而搞得很嚴重。因此你需要成熟一些，擁有控制住對方的氣魄。

**處女座▶**對於纖細的處女座而言，凡事不動如山的天蠍座是令他欽佩的存在，而天蠍座也很佩服處女座細膩的關懷體貼，因此會是平衡良好的契合度。不過，由於雙方的戒心都很重，或許需要花費一些時間，才能消除隔閡。

**獅子座▶**兩人在意志堅定，「我走我的路」這一點上十分相似。然而，外向型的獅子座與內向型的天蠍座所前進的目標不同，因此是難以與彼此靠近的契合度。有時退讓一步，擁有配合對方的度量，就能建立良好的關係。

**巨蟹座▶**同樣重視他人心情的兩人，契合度出類拔萃。你們可說是能彼此理解、相互扶持的最佳拍檔。另一方面，因為自己人的意識很強烈，而容易沉浸於兩人世界裡，因此需要刻意去拓展你們自己的世界。

**射手座▶**對喜愛窄而深入的交流的天蠍座來說，自由奔放的射手座是完全相反的存在，應該常被對方耍著玩。另一方面，對情緒容易影響很久的天蠍座而言，善於重新來過的射手座是有許多地方可以學習的對象。藉由與對方往來，也可以拓展視野。

**天蠍座▶**兩人都是直覺型，且感性相似。愈是關心對方，就愈能「心領神會」，會成為即使不多說也能共享深入部分的關係。另一方面，由於在尚未了解彼此前會互相牽制，因此需要花費時間才能敞開心房。

**天秤座▶**善於交際的天秤座與內向的天蠍座，兩者在「不展現真心」這點上其實十分相似，而不太能解除戒心，若能承認差異，就會有許多收穫。不過要注意避免深入對方的領域。

**雙魚座▶**感覺相似的兩人契合度出類拔萃，精神性強韌的天蠍座，會自然而然地輔助感受性強而纖細的雙魚座，兩人是這樣的關係。此外，雙魚座的溫柔對天蠍座而言是至高無上的療癒。只要不忘記關懷，就能培養長期的良好關係。

**水瓶座▶**兩人都有強烈堅持，是難以找出妥協之處的困難契合度。由於意見或價值觀上的顯著差異，使得兩人的關係往往呈平行線。然而，博學多聞的水瓶座是能拓展你視野的存在，有時你也會被水瓶座奇特的想法所拯救。

**摩羯座▶**凡事都竭盡全力，兩人在認真面對該做的事這一點上十分相似，不過因為能誠實認真的往來，是會令人有安心感的契合度。雖然是能夠彼此信任的關係，但因為兩人連謹慎這點也很像，所以進展步調也較緩慢。

# 射手座的你與十二星座的基本契合度

**雙子座**▶兩人的靈活度高且合拍，是很合得來的搭檔。你們的求知欲都很旺盛，也有聊不完的話，是能夠愉快度過的契合度。在興趣廣泛這點上也很相似，不過由於彼此都是隨興的人，如果不互相關心，關係或許就容易自然消失。

**金牛座**▶射手座積極進取，金牛座消極被動，兩人的行動步調不同，接觸點原本就少。性急的射手座容易對金牛座感到煩躁，但對方累積努力的模樣也有許多值得學習之處。尊重長處的意識很重要。

**牡羊座**▶積極活躍的兩人，可說是電光石火的組合。一旦認識就一拍即合，組隊合作的話，凡事都會迅速進展。另一方面，由於兩人在三分鐘熱度跟討厭失敗這些點上也很相似，需要努力維繫關係。

**處女座**▶處女座是現實主義，射手座是理想主義，因此是難以互相理解的組合。精打細算的處女座或許會令你感到受拘束，但對方如果能成為夥伴，他的縝密度或計畫性會成為令你感到很放心、非常可靠的存在。關鍵在於首先要接納意見。

**獅子座**▶是能夠尊重彼此、互相協助的契合度。可靠的獅子座會成為夢想遠大的射手座強力的後援。雖然可能會感覺到壓力，但只要豁達地接納，就能維持良好關係。

**巨蟹座**▶保守的巨蟹座會覺得「跟不上」射手座的大膽無畏，而射手座往往會無視於巨蟹座的關心，是個常會擦身而過的組合。話雖如此，巨蟹座的勤懇仍有參考價值，請仔細觀察。

**射手座**▶同星座的兩人契合度佳，一相遇就立刻志同道合。由於能夠互相理解、尊重，而能建立非常良好的關係。不過由於兩人都十分隨興，因此雙方都需要努力勤快地聯絡。

**天蠍座**▶對於開放的射手座而言，沉默寡言的天蠍座是不知道在想些什麼的對象。雖然容易覺得對方難搞，但隨著時間過去，會發現彼此意外地有相似之處。由於天蠍座的持續性有許多值得學習之處，若能慢慢地消除隔閡為◎。

**天秤座**▶友善的兩人契合度很好，由於能尊重彼此的自由，而能建立平衡感佳的關係。雖然能夠愉快地度過，卻也不擅面對麻煩，而容易選擇逃避。需要由你主動加以面對。

**雙魚座**▶射手座我行我素，雙魚座個性纖細，兩人的價值觀雖然相異，但雙魚座出乎意料地依賴射手座。由於浪漫的雙魚座會支持射手座的夢想，不會加以否定，若能好好相處就能獲得活力。

**水瓶座**▶感覺很合的良好契合度，能順利地熟稔起來。由於在熱愛自由、理想主義這點上也十分相似，而能互相刺激、彼此影響。不過，因為兩人都不擅長整合，所以若是由兩人著手的事物，有可能會難以收拾。

**摩羯座**▶摩羯座是不疾不徐型，射手座則是直覺型，乍看之下或許會覺得「合不來」。但事實上，兩人在面對工作或目標時，是屬於能互補不足事物的契合度。一旦搭配得來，就能發揮良好默契。

# 摩羯座的你與十二星座的基本契合度

**雙子座**▶對於一心一意的摩羯座而言，容易變卦的雙子座是難以理解的對象。不過，如果在工作上有相同目的就是另一回事了。企劃力高的雙子座的點子，能交由務實型的摩羯座付諸實行，形成互相合作的關係。

**金牛座**▶希望穩定的兩人，是價值觀一致的契合度。待在一起時能感到平靜，是有安心感的關係。由於兩人都是慢熱型，容易花費時間才能熟稔起來。話雖如此，也會慢慢地培養感情，而不會太過焦急。

**牡羊座**▶牡羊座活潑，摩羯座謹慎，乍看之下是容易感覺合不來的契合度。不過，進攻型的牡羊座與防守型的摩羯座，如果能做好攻守的角色分工，就能發揮良好默契。是能從彼此身上獲益良多的組合。

**處女座**▶雙方都有強烈責任感且務實，自然而然合得來的兩人，能在合作關係中展現名搭檔的本事。雖然在工作表現上發揮高度精確度，但也容易變成公事公辦的關係。如果能擁有相同的興趣，就能培養長久的關係。

**獅子座**▶對於拘謹的摩羯座而言，威風凜凜的獅子座令人覺得有壓迫感。雖然是容易覺得合不來的關係，不過實際上也是能以指揮塔與參謀身分發揮實力的組合。尤其是工作上等社會性場合中，就能成為很好的搭檔。

**巨蟹座**▶巨蟹座的夥伴意識強，摩羯座喜歡獨自行動，因此起初對彼此容易感到棘手。另一方面，兩人在「重視信任」這點上十分相似。如果善於關心人的巨蟹座能理解摩羯座的耿直並主動消除隔閡，契合度就會很好。

**射手座**▶射手座大膽，而摩羯座保守，對摩羯座來說，射手座是容易令你感到排斥卻也羨慕的對象。另一方面，在實務方面，射手座則對摩羯座甘拜下風。因此應該能成為互補差異的好搭檔。

**天蠍座**▶由於雙方都是謹慎型，是如果沒有接觸點，就很難熟稔起來的關係。另一方面，在面對需處理的事物上都很真誠這點，兩人十分相似，所以契合度其實很好。尤其在工作等實務方面能互相信任，培養出堅韌的感情。

**天秤座**▶天秤座喜愛游刃有餘，摩羯座討厭白費功夫，是愈有接觸，就會感到不協調的組合。天秤座的優雅看在摩羯座眼裡是「無益」的事，不過在內心游刃有餘這點上，有許多值得學習之處。請保持適當的距離，建立良好的關係。

**雙魚座**▶對於略欠缺自主性的雙魚座而言，獨立心強的摩羯座是值得尊敬的對象，會在各方面受到依賴。另一方面，善於撒嬌的雙魚座對於摩羯座而言，是會挑起「沒有我不行」的保護欲的存在。是平衡感出乎意料地好的關係。

**水瓶座**▶對務實的摩羯座而言，水瓶座給人不腳踏實地的印象。面對抱持理想主義的對象，你會切身體會到價值觀的差異。不過兩人在獨立心強這一點十分相似，若能尊重彼此的個性，就可建立能切磋琢磨的關係。

**摩羯座**▶同星座的兩人，契合度出類拔萃。而且同樣誠實，價值觀相近，一旦變得親密，這段情誼就不會輕易斷絕。雖然會自然而然地熟稔起來，但如果雙方是競爭對手關係，就會因為出於戒心而花費時間才能消除隔閡。

# 水瓶座的你與十二星座的基本契合度

**雙子座**▶求知欲強的兩人，是互相吸引的契合度。由於雙方都很友善，能自然而然地熟稔起來。雖然是堪稱最佳拍檔的關係，但進展順利的同時，也容易懈怠而忽略要努力維繫，而有關係容易自然消失的一面。

**金牛座**▶對於水瓶座而言，期望穩定的金牛座是刺激較小的存在。雖然在固執這點上十分相似，意見卻因此合不來，容易呈平行線。另一方面，金牛座的務實面有許多值得學習之處，尤其在工作上，是能讓你獲益良多的對象。

**牡羊座**▶雙方都是創新型且朝自己的路邁進的類型。擁有自由精神的兩人，是能夠互相認同並提升彼此的組合。雖然看似是牡羊座在主導，其實是由水瓶座手握著韁繩，由你成熟地守護對方的契合度。

**處女座**▶兩人在同為知識分子這點上很相似，不過由於前進的方向不同，時常會產生不協調感的契合度。精打細算的處女座常會抱怨或指責，如果不加以無視，而是視為「有其道理」，就能有所成長。胸襟開闊地接納吧。

**獅子座**▶兩人的意志堅強而頑固，是容易意見不合而起衝突的組合。另一方面，其實也有容易被彼此的個性吸引的傾向。是能互相刺激，一同成長的關係。如果你能夠退讓一步，交由對方主導為◎。

**巨蟹座**▶巨蟹座獨占欲強，水瓶座熱愛自由，是令人感覺不協調的組合。自己人意識很強的對象，雖然會令你感到呼吸困難，不過善於照顧人的巨蟹座如果能成為夥伴，就會可靠至極。保持適當的距離，建立良好關係吧。

**射手座**▶兩人都是熱愛自由並追求理想的人，是會立刻一見如故，一口氣就熟稔起來的組合。射手座的氣勢雖好，但魯莽冒失的個性也會令冷靜的水瓶座降溫。如果能好好引導，就能維持良好的關係。

**天蠍座**▶祕密主義的天蠍座對博愛主義的水瓶座而言，是不知道在想些什麼的對象。你儘管被對方神祕的個性吸引，卻也因為意見不合，關係容易呈平行線。藉由工作等方面獲得信任，就能建立良好關係。

**天秤座**▶兩人的感覺很合，契合度出類拔萃。由於能尊重彼此的自由或個性，一起度過時能感到非常放鬆愉快。由於有高度共鳴，會使得刺激減少。若能不時在關係中注入新的活力，常保新鮮感就會很好。

**雙魚座**▶對於理性型的水瓶座而言，感性型的雙魚座是難以理解的對象。雖然水瓶座喜歡討論，但或許很難與憑藉感覺的雙魚座暢談。另一方面，在你沮喪時，雙魚座的溫柔則會成為療癒來源。重要的是認同彼此長處的態度。

**水瓶座**▶兩人十分相似，契合度良好，是能自然而然融洽相處的組合。不過，由於雙方都是對任何人十分友善的博愛主義者，而容易欠缺「非得是這個人」的決定性因素。可說是不即不離，能維持細水長流關係的對象。

**摩羯座**▶對水瓶座來說，保守的摩羯座顯得缺乏樂趣，是容易感覺合不來的關係。另一方面，摩羯座則是能將水瓶座模糊不清的形象化為明確現實的對象。如果能成為夥伴，就會是非常可靠的存在。

# 雙魚座的你與十二星座的基本契合度

**雙子座**▶靈活度高的雙子座，是能告訴你未知世界的存在，是能令你坦率地感到尊敬的對象。另一方面，你也會有對冷酷的雙子座抱持著不信任感的一面。為了維持良好關係，需要保持一定的距離。

**金牛座**▶對於雙魚座而言，沉穩的金牛座是令人放心的存在。由於有「絕不背叛」的可信任感，基本上是良好的契合度。不過，由於容易缺乏刺激，而會讓你見異思遷。如果你能保持真誠，就能維持良好關係。

**牡羊座**▶兩人類型相異，牡羊座單純明快而直接，或許難以理解雙魚座的複雜情感。另一方面，正直的牡羊座則是把想法都寫在臉上。只要由善於撒嬌的你去依賴對方，就能建立良好的關係。

**處女座**▶實踐性的處女座與憑藉感性的雙魚座，雖然雙方在纖細這點上很像，但其實是有許多差異的契合度。雙魚座的情感細膩，難以承受處女座精細的指摘，但對方也促進了你的成長，因此需要坦率地接納。

**獅子座**▶自我主張強烈的獅子座，對雙魚座而言是需要費心的對象，可能會為了避免惹對方不快而提心吊膽。另一方面，可靠的獅子座也是能保護你的存在，如果能一口氣投入對方的懷抱，就能建立良好關係。

**巨蟹座**▶感受性豐富的兩人，契合度出類拔萃。巨蟹座能理解雙魚座的浪漫，可說是最佳搭檔。另一方面，獨占欲強的巨蟹座，往往會沉浸在兩人世界裡，這使得眼界容易變得狹隘，請注意這點。

**射手座**▶雖然兩人都是直覺型，但行動節奏不同，是很容易被任性的射手座耍著玩的組合。另一方面，對於雙魚座而言，活躍的射手座是能拓展你眼界的存在。如果別過於忍耐，把該說的話說出口，就能建立良好的關係。

**天蠍座**▶直覺型的兩人，波長也十分相符。並不是憑藉理論，而是因為感覺而互相吸引的對象。不過，由於彼此間不需要言語，而常會發生「對方應該明白我的想法」這樣的臆測情況。請記得「再親密的關係也需要懂禮貌」，培養長久的關係。

**天秤座**▶儘管類型不同，卻容易被彼此的感性吸引。雙魚座對天秤座的品味感到憧憬，不過也覺得他是難以了解真心話的對象。只要記得別束縛對方，維持淡泊的往來方式，對方也會很重視你。

**雙魚座**▶細膩而感受性豐富的兩人，由於能自然而然地理解彼此的心情，是容易互相吸引的契合度。不過，你們「希望對方關注我」、「希望對方了解我」的想法也比常人高出一倍，彼此間的力量關係得注意不要失衡。

**水瓶座**▶合理性的水瓶座對情緒化的雙魚座而言，是完全相反的類型。也會感覺到珍惜的事物有所不同。另一方面，獨立心強的水瓶座是能促使你成長的存在。尤其是在工作上，會作出沒有忖度的判斷，若能努力獲得對方的認可為◎。

**摩羯座**▶具穩定感的摩羯座是可靠的存在，他會確實守護好善於撒嬌的雙魚座，基本上是良好的契合度。不過，自律的摩羯座討厭散漫，尤其在工作上會是嚴格的存在，這一點或許需要做好心理準備。

# 尋找契合度佳對象的七大條件

如果能滿足以下①～⑦條件之一，就視為「良好契合度」，是「與你契合度佳的人」的線索。當有在意的對象出現時、展開戀情時、考慮結婚時，如果可以，請詢問對方的出生地點與出生時間，來製作星盤。接著，請與你的星盤比較，確認主要行星——太陽、月亮、金星與火星。

在西洋占星術上，有好幾種診斷契合度的方式，比如說重疊兩人的星盤，將各行星的度數相加後除以二等。在這裡則列出能立刻診斷的內容。正因為是太陽、月亮、金星與火星這些基本要素，才能用以掌握本質。

## ① 太陽與月亮為同元素

比如說，你的太陽星坐落在「水瓶座」，對方的月亮星坐落在「雙子座」時，由於水瓶座與雙子座同為「風象」元素，就是良好契合度。當「你的月亮」×「對方的太陽」，以及行星相反的情況，即使是風象以外的「火象」、「土象」、「水象」元素也適用。你能夠完全了解對方的行動，而你的行動則能帶給對方安心感及愉快的刺激，因此是非常良好的契合度。

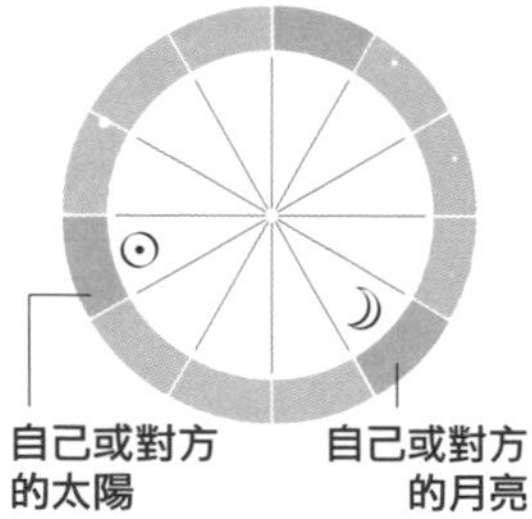

## ❷ 雙方的太陽、雙方的月亮為同元素

如果說代表基本性格的太陽星座為同元素，或是代表情感的月亮星座為同元素，不難想像兩者的關係會相當協調。由於兩人之間有許多相似之處，因此價值觀也合得來，並會追求彼此。星座相同的情況也包含在內。如果是結婚對象，對女性而言對方會是理想的丈夫；對男性而言，女性則幾乎符合你心目中一直以來所想像的妻子形象。

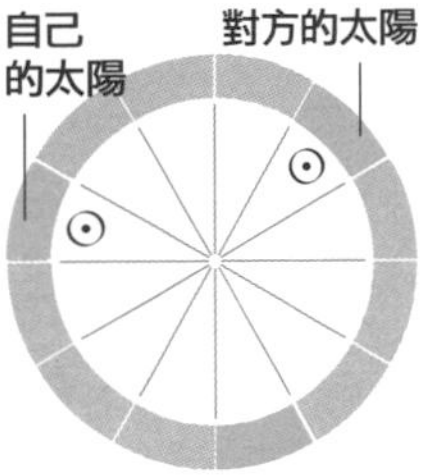

※對於各太陽星座，同元素的是在P.254～265的表格中有上底色的星座。

## ❸ 太陽與月亮為對宮星座

所謂的對宮星座，意思是兩者在星盤上的位置處於正對面的兩側。由於一個星座有30度的寬度，因此雖然並非所有相對星座均符合，但其中也存在能形成對分相（180度）的關係。自己的太陽星座與對方的月亮星座，或是自己的月亮星座與對方的太陽星座呈對宮位置時，將會互相起強烈反應，但由於是不同的類型，而會充滿刺激。能成為互補彼此不足之處，相互支持的關係。

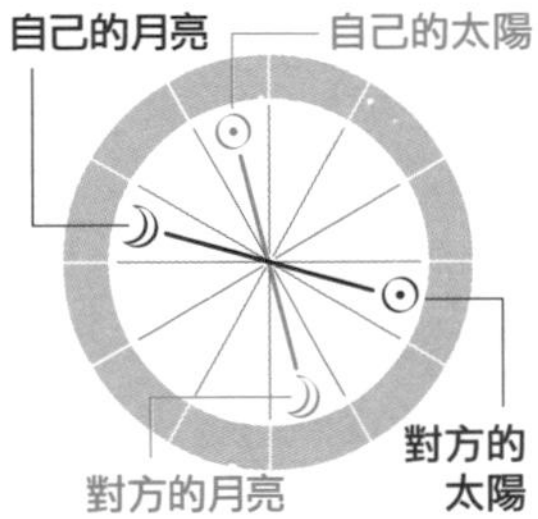


**對宮星座**

| | | |
|---|---|---|
| 牡羊座 | ⟷ | 天秤座 |
| 金牛座 | ⟷ | 天蠍座 |
| 雙子座 | ⟷ | 射手座 |
| 巨蟹座 | ⟷ | 摩羯座 |
| 獅子座 | ⟷ | 水瓶座 |
| 處女座 | ⟷ | 雙魚座 |

## ❹ 雙方的太陽、雙方的月亮為對宮星座

當雙方的太陽星座、月亮星座為對宮星座時，在戀愛、婚姻方面可說是特別良好的契合度之一。即使剛見面時無法順利發展關係，卻也會不知為何無法離開彼此，並逐漸互相吸引。在過了幾年交往或婚姻生活後，就能在完全接納對方缺點的情況下，建立互相合作的關係。不過，如果是沒能步入禮堂的情侶，就會有藕斷絲連，持續著祕密關係的危險。

※相對星座參閱P.269的下半部分。

## ❺ 金星與火星為同元素

當你的金星星坐落在雙魚座，對方的火星星坐落在巨蟹座；或是你的火星星座為天蠍座，對方的金星星座為雙魚座的情況，由於這些星座同樣為「水象」元素，會有良好的契合度。當然，如果同為「火象」、「土象」、「風象」也適用。在男女戀愛的情況下，是男性會覺得女性的言行舉止可愛得不得了的組合。愛人的一方與被愛的一方都不會有摩擦與不滿。當女性是火象星座時，就會由她來掌握這段關係的主導權。

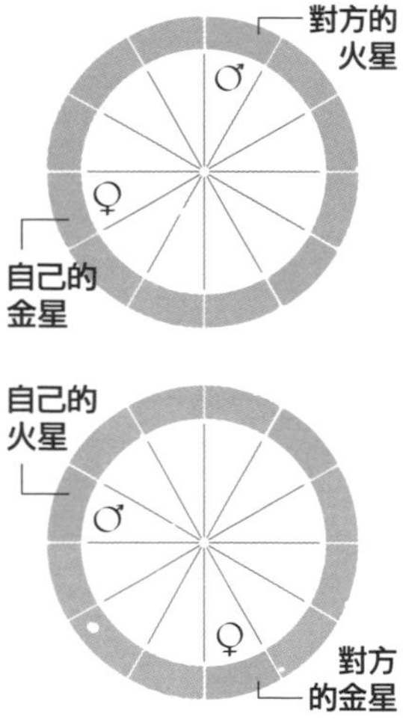


※從P.270起，會以女性的金星星座與男性的火星星座，來解說所有元素的契合度模式。

## ❻ 雙方的金星、雙方的火星為同元素

雙方的金星或火星是同元素時，也是良好的契合度。如果是男女雙方的火星為相同元素的情況，男性的引導會令女性有好感，進而交往順利，在性愛方面的契合度也很不錯；當雙方的金星為同元素的情況，女性會完全符合男性心目中的理想情人形象。在這段關係中，追求的事物也十分相合，而能建立一段充滿安心感的關係。

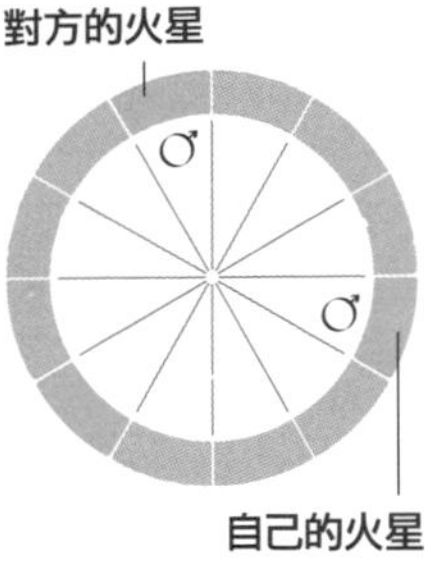


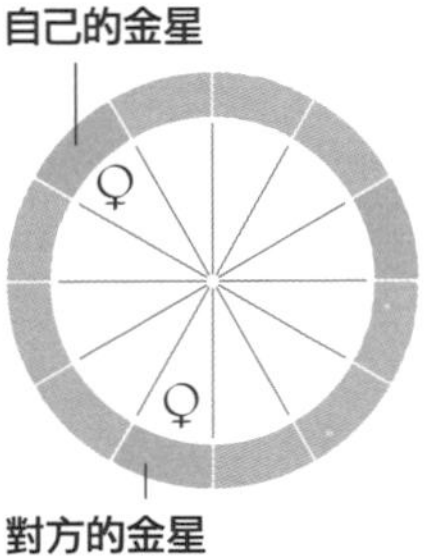


## ❼ 金星與火星為對宮星座

如同太陽與月亮，當金星與火星為對宮星座時，也會是莫名在意對方，且對方在你心裡逐漸成為重要存在的契合度。這裡指的是自己的金星與對方的火星為對宮星座，或自己的火星與對方的金星為對宮星座的情況。雖然當雙方的金星為對宮星座時，也會有同樣的解釋，但換作雙方的火星時，或許反而容易萌生競爭意識，造成麻煩不斷。

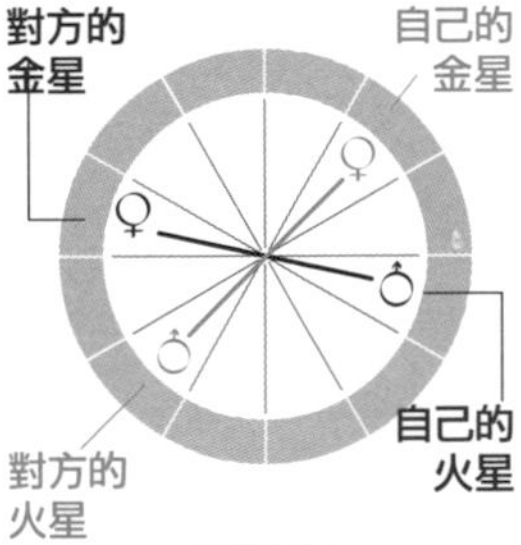


相對星座

| | | |
|---|---|---|
| 牡羊座 | ⟷ | 天秤座 |
| 金牛座 | ⟷ | 天蠍座 |
| 雙子座 | ⟷ | 射手座 |
| 巨蟹座 | ⟷ | 摩羯座 |
| 獅子座 | ⟷ | 水瓶座 |
| 處女座 | ⟷ | 雙魚座 |

# 透過金星與火星解讀戀愛契合度

在契合度七大條件中，尤其是「女性的金星星座」對「男性的火星星座」，是戀愛契合度的重要關鍵。這是因為女性可從金星確認戀愛傾向，男性則要從火星來看戀愛傾向。如果雙方追求的愛情形式相似，戀情就容易開花結果。即使並非如此，如果能了解對方所追求的愛情形式，就能加以回應並獲得對方的愛。

接下來，就以顯示特質的元素組合來確認細節。元素最適合透過喜好與價值觀方面來調查戀愛契合度，接著會依「雙方為相同的元素」、「雙方為協調的元素」、「雙方為性質相異的元素」的順序來說明。

## 金星與火星為同一元素

### 雙方同為火象星座（牡羊座、獅子座、射手座）

**✷ 成為情人之前**

是最棒的契合度，能夠毫無顧忌地相談甚歡，也能到各處玩得很愉快。是最適合作為朋友的對象，但由於是同樣懷有燃燒般戀愛熱情的人，一旦喜歡上對方，是無法將這份心意隱藏在心裡的。雙方會是超越朋友、不到情人的關係，永遠不需煩惱。雙方都能順利地往戀愛關係發展。

**✷ 交往之後**

會成為互相擁抱、互相傾訴熱切愛意的甜蜜情侶。如果付出愛情，就會獲得加倍的愛情。

## 雙方同為土象星座（金牛座、處女座、摩羯座）

### ✴ 成為情人之前

雙方都懷有深厚而溫暖的愛情，能夠實現穩定的友誼。缺點是由於不善於表達愛情，需要花費時間才能走到交往這一步，但一旦心靈相通後，就是能夠長久相處的情侶。會藉由累積微小的喜悅或愉快的回憶，穩健踏實地加深愛情。如果興趣或生活方式相同或相似，就更容易發展戀情。不會在乎對方的外表。

### ✴ 交往之後

能夠深切信任彼此。由於不需要在對方面前偽裝自己，待在一起不會感到疲倦。會是能夠令人安心的交往關係。

## 雙方同為風象星座（雙子座、天秤座、水瓶座）

### ✴ 成為情人之前

會是輕鬆而開朗的友誼。聊天時能一唱一和，使得氣氛熱烈，相談甚歡。雖然也很適合當朋友，不過一旦感覺對了，馬上就會展開戀情。年紀差距或置身環境差異，並不會成為戀情的障礙。不過，由於雙方都懷著清淡的戀愛情感，有難以區分友誼與愛情的一面。

### ✴ 交往之後

會成為不受常識拘束，隨性交往的情侶。由於聊得來也合拍，待在一起會非常愉快。

## 雙方同為水象星座（巨蟹座、天蠍座、雙魚座）

### ✴ 成為情人之前

就連難以言喻的心情都能互相理解的組合。由於雙方都擁有深厚的愛情，能將對方的喜悅視為自己的喜悅。從令人喜悅、對人有所助益的情況中感覺到幸福，不會互相要求回報。不過，缺點在於會因為過於替對方著想，難以表明心情，導致容易花費許多時間才能接近對方。

### ✴ 交往之後

會是為彼此竭盡全力，能獲得滿足的交往關係。由於雙方都是專情的人，與背叛無緣，能持續溫柔的戀情。

# 女性的金星元素與男性的火星元素為
# 協調、性質相異

## 何謂協調

我們每一個人在性格或價值觀等方面都擁有不同的個性，如果對方是個性相似的人，就容易理解，而容易建立良好的人際關係。

不過，當面對個性截然不同的對象時，我們的反應會分成「雖然不同但喜歡」與「因為不同而不喜歡」兩種。

這種感覺「雖然不同但喜歡」的元素組合，就稱作「協調」，這樣的雙方能夠順利地愈走愈近，迅速地熟稔起來。

## 女性的金星落在火象星座（牡羊座、獅子座、射手座）× 男性的火星落在風象星座（雙子座、天秤座、水瓶座）

### ✷ 成為情人之前

是良好的契合度。男性會高明地從旁協助想隨心所欲行動的女性，並會提出正中要害的指摘，加以鼓勵、稱讚。也因此讓女性能夠盡情發揮魅力與才華。對於男性而言，看著對方坦率地聽從自己的建議並有所成長，也會感到愉快並產生自信。

### ✷ 交往之後

會是愉快而毫無顧慮的交往關係。不過，女性對戀愛有相當的熱情，或許會令男性感覺是負擔。

## 女性的金星落在土象星座（金牛座、處女座、摩羯座）×男性的火星落在水象星座（巨蟹座、天蠍座、雙魚座）

### ✴ 成為情人之前

由於雙方都十分深情，能盡情地愛著彼此。對女性而言，即使喜歡對方，也會軟弱地心想「選擇我真的好嗎？」使得戀情難以開花結果。不過，看在男性眼裡，這份拘謹則令人有好感。是會互相珍惜的組合。

### ✴ 交往之後

即使思考方式不同，只要對方還願意陪伴在自己身邊，戀情就能持續下去。愈是遭遇挫折時，就愈能體會對方的溫柔。

## 女性的金星落在風象星座（雙子座、天秤座、水瓶座）×男性的火星落在火象星座（牡羊座、獅子座、射手座）

### ✴ 成為情人之前

對於理性派的女性而言，男性單純明快的想法或行動容易理解，而能放心地面對。男性則對於能迅速判斷，不會拖拖拉拉或糾纏不清的女性抱持好感。只要女性能找出男性身上值得尊敬的地方，立刻就會萌生愛情。是擁有能創造全新事物力量的兩人。

### ✴ 交往之後

能夠玩得很開心，約會時會很愉快。不過，女性身上缺少男性所追求的戀愛熱情，或許會令他感到有些美中不足。

## 女性的金星落在水象星座（巨蟹座、天蠍座、雙魚座）×男性的火星落在土象星座（金牛座、處女座、摩羯座）

### ✴ 成為情人之前

女性雖然內向，但是只要感覺得到對方需要自己，就會全心全意地奉獻。男性則能坦率地接納對方的好意，加以感謝，並回以溫柔體貼，對於女性來說，這是最令人開心的事。在對對方越發親切的過程中，愛情就會確實地萌芽。

### ✴ 交往之後

會是一對互相照顧的情侶，彼此都會想隨時陪伴著對方，只要待在對方身邊，愛情就不會冷卻。

# 何謂性質相異

感覺「個性雖然不同但喜歡」的組合稱作「協調」，相對地，容易感覺「因為不同而不喜歡」的組合就是「性質相異」。

說到性質相異，或許會令人以為是難以相容的事物，但並非如此。若能跨越一開始的輕微不協調感，認同彼此的差異，就有可能相愛。

能透過與擁有自己所缺少事物的對象交往，互相彌補不足之處，就會成為感情深厚的情侶。

## 女性的金星落在火象星座（牡羊座、獅子座、射手座）×男性的火星落在土象星座（金牛座、處女座、摩羯座）

### ✷成為情人之前

女性的判斷與行動速度都很快，因此會覺得謹慎的男性動作緩慢。即使提議或請求，對方也遲遲不願採取行動，而令人感到焦慮。此外，遲遲不表達自己真正想法的男性，也容易令女性感到急躁，但男性也會因此而固執起來，女性這方要有耐心。

### ✷交往之後

悠然自得的他會令人煩躁，或會對想法保守的他感到排斥。因此需要記得配合對方的步調，並尊重對方。

## 女性的金星落在土象星座（金牛座、處女座、摩羯座）×男性的火星落在火象星座（牡羊座、獅子座、射手座）

### ✷成為情人之前

沉穩的女性覺得下決定快且具行動力的男性十分可靠，而保護本能強烈的男性，是受人依賴會感到高興的類型，會覺得仰賴自己的女性很可愛。雖然容易萌生愛情，但交往時間一長，女性的堅強意志就會令男性感到驚訝。

### ✷交往之後

毫不考慮就採取行動的他，會令謹慎的她感到煩躁。對他的印象可能會從「覺得可靠」變成「跟不上對方」。

## 女性的金星落在風象星座（雙子座、天秤座、水瓶座）×男性的火星落在水象星座（巨蟹座、天蠍座、雙魚座）

### ✴ 成為情人之前

女性是外貌協會，只要外表合乎自己喜好就會心動。不過，對於同時追求智慧和刺激的女性來說，男性空有溫柔而缺乏刺激。即使覺得「真不錯」，也難以發展成戀情。此外，對於基本想要乾淨俐落地交往的女性而言，喜歡跟對方膩在一起的男性是感覺沉重的存在。

### ✴ 交往之後

他的嫉妒心之重令人吃不消，即使覺得愛撒嬌黏人的他「很可愛」，也只有一開始而已，或許會漸漸地感到厭煩。

## 女性的金星落在水象星座（巨蟹座、天蠍座、雙魚座）×男性的火星落在風象星座（雙子座、天秤座、水瓶座）

### ✴ 成為情人之前

女性期望的是浪漫的戀情，但對男性而言，戀情是友誼的延伸。此外，對於追求認真談戀愛的女性來說，男性可能會認為戀愛是一場遊戲。雙方所追求的事物或想像的戀愛形式都截然不同，令女性常會心懷不滿與不安。男性如果能懷有妥協的溫柔就好了。

### ✴ 交往之後

雖然他總是很溫柔，卻令人有種被高明地玩弄於股掌之間的感覺。他擁有許多女性朋友這點也令人在意。

## 女性的金星落在火象星座（牡羊座、獅子座、射手座）×男性的火星落在水象星座（巨蟹座、天蠍座、雙魚座）

### ✴ 成為情人之前

在困難時出手相助的男性的溫柔，令常在在眾人面前逞強的女性深受感動。當這樣的男性無意間透露煩惱時，就會點燃女性的保護本能，是容易萌生戀情的組合。不過，隨著交往時間一長，男性沉重的愛也容易令女性感到窒息。

### ✴ 交往之後

當他心情愉快時，就能交往愉快。然而當他澈底陷入沮喪時，她就會不知所措而感到傷腦筋。

## 女性的金星落在土象星座（金牛座、處女座、摩羯座）×男性的火星落在風象星座（雙子座、天秤座、水瓶座）

### ✷成為情人之前

女性十分深情，相對地，男性的愛情則很輕快。即使男性想盡辦法要讓女性注意到自己，或許也無法打動女性的心。不過，只要由女性積極主動，男性就會心動。比如說，盡可能誇張地誇獎對方的個性或才華。但如果將愛情強加在男性身上，對方可能會逃跑，要注意這點。

### ✷交往之後

無論是怎樣的女性，都會因為他的溫柔而吃醋。即使抱怨，對方也會以「對女性溫柔是理所當然的」來帶過。

## 女性的金星落在風象星座（雙子座、天秤座、水瓶座）×男性的火星落在土象星座（金牛座、處女座、摩羯座）

### ✷成為情人之前

如果對方不回頭注意自己，女性就會乾脆轉而喜歡上其他對象，這麼一來男性反而慌了手腳。儘管就在自己小心翼翼地要看清對方的真心的期間，對方就變了心……男性完全跟不上女性改變主義的速度。

### ✷交往之後

即使邀請對方說「我們去玩吧」，懶惰的他可能也興致缺缺，但當她決定「那就一個人出去吧」的話，他就會覺得「被拋下了」而鬧彆扭。

## 女性的金星落在水象星座（巨蟹座、天蠍座、雙魚座）×男性的火星落在火象星座（牡羊座、獅子座、射手座）

### ✷成為情人之前

對於希望能心意相通的女性而言，大剌剌的男性是缺乏纖細的存在。比如說，會在眨眼間將她費盡功夫製作的料理吃光、沉迷於遊戲中……等等。即使他很可靠，卻仍會因為想法難以合拍而感到煩惱。而男性或許會覺得麻煩，不願聽她傾訴。

### ✷交往之後

自己的用心完全沒有傳達給對方，令她受傷。而且，遲鈍的對方甚至對於自己受了傷一事渾然不覺。

# 透過月亮與太陽解讀婚姻契合度

當論及婚姻時，在契合度七大條件中需要特別重視的是「女性的月亮星座」對「男性的太陽星座」。讓我們透過元素的組合來確認細節吧。

女性在婚後的行為可確認月亮星座，身為妻子，妳在家庭裡會如何與丈夫或孩子相處呢？女性的月亮會顯示這部分。而要確認婚後的男性身為丈夫，在家庭裡會如何與妻子或孩子相處，則是看太陽星座。

從下一頁起，將會以「女性的月亮星座元素」×「男性的太陽星座元素」加以解說。請男性及女性分別參閱符合自己情況的項目。

| 依照月亮星座元素分類的女性婚姻觀 | 依照太陽星座元素分類的男性婚姻觀 | |
|---|---|---|
| 期望朝氣蓬勃的婚姻生活，理想是夫妻同心協力跨越困難。無法接受度量狹小的丈夫，該離婚時也不會猶豫。 | 期望開朗愉快的婚姻生活，理想是家人能如同玩伴一般。另一方面，也有守護家人的強烈想法，希望自己受到依賴。 | 火象 |
| 具有傳統的婚姻觀念，期望踏實穩固的婚姻生活。如果丈夫的收入夠高，即使多少有些難處也可以睜一隻眼閉一隻眼。 | 期望安穩的婚姻生活。雖然希望妻子能以家庭為重，不過如果妻子擁有財產、很會賺錢，也會尊重妻子的意願。 | 土象 |
| 在享受夫妻時光的同時，也很珍惜屬於自己的時間。理想是保持適當距離的夫妻。只要有精神上的聯繫，即使分居也可以。 | 期望著自由的婚姻生活。理想是將工作、興趣、友情視為與家人同樣重要。也接受事實婚或分居婚。 | 風象 |
| 期望夫妻間永遠心靈相通，只要有愛，稍微窮一點也無妨，只要能看見家人的笑容就是最大的喜悅。 | 理想是與情侶時代相同，恩愛的婚姻生活。家人的喜悅就是自己的喜悅，但如果無法獲得期待的反應，心就會遠離。 | 水象 |

### 男性的太陽落在火象星座
**（牡羊座、獅子座、射手座）**

會成為強烈想要保護家庭的丈夫。不過，他會為此而努力工作，導致看起來就像是將「工作視為第一，家庭視為其次」。不過，如果是月亮落在火象星座的妻子，就能理解丈夫的想法，夫妻間不會因此有隔閡。兩人在全力守護、養育孩子的心情上也是一致的。

### 男性的太陽落在風象星座
**（雙子座、天秤座、水瓶座）**

會成為想要享受夫妻生活的丈夫。不會拘泥於性別，而是積極接受分擔家務，即使妻子有工作也不會感到厭惡。能夠過著自由受到較少限制的婚姻生活，對於月亮落在火象星座的妻子而言，是值得高興的事。但由於對孩子的態度是放任主義，在育兒這方面上，意見往往會產生分歧。

## 女性的月亮落在火象星座
**（牡羊座、獅子座、射手座）**

### 男性的太陽落在土象星座
**（金牛座、處女座、摩羯座）**

會成為認真工作，也努力做家務的好丈夫。將經營穩定生活視為第一，制訂踏實的生活計畫。也會勤快地照顧孩子。作為家庭的一分子是最棒的，不過對於月亮落在火象星座的妻子而言，甘於做個把家庭擺在第一位的爸爸，會顯得格局較小而模樣缺乏雄心，令人會想要激勵他「再加油一些」。

### 男性的太陽落在水象星座
**（巨蟹座、天蠍座、雙魚座）**

會成為重視家人的丈夫。在還沒有孩子時會向妻子撒嬌，離不開妻子身邊。他比較強烈希望妻子成為全職主婦。對於月亮落在火象星座的妻子來說，是個有點沉重的丈夫。當有了孩子後，他會多少產生責任感，而開始認真努力。不過希望陪伴在妻兒身邊的想法依然不變。

### 男性的太陽落在火象星座
### （牡羊座、獅子座、射手座）

會成為站在前方引領家庭的丈夫。身為「家庭」這個團體的領袖，他會想守護自己的妻兒。對於月亮落在土象星座的妻子而言，這份態度可靠至極。只要加以稱讚、奉承、依賴，就會努力賺錢這方面，也是令人高興的一點。以誇張的方式表達愛意或感謝、加以稱讚，是夫妻生活美滿的祕訣。

### 男性的太陽落在風象星座
### （雙子座、天秤座、水瓶座）

會成為明事理的丈夫。能適當地努力工作，並積極接受家務的無懈可擊態度，會令月亮落在土象星座，不那麼精明的妻子感到驚歎不已。對妻子的朋友們也很友善，並善於與孩子相處，是令人驕傲的丈夫。然而，要讓丈夫全盤接納自己的想法，似乎有些困難。

## 女性的月亮落在土象星座
## （金牛座、處女座、摩羯座）

### 男性的太陽落在土象星座
### （金牛座、處女座、摩羯座）

會成為努力打造舒適家庭的丈夫。不會到處亂玩花錢，而會認真工作支撐家計。在經濟基礎穩固這點上令人放心，對於月亮落在土象星座的妻子而言，是值得信任的丈夫。兩人能同心協力打造舒適的生活，並長久陪伴彼此。夫妻倆都會很疼愛孩子。

### 男性的太陽落在水象星座
### （巨蟹座、天蠍座、雙魚座）

會成為溫柔的丈夫。雖然有些愛撒嬌，但能夠確實理解妻子的心情，總是陪伴在妳身邊。如果是這樣的丈夫，就能確實接納月亮落在土象星座的妻子那深厚而沉重的愛意。夫妻之間的感情會非常穩固。如果有了孩子，就會建立更強韌的家族親情。

## 男性的太陽落在火象星座
### （牡羊座、獅子座、射手座）

會成為令人感覺不到實際年齡的丈夫。他就是如此孩子氣，會獨自出門遊玩，或隨興地外出旅行。月亮落在風象星座的妻子在精神上較為獨立，因此這種程度還在接受範圍內。只要他認真工作並重視家庭，妳就不會加以責怪。如果有了孩子，就會經常陪他一起玩。

## 男性的太陽落在風象星座
### （雙子座、天秤座、水瓶座）

會成為能平衡兼顧工作與家庭的丈夫。由於他希望妻子永保美麗，而會協助分擔家務，或讓工作變得省力，甚至外包。月亮落在風象星座的妻子也是屬於公私充實的類型，因此雙方的心情十分合拍，能成為恩愛的夫妻。一旦有了孩子，全家人都會成為像朋友一樣的愉快關係。

# 女性的月亮落在風象星座
## （雙子座、天秤座、水瓶座）

## 男性的太陽落在土象星座
### （金牛座、處女座、摩羯座）

會成為在外勤奮工作，在家庭裡會爽快地接受分擔家務的好丈夫。不過，月亮落在風象星座的妻子在性格上比較隨機應變，因此當丈夫只做自己被分配到的家務時，妳會感到不滿地認為「就不能再細心一點嗎」。如果生了孩子，會成為疼愛孩子的父親，看到這點，妻子也會將不滿拋到腦後。

## 男性的太陽落在水象星座
### （巨蟹座、天蠍座、雙魚座）

會成為將家人視為第一的丈夫。雖然很高興被愛，但由於他強烈希望妻子待在家裡，對於月亮落在風象星座、熱愛自由的妻子而言，往往會感到窒息。如果能對這點視而不見，這個珍惜家庭的丈夫就令人毫無怨言了。如果生了孩子，會疼愛到保護過度的程度。

### 男性的太陽落在火象星座
### （牡羊座、獅子座、射手座）

會成為努力工作的丈夫。懷著夢想與熱情工作的模樣十分有魅力。不過，月亮落在水象星座的妻子，是希望將家庭視為第一的類型。即使清楚丈夫會努力工作是為了守護家庭，仍會感到寂寞。如果生了孩子就會很疼愛他，但是與孩子站在同樣水準一起遊玩的丈夫，也令人感到棘手。

### 男性的太陽落在風象星座
### （雙子座、天秤座、水瓶座）

會成為喜歡享受生活的丈夫。不但喜歡與妻子一起外出走動，也喜歡邀請朋友來家裡。但月亮落在水象星座的妻子不太善於交際，陪丈夫出門也就罷了，但丈夫經常邀請朋友來家裡，對妳而言是個沉重的負擔。如果生了孩子就會很疼愛他，但僅限於在自己時間方便的時候，這點也令人不悅。

## 女性的月亮落在水象星座
## （巨蟹座、天蠍座、雙魚座）

### 男性的太陽落在土象星座
### （金牛座、處女座、摩羯座）

會成為穩如泰山，不會因為些許瑣事而手忙腳亂的可靠丈夫。對於月亮落在水象星座，內心容易受到影響而動搖的妻子來說，只要能待在他身邊就會感到心安。雖然會注意細節，但本質上較為大刺刺，即使待在一起也不需要過度關照。如果有了孩子，會成為很照顧孩子的溫柔父親。

### 男性的太陽落在水象星座
### （巨蟹座、天蠍座、雙魚座）

會成為把家庭看得比任何事物還重要的丈夫。喜歡全家一起出去玩或旅行，希望總是陪伴在家人身邊。由於這樣的想法與月亮落在水象星座的妻子不謀而合，因此能構築起笑聲不斷的溫暖家庭。如果有了孩子，雖然會很疼愛他，卻也有想永遠把他留在身邊的想法。

# 綜合診斷戀愛契合度與婚姻契合度的方式

## 透過太陽、月亮、金星、火星與上升星座來診斷是否有緣

所謂的契合度並沒有絕對的「好」或「壞」。既有契合度雖佳卻無法步入禮堂的情況，也存在契合度差卻仍然結婚的情況。請將星盤視為了解如何培養緣分的工具。

正如「尋找契合度佳對象的七大條件」中所提到的，打一開始就十分順遂的緣分，是太陽、月亮、金星、火星星座的元素相同或協調的人。接著，刺激較多且互相吸引的為相對星座。如果是除此之外的組合，也能藉由了解對方的特徵來改善契合度。

此外，上升點也是個重要因素。當自己與對方的上升星座元素相同、協調或呈相對位置時，契合度也會很不錯。不過，由於在出生時間不詳時，就無法確認上升點的正確位置，請在能詢問到出生時間時再以此診斷。

# 婚姻風格多樣化，診斷也會隨之改變

戀愛契合度與婚姻契合度之間多少有些差異，基本理論為在戀愛方面關注金星星座與火星星座，而婚姻方面則關注太陽星座與月亮星座。不過，在婚姻風格多樣化的現代，也不需要過於拘泥這點。

比如說，即使太陽星座與月亮星座為性質相異，無法相容時，只要金星星座與火星星座相配，或許就能成為永保情侶心態的夫妻；如果上升點與水星形成相位，就可推測會成為如朋友一般相談甚歡的夫妻。

此外，當情侶雙方皆為男性，或皆為女性的情況下，同樣也請關注金星星座與火星星座、太陽星座與月亮星座的關係。如果是接近男女角色的同性情侶，「女性」角色這一方的人就可以用金星星座或月亮星座來診斷。

契合度是可以培養的，只要有共同處就加以擴展，相異處則互相尊重，以這樣的方式培養。契合度診斷是用來找出共同處與相異處，以及加深緣分的時機，而要如何真正建立戀愛或婚姻的關係，則要靠當事人的想法與努力，請別忘了這一點。

# 你與周遭人們之間的契合度

度與應對方式。不過，當生日落在星座交界時，若能製作對方的星盤會更為明確。

## ❶ 你與上司、前輩的契合度（以雙方的太陽星座確認）

如果對方是朋友、情人或結婚對象，就能選擇與自己契合度佳的人往來。但對方如果是上司或前輩，就無法自行選擇。即使合不來，也必須設法與對方融洽相處。

在這種時候，西洋占星術的契合度占卜就能派上用場。只要藉由了解對方並加以配合，就能好好地與對方相處，讓工作變得更輕鬆。只要知道上司、前輩的生日，就能用太陽星座來占卜。以「你的太陽星座元素」為準，可得知與「上司、前輩的太陽星座元素」之間的契合

| 依照太陽星座元素分類的上司、前輩特徵 | |
|---|---|
| 熱情而具有行動力。性情雖然較為激烈，但不會屈服於強者，而是擁有高尚精神，能守護弱者的人。 | 火象 |
| 生活方式踏實的人。鮮少有情緒的波動，拘謹而溫和。思考方式謹慎，腳踏實地而務實。 | 土象 |
| 是具冷靜智慧的理論派，不會流於感性。溝通能力強，善於交際。對於人事物的執著不深。 | 風象 |
| 是溫柔而感性的人。情緒容易動搖，如果訴之以情就難以拒絕。是若能讓他人感到高興就會非常開心的人。 | 水象 |

### 上司、前輩的太陽落在火象星座（牡羊座、獅子座、射手座）

即使面對上司或前輩，你也能毫不畏懼地直言意見。火象星座的上司、前輩也意外地不會發怒而願意傾聽，如果是正確的意見就會採納。因為他也是坦率直言的類型。話雖如此，也不能過於依賴這點，注意行為舉止上要有禮貌，該尊重時就要尊重對方，這樣就會受到喜愛。

### 上司、前輩的太陽落在風象星座（雙子座、天秤座、水瓶座）

風象星座的上司或前輩，都是明理而好溝通的對象。不過，他們出乎意料地都有在看，因此千萬不能輕忽大意。要注意避免在交談時得意忘形，說出失禮的話來。此外，這位上司、前輩會適時地附和你，令你感到愉快。如果能一起工作，就能盡情發揮自己的能力。

## 你的太陽落在火象星座（牡羊座、獅子座、射手座）

### 上司、前輩的太陽落在土象星座（金牛座、處女座、摩羯座）

土象星座的上司或長輩拘謹而重視秩序。如果你以跟朋友交談的感覺搭話，可能會嚇到對方，或是惹對方不快。嚴禁失禮或違反禮儀。建議在熟稔起來之前，務必使用敬語，與對方接觸時稍微保持一點距離。如果能彬彬有禮到甚至讓你自己覺得「死板」，比較能獲得對方的好感。

### 上司、前輩的太陽落在水象星座（巨蟹座、天蠍座、雙魚座）

水象星座的上司或前輩，是令人感覺受拘束的對象。比如說，當你意氣風發地提出了新企劃時，雖然知道稍微有些粗略，但認為只要一邊修正一邊進行即可。然而，這位上司、前輩卻會指摘出企劃上的粗略部分，打擊你的幹勁。這是因為對方很愛操心，而不是心眼壞，因此不用太在意。

### 上司、前輩的太陽落在火象星座
**（牡羊座、獅子座、射手座）**

火象星座的上司或前輩比較性急。因此對於重視準確度勝於速度的你而言，常會有自己被催促的感覺。當對方提問，你如果不立刻回答，對方就會明顯地開始逼問，令你感到焦慮，因此重要的是冷靜下來。對方稟性公平，因此即使需要花費時間，但如果你能提出正確答案，他還是會確實給予評價。

### 上司、前輩的太陽落在風象星座
**（雙子座、天秤座、水瓶座）**

風象星座的上司或前輩，是穩定的和平主義者，這一點與你相同。表面上顯得風平浪靜，能夠順利相處。不過，由於對方的腦子轉得很快，如果沒有以一唱一和的反應回答，就會令對方感到不安，懷疑「自己說的話或許沒有傳達出去」。別一個人陷入沉思，首先記得回應。

## 你的太陽落在土象星座
## （金牛座、處女座、摩羯座）

### 上司、前輩的太陽落在土象星座
**（金牛座、處女座、摩羯座）**

土象星座的上司或前輩，最喜歡認真努力的人。只要你能保持禮貌，確實遵守約定或時間，就能讓對方滿意。換言之，你這樣的部下或晚輩，是對方的理想。即使稍微不太精明也不要緊。你將能獲得提拔或關照，足以充分發揮自己的實力。

### 上司、前輩的太陽落在水象星座
**（巨蟹座、天蠍座、雙魚座）**

由於你較為拘謹，即使有能力也無法自我推銷，容易吃虧。水象星座的上司或前輩，則會溫柔對待這類老實或立場薄弱的人。即使不用誇張地自我推銷，也能確實獲得關注。不僅是成果，甚至連你在做事過程有多努力等無法以數據呈現的部分也會加以評價，因此可以放心。

### 上司、前輩的太陽落在火象星座（牡羊座、獅子座、射手座）

火象星座的上司或前輩是值得信賴的人物。由於你善於待人接物，容易與人親近，會受到對方的多方關照。當你迷惘時，對方會加以鼓勵並推你一把，是可靠的對象。因此如果認為「這是錯的」，就坦率地說出來吧。彆扭的態度或諷刺的說話方式，只會惹得性格直率的對方不快。

### 上司、前輩的太陽落在風象星座（雙子座、天秤座、水瓶座）

你能夠臨機應變且處事圓滑，是會受到上司或前輩關愛的類型。你與腦子轉得快且節奏輕快的上司或前輩格外合得來。能成為超越年齡或立場差距的好夥伴關係。話雖如此，「再親密的關係也需要懂禮貌」，該尊重時也要懂得尊重對方。

## 你的太陽落在風象星座（雙子座、天秤座、水瓶座）

### 上司、前輩的太陽落在土象星座（金牛座、處女座、摩羯座）

土象星座的上司或前輩，會「嗯、嗯」地理解你，傾聽你的話語。然而，當你發現雖然已經把想法傳達出去，事態卻毫無改變，就會感到失望。不過，這只是因為對方十分謹慎地在考慮議題內容罷了，如果自己太快做出結論而感到煩躁或沮喪，反而會因此吃虧，有耐心地等待吧。

### 上司、前輩的太陽落在水象星座（巨蟹座、天蠍座、雙魚座）

水象星座的上司或前輩是重人情的人。比如說，即使你提出了有效削減成本的方案，也會被以「這樣〇〇先生會丟了工作很可憐」這種不合理的理由否決。如果要與對方好好相處，必須先理解彼此間的判斷基準有差異。自己這方也要不時訴之以情，並有耐心地面對。

### 上司、前輩的太陽落在火象星座
**（牡羊座、獅子座、射手座）**

火象星座的上司或前輩的聲音很大，且講話清晰，是令纖細的你感到有些害怕的類型。雖然會忍不住想逃跑，但是對方並沒有惡意。倒不如說，對方會覺得不能放著敦厚老實的你不管，而幹勁滿滿地想關照你。所以拋棄覺得對方棘手的想法，主動撲進對方懷裡吧。對方會守護你並關照你的。

### 上司、前輩的太陽落在風象星座
**（雙子座、天秤座、水瓶座）**

風象星座的上司或前輩，是冷靜的知識分子。對方做出一個接一個的明確判斷，俐落地完成工作的姿態，令容易迷惘的你心懷憧憬與尊敬。另一方面，卻也感到有些乏味，認為「沒有更貼心的做法了嗎」。不過，還是避免情緒化的說話方式比較保險，也要尊重對方的做事方式。

## 你的太陽落在水象星座
**（巨蟹座、天蠍座、雙魚座）**

### 上司、前輩的太陽落在土象星座
**（金牛座、處女座、摩羯座）**

你會在意對方的心情，一旦上級心情不悅就會縮起來，而不敢說出想說的話。而土象星座的上司或前輩個性敦厚，情緒也很穩定。因此你在土象星座的上司、前輩面前也能感到放心，隨心所欲地行動，並得以自然而然地發揮長處及實力。重要的是不要過於依賴，而是彬彬有禮地相處。

### 上司、前輩的太陽落在水象星座
**（巨蟹座、天蠍座、雙魚座）**

水象星座的上司或前輩會溫柔地守護著你的成長，不會說出令你的幹勁受挫的嚴厲話語。由於你對此有共鳴，會回應對方的信賴加以努力……雙方會以這樣的態度，往正面循環的方向相處。然而，也可能會因為互相顧慮，發生令人難以置信的差錯。該傳達的內容還是要明確傳達。

## ② 你與部下、晚輩的契合度（以雙方的太陽星座確認）

在面對部下或晚輩時，總會希望能掌握其性格，順利培養對方。但如果光憑自己的感覺為前提加以指導，有的人會坦率地接納，卻也有並非如此的對象，這點令人煩惱。自己的想法沒能正確傳達，對彼此而言都十分遺憾。這時就運用占星術，了解對方的性格或價值觀，在圓融溝通的同時，最大極限地引出對方的能力吧。只要知道部下、晚輩的太陽星座（生日）即可。以「你的太陽星座元素」為準，可得知與「部下、晚輩的太陽星座元素」之間的契合度與應對方式。

| 依照太陽星座元素分類的部下、晚輩特徵 | |
|---|---|
| 說話方式坦率，且只要內容合理，即使是刺耳的指摘也能坦率接納。討厭被權威或權力所左右。 | 火象 |
| 認真努力之人，責任感強，是可以放心委託工作的類型。思考時也會考慮利害得失，有著不吃虧的一面。 | 土象 |
| 理性型的人，討厭受情緒化影響，或是私人領域遭人干預。在採取行動之前，會要求令人信服的說明。 | 風象 |
| 溫柔親切，但是細膩而內向。不擅面對他人態度強硬的說話方式。一旦敞開心房，就會誠實且親力親為地工作。 | 水象 |

## 部下、晚輩的太陽落在火象星座
### （牡羊座、獅子座、射手座）

火象星座的部下或晚輩，跟你一樣是性格單純明快而不會說謊的人。不需要愚蠢的花招或顧慮，坦率地稱讚或斥責對方吧。由於對方在幹勁高漲時就能發揮超乎實力的力量，以稱讚的方式培養更有效果。與火象星座的部下、晚輩搭檔時，溝通起來會很快，能愉快地工作。是能互相提升，雙方都有所發展的對象。

## 部下、晚輩的太陽落在風象星座
### （雙子座、天秤座、水瓶座）

風象星座的部下或晚輩，會分清楚該投入努力的部分與可以省略的部分，精明圓滑地工作。對於熱血分子的你而言，雖然希望對方能更滿懷熱情地工作，不過風象星座的部下、晚輩並沒有能隨時全力以赴決勝負的體力。也是神經比較纖細的人，請理解這一點。在提醒對方時，必須慎選話語。

# 你的太陽落在火象星座
## （牡羊座、獅子座、射手座）

## 部下、晚輩的太陽落在土象星座
### （金牛座、處女座、摩羯座）

土象星座的部下或晚輩是認真而努力的人，是會踏實處理，得出結果的類型。即使覺得對方的工作進展速度較慢，也要有耐心地等候。如果無謂地催促，反而會令對方緊張而犯下不必要的錯誤。重要的是尊重對方的步調。在得出結果後，也別忘了確實評價對方的本事並加以稱讚。

## 部下、晚輩的太陽落在水象星座
### （巨蟹座、天蠍座、雙魚座）

面對水象星座的部下或晚輩，如果大聲斥責，對方就會縮起來，甚至可能會掉下眼淚，是稍微需要顧慮的對象。不過，水象星座的部下或晚輩對於想幫上他人的忙、想令人開心的心情比常人高出一倍。因此請多加運用「謝謝」、「幫了大忙」這類話語，這麼一來對方一定會幹勁十足地工作。

### 部下、晚輩的太陽落在火象星座
**（牡羊座、獅子座、射手座）**

火象星座的部下或晚輩，即使面對年齡或資歷在自己之上的對象，仍會毫不畏懼地說出想說的話。因此以立場壓人，擺出威懾人的態度並不是上策，即使你這麼做，也只會令對方排斥。對的事情就是對的，錯的事情就是錯的，就坦率地傳達給對方知道吧。這麼一來，對方出乎意料地會聽進去。

### 部下、晚輩的太陽落在風象星座
**（雙子座、天秤座、水瓶座）**

風象星座的部下或晚輩處事精明、工作能幹，是能幫得上忙的存在。然而，對於凡事都希望仔細掌控的你來說，仍有些令人擔心之處。你會忍不住想一再確認或建議，但建議打消念頭。頻繁地插嘴反而會帶給對方壓力。重點在於，一旦委託了工作就放手讓對方以他的方式去做。

## 你的太陽落在土象星座
**（金牛座、處女座、摩羯座）**

### 部下、晚輩的太陽落在土象星座
**（金牛座、處女座、摩羯座）**

你與土象星座的部下或晚輩的價值觀或行動步調相似，只要記得仔細說明，就能把你想說的話明確傳達給對方。不會好出鋒頭，也明白禮儀或禮節，是令人坦率地覺得很可愛的對象。如果一起腳踏實地處理工作，也能提升實際成果。只要告知具體的目標，對方就會盡力而為。

### 部下、晚輩的太陽落在水象星座
**（巨蟹座、天蠍座、雙魚座）**

水象星座的部下或晚輩會仔細體察你的心情，並配合採取行動。雖然是可以輕易說出想說的話、能輕鬆交辦工作的對象，但其中也有陷阱。你或許會在無意間過度勉強對方，而對方也是會努力到極限的類型，因此千萬別忘了注意對方的身體狀況或工作行程。

## 部下、晚輩的太陽落在火象星座
### （牡羊座、獅子座、射手座）

火象星座的部下或晚輩坦率而正直，是內心所想的事情全寫在臉上的類型。對你來說是好相處的對象。只要善於鼓勵，對方就會幹勁十足地工作。訣竅在於別以雞蛋裡挑骨頭的方式指摘對方的缺點，導致挫了對方的幹勁。若能用稱讚的方式「很好、很好」地提升對方的情緒，就能讓對方超乎實力地大為活躍。

## 部下、晚輩的太陽落在風象星座
### （雙子座、天秤座、水瓶座）

風象星座的部下或晚輩，跟你一樣是腦子轉得很快的類型。由於能夠確實了解你的想法，下指示時很輕鬆。最重要的是，在交談時只要一拋出去就會有回應，令人感覺很好，而能夠開心地工作。不過對方的抗壓性較弱，如果能告訴對方「責任由我來扛」，對方就會放手努力工作。

# 你的太陽落在風象星座
## （雙子座、天秤座、水瓶座）

## 部下、晚輩的太陽落在土象星座
### （金牛座、處女座、摩羯座）

土象星座的部下或晚輩，個性雖然溫和，卻出乎意料地固執。如果有無法接納的事或違規的情節，甚至會堅決拒絕處理。即使你用盡言詞說明，對方也會充耳不聞。如果讓對方實際體會，就會比較好談，只要遭遇失敗就會清醒。不過，前提是僅限於你能夠補救的工作。

## 部下、晚輩的太陽落在水象星座
### （巨蟹座、天蠍座、雙魚座）

水象星座的部下或晚輩是感受性敏銳的類型，可能會把隨口說說的玩笑話當真，而認真地煩惱。因此最好避免玩笑話或並非真心話的措辭方式。水象星座的部下、晚輩喜歡他人與自己有共鳴，因此在意見分歧時，不要一開始就加以否定，而是先接納後仔細溝通，就能互相妥協。

### 部下、晚輩的太陽落在火象星座
### （牡羊座、獅子座、射手座）

火象星座的部下或晚輩，下決定的速度快，具執行力，是非常可靠的對象。不過可能會不夠深思熟慮，順勢行動而犯下大錯。當感覺到有危機時，就鼓起勇氣制止對方吧，這就是你的職責。千萬別認為這麼做是對難得提起幹勁的對方潑冷水。

### 部下、晚輩的太陽落在風象星座
### （雙子座、天秤座、水瓶座）

風象星座的部下或晚輩，是不會受到情緒影響的理性派。由於對方類型和自己截然不同，容易覺得不擅應付對方。一旦面對面就會緊張起來，無法下達明確的指示。不過，對方也是充滿服務精神的類型。如果能放下覺得對方棘手的感覺，就能理解對方的心情或想法，盡情引出對方的才華，並使其大為活躍。

## 你的太陽落在水象星座
## （巨蟹座、天蠍座、雙魚座）

### 部下、晚輩的太陽落在土象星座
### （金牛座、處女座、摩羯座）

土象星座的部下或晚輩是腳踏實地努力的類型。由於在面對你的關心時，會坦率地表現出開心，讓你覺得很可愛，是可以放心委託工作的對象。這讓你不由得抱持期待，認為可以「馬上交付重要工作」，但這麼做很危險。與其一口氣賦予重大目標，倒不如先讓對方將小目標一一達成，才能讓對方穩定成長。

### 部下、晚輩的太陽落在水象星座
### （巨蟹座、天蠍座、雙魚座）

水象星座的部下或晚輩，會對於能幫上他人的忙感到開心與驕傲。也因此，如果無法在工作上活躍，就很容易沮喪。記得多向對方說些「謝謝」、「幫了大忙」之類的話語。如果能讓對方感受到自己對工作職場有所貢獻，就能成為戰力。身為工作夥伴，是令人能感覺到深厚情誼的對象。

# ③ 你與母親的契合度（以母親的太陽星座與你的月亮星座確認）

無比溫柔溫暖，在孩子身上傾注無償的愛——這就是世人對於「母親」的普遍形象吧。然而，如同日文中「毒親」一詞一樣，也有不少孩子為了與母親之間的關係所苦。

親子關係，尤其是母子之間的關係，會成為人際關係的基礎。據說如果一個人與母親的關係良好，也會容易跟別人建立良好關係。從現在起也不會太遲，藉由理解你的母親，了解相處方式，建立良好的關係吧。

接下來，我們將以母親的太陽星座，與你星盤上月亮星座之間的位置關係，來確認母子的契合度。

例：在自己的星盤上，從自己的月亮算起，確認母親的太陽是第幾個星座。如果自己的月亮落在雙魚座，母親的太陽落在巨蟹座時，診斷就是母親為「第5個」星座。

## 你的月亮與母親的太陽落在同一個星座

你與母親十分相似，會為了同樣的事物笑或哭泣，是步調一致的母子。如果融洽相處時，感情就會非常要好，但是當在對方身上發現自己討厭的一面時，就容易產生強烈的拒絕反應。當母親嚴厲指摘你的缺點時，就當作母親是在講給自己聽吧。

## 從你的月亮算起，母親的太陽落在第 2 個星座

是能自然做自己的母子關係。對你來說，你的母親就像空氣般的存在。雖然不可或缺，但平時並不會特別意識到對方。由於不會妨礙彼此，也鮮少發生衝突。孩提時代也會因為這樣淡泊的關係，讓你覺得缺乏母親的愛。在你成年之後，比較能建立良好的關係。

## 從你的月亮算起，母親的太陽落在第 3 個星座

在母親面前，你可以隨心所欲地行動。如果你是會清楚表達想法的類型，母親則會是願意傾聽你的話的對象，兩人之間會建立這樣的關係。在成年之後，就會建立剛剛好的距離感。你與母親還會一起出門逛街等，感情之好令周遭羨慕。

## 從你的月亮算起，母親的太陽落在第 4 個星座

當相處融洽時，是一對感情好得令人羨慕的母子。然而若是起了衝突，你就會無法對母親暢所欲言。雖然希望母親能主動讓步，但對方也會莫名地倔強，不給你解釋或道歉的機會。時間拖得愈久，關係就會愈彆扭，所以要盡快跟對方和好。

## 從你的月亮算起，母親的太陽落在第5個星座

是可以愉快往來的母子，不過，因為彼此都有希望能融洽相處的強烈想法，使得母親容易寵溺你。對你來說，即使能向她報告好事或愉快的事，但遇到困難時也難以開口商量。如果避開討厭的話題，就只能建立友好的關係。當發生問題時，就盡量找對方商量吧。

## 從你的月亮算起，母親的太陽落在第6個星座

你是不是從小就莫名地對母親敬而遠之呢？認為母親所說的話就是絕對，而從未考慮過要反對。實際上，只要你乖乖聽話，母親就會對你很溫柔。如果你是想強調自我主張的類型，就是令人痛苦的契合度。成年之後如果能分開生活，關係就會比較融洽。

## 從你的月亮算起，母親的太陽落在第7個星座

從頭到尾都截然不同的一對母子。對你來說，母親或許是令人憧憬的存在，對於母親來說，你也是令人驕傲的孩子。不過，如果母親是過度干涉的類型，原本的憧憬則容易轉為劇烈的反抗。別因為是母子就擅自闖入內心，互相尊重才是融洽相處的訣竅。

## 從你的月亮算起，母親的太陽落在第8個星座

對方並不是好溝通的母親。你會從她身上感覺到無言的壓力，而從孩提時代起，就不太向母親說任性話。不過，母親就是母親，如果你不肯天真無邪地向她撒嬌，她還是會感到寂寞。是一對情緒難以合得來的母子。從現在起也不遲，試著坦率地撒嬌看看如何？

## 從你的月亮算起，母親的太陽落在第 9 個星座

你在母親面前能不加矯飾地做自己。可以說即使在外會畏首畏尾，回到家也能輕鬆地暢所欲言。你這樣的模樣也令母親感到幸福，而能輕鬆地跟你相處。兩人的關係良好，無論是愉快或難受的事情，都能毫無保留地對彼此說出口。即使在你成年之後，仍能維持良好的關係。

## 從你的月亮算起，母親的太陽落在第 10 個星座

雖然可靠，卻有點嚴厲——這是你對母親的感覺。同時也會對朋友家溫柔的母親感到憧憬……在青春期時，母親會令你感到特別厭煩。雖然對母親來說，她只是擔心重要的你而多說幾句罷了。請理解在嚴厲話語或態度背後的母愛。

## 從你的月亮算起，母親的太陽落在第 11 個星座

由於母親總是對你講道理，而令你有些抗拒也說不定。對你來說，她若是能說出「如果你這麼做，媽媽會很高興」這種話，你會比較坦率地聽話。是感受方式有些差異的一對母子。如果母親是理論派，你也以理論回應；如果母親是感性派，你也用訴之以情的方式來回應，就能相處融洽。

## 從你的月亮算起，母親的太陽落在第 12 個星座

無論是你的撒嬌或任性，母親都會接納。她現在想必也正為了你做菜，或送日常用品給你吧。你可以放心地向母親撒嬌，母親也會因為你撒嬌而開心，是幸福的關係。然而，如果你是獨立心重的類型，這份親情就會令你感覺沉重。

## ❹ 你與父親的契合度
## （以父親的太陽星座與你的太陽星座確認）

如果說母愛能令人聯想到「無償的愛」，那麼父愛能令人聯想到的話語就是「嚴厲而溫柔的愛」了。母愛往往是偏盲目的，相對地，父愛則常會教導我們如何分辨善惡、倫理道德等事。

如果說與母親關係良好，能幫助你建立私人的人際關係，那麼與父親關係良好，就能讓你更容易建立社會性的人際關係。理解父親並了解相處方式，建立良好關係也是同樣重要的。

接下來，我們將以父親的太陽星座，與你星盤上太陽星座之間的位置關係，來確認父子的契合度。

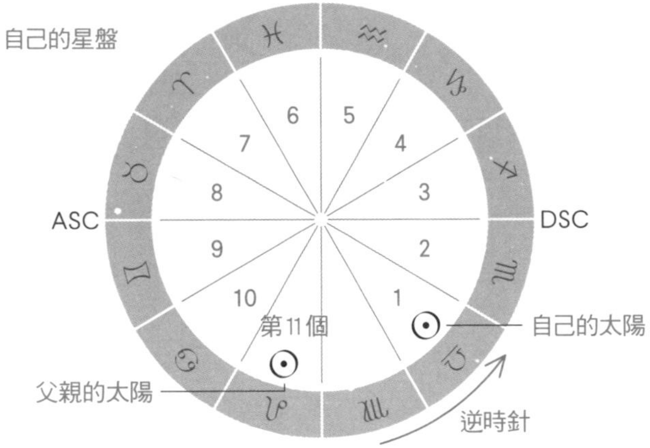


例：在自己的星盤上，從自己的太陽算起，確認父親的太陽是第幾個星座。如果自己的太陽落在天秤座，父親的太陽落在獅子座時，診斷就是父親為「第11個」星座。

## 你的太陽與父親的太陽落在同一個星座

是無論優點還是缺點都互相強調的契合度。合得來時就會非常合得來，但排斥時就會澈底互斥。並不是因為無法理解才沒辦法接受，而是因為自己厭惡的地方被放大後擺到自己面前，令人想別開目光。如果能理解這一點，就會減少互斥的情況。

## 從你的太陽算起，父親的太陽落在第2個星座

是容易相處的契合度。父親會溫柔地守護你，不會讓你感覺到壓迫感或畏懼。由於非常符合你的步調，讓你能隨心所欲地施展。多虧了穩定而悠閒的父子關係，讓你即使面對長者或掌權者，也能毫不畏懼地坦然面對。

## 從你的太陽算起，父親的太陽落在第3個星座

是受到珍惜的契合度。即使耍任性，父親也會覺得你「很可愛」。你從孩提時代起想必就是嬌生慣養吧。能切身體會到被父親所愛，是一件好事。如果你是女性，就能友善地與男性相處；如果是男性，就能自然而然地溫柔對待女性，會非常受歡迎。

## 從你的太陽算起，父親的太陽落在第4個星座

是有些難以理解心情的契合度。兩人並不是關係差，你很喜歡父親，父親也很疼愛你。不過，感覺父親有些不知道該如何跟你相處，而顯得有些冷淡。這令你感到寂寞。試著坦率地把想說的話說出口吧。

## 從你的太陽算起，父親的太陽落在第5個星座

是協調的契合度。即使沒有特別關心，也能好好相處。你坦率地依賴父親，父親也會為了回應你的期待而努力，因為他希望你認為他是可靠的父親。不過，彼此也會因為想展現好的一面而有些勉強。如果能坦率地展現弱點，並直接地暢聊失敗或問題，就無懈可擊了。

## 從你的太陽算起，父親的太陽落在第6個星座

父親會對你擺出「孩子要聽父母的話」的態度。這並不是因為父親的性格愛壓迫人，而是因為父親跟你之間是領導與被領導的契合度。只要你能坦率地聽話，就能夠建立良好關係，但如果反抗，關係就會變差。一邊尊重父親，同時好好地把自己的想法傳達出去吧。

## 從你的太陽算起，父親的太陽落在第7個星座

你們兩人的特質相反。父親擁有你所缺乏的特質，這令你對他相當憧憬並抱持敬意；相反地，如果存在令你不中意的事物，就會感到強烈反彈。相處融洽的訣竅，是認清到彼此間的差異。如果能做到這一點，就可以互補不足之處，建立理想的父子關係。

## 從你的太陽算起，父親的太陽落在第8個星座

是令你感到難以靠近的契合度。即使父親邀你出遊或吃飯，只有兩人一起出門的感覺也會很拘束。而父親似乎也對於該如何跟你相處感到傷腦筋。首先由你主動，試著將內心想法坦率地說出口吧。父親即使不知所措，也會加以配合，這麼一來關係應該會有所改善。

## 從你的太陽算起，父親的太陽落在第9個星座

是能夠對彼此暢所欲言的契合度。彼此之間沒有謊言或祕密，能夠建立坦誠的關係。此外，這也是能從父親身上學到許多的契合度。盡可能地多聊聊吧。交談的次數愈多，就愈能接觸到彼此的優點，而能尊敬對方。如果能擁有相同興趣也是很好的事。

## 從你的太陽算起，父親的太陽落在第10個星座

這是受保護的契合度。在面對嚴厲的父親時，你會有點緊張。另一方面，也能感受到受保護的安全感。在你尚未成年之前，可能會因為受到禁止或限制而感到厭煩。但在成年之後，父親如果認為你能獨當一面，減少干涉，問題就會解決。

## 從你的太陽算起，父親的太陽落在第11個星座

是撒嬌不起作用的契合度。父親會將孩子視為獨當一面的人尊重，試著以人與人的關係面對。不過，就連孩子特有的可愛任性都被視為自我中心的行為，孩提時代會不會感到寂寞？相對地，由於父親不會過度干涉，隨著年紀成長，兩人的互動也會改善。

## 從你的太陽算起，父親的太陽落在第12個星座

是會被寵溺的契合度。父親對你疼愛有加，明明應該正在挨罵，卻在回過神來後，已經變成令你高興的發展，比如說不知不覺間約好了去哪裡玩。對父親而言，你能常保笑容就是他最大的幸福。即使長大成人，還是可以盡量撒嬌，這就是對他的孝順。

## 5 你與孩子的契合度（以孩子的星盤，確認你的太陽星座對應的宮位）

要製作高精準度的星盤，除了出生年月日，還需要出生時間與出生地點，不過既然是自己的孩子，應該都很清楚出生時間或出生地點等資訊才是。自己與孩子的契合度，要使用孩子的星盤，來確認你的太陽星座對應的宮位。

即使是孩子，也是與你擁有不同人格或個性的人，或許會存在你無法理解的部分。尤其是青春期，會令你不知道該如何與對方相處。如果能更加了解孩子，掌握契合度，那麼不僅在育兒上能更加輕鬆，也能順利發展對方的長處或才華。

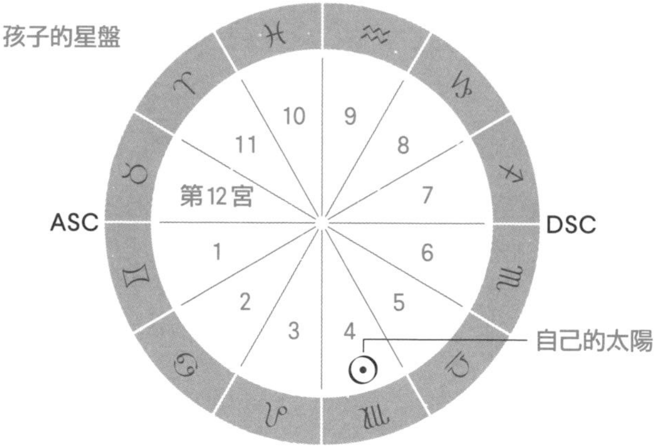


例：調查自己的太陽落在什麼星座幾度上，並察看孩子的星盤，確認對應的宮位。在上圖中，自己的太陽落在處女座，對應的是第 4 宮。

## 你的太陽落在孩子星盤的第1宮

是契合度非常好的親子關係。即使孩子調皮而難纏，你也因為能了解孩子的心情而妥善應對。

容易成為像朋友般的親子，但要等孩子長大後，才能以接近對等的方式相處。在孩子還小時，還是像個父母親，採取堅決的態度比較好。

無論是兒子還是女兒，如果有必要時，在大多數情況下，稍微嚴厲點斥責也不要緊。孩子也能了解父母親的心情，不會畏懼或畏縮，導致性格變得扭曲。

## 你的太陽落在孩子星盤的第2宮

你能以豁達的心情守護著孩子。即使在意孩子所做的事，也別囉唆地插嘴。

讓孩子以自己的步調活動，就是發展其個性或才華的訣竅。你也可以當作「不順從父母想法的孩子，比較能成大器」。

無論是兒子還是女兒，都嚴禁過度干涉。如果出手或插嘴，只是讓孩子變得倔強也就罷了，但擔心的是孩子會表面上不加反抗，卻暗自累積內心的怒氣而封閉心房。

## 你的太陽落在孩子星盤的第3宮

你們是很合得來的親子。當你邀請孩子時，孩子會眼睛發亮地回應。孩子如果提了什麼建議，你也會覺得「很有意思」，而立刻贊成。

從孩子小的時候起，你們就可以愉快地一起行動。尤其是在女兒到了小學高年級的年紀左右，就幾乎能與你對等地交談了。

雖然將興趣或出路交給孩子自己選擇，比較能順利發展，不過孩子也會深受你這個父母的影響。讓孩子從小就累積各種經驗，拓展他的世界吧。

## 你的太陽落在孩子星盤的第4宮

你非常疼愛孩子，而孩子也希望受到疼愛。契合度聽起來似乎很好，但你所認為的溫柔，與孩子所追求的溫柔並不相同。

這是孩子容易看父母臉色而忍耐的組合。別因為孩子不說出不滿而感到放心，沉穩地聽聽他或她想怎麼做吧。

如果用強硬的口吻詢問，對方很有可能會有所顧慮，而只說出令你高興的話來。

## 你的太陽落在孩子星盤的第5宮

是感情很好的親子，彼此間可以暢所欲言。即使吵架也不會拖很久，馬上就能恢復原本要好的親子關係。

與其不分青紅皂白地指示「給我這麼做」，不如稍微放低姿態拜託，孩子會比較樂意聽你的話。

這是父母親希望受孩子喜愛，而容易過於寵溺的組合。如果是父女或母子的組合時，這樣的傾向就會更明顯。該責備時還是要好好斥責。

## 你的太陽落在孩子星盤的第6宮

你對孩子而言是可靠的父母，會滿懷熱情地照顧孩子。

然而，如果呵護得無微不至，可能會有摘除孩子獨立心嫩芽的危險。孩子會因為害怕被拋棄而學會看你的臉色。放手讓孩子去做自己辦得到的事吧。

當有人向孩子提出問題時，也請注意別等不及當事人自己回答，而代替他回答。

## 你的太陽落在孩子星盤的第7宮

如果親子間的行動步調合得來，就不會有問題。是雖然偶爾吵架，卻能融洽地相處的關係。

你也會在孩子身上發現自己所缺乏的長處，而感到讚賞。

尊重孩子的意志，能幫助他發展自己的能力。當親子間的行動步調合不來時，父母努力配合是很重要的。

如果父母感到煩躁，孩子就會敏感地察覺而反抗。如果在妥協上失敗，跟孩子的關係就會永遠是兩條平行線，要當心。

## 你的太陽落在孩子星盤的第8宮

這是孩子在面對父母時會有所顧慮的組合。如果以為孩子在面對父母時，會隨心所欲展現自己，那就大錯特錯了。

對孩子而言，你是令人生畏的存在。因此孩子會壓抑自己的想法，迎合你講出（自己推測）你想聽的答案。如果你希望孩子能天真無邪地撒嬌，對方也會這麼表演。

尤其如果是女兒，更會敏感地解讀父母的內心。如果能讓孩子無憂無慮地成長，也能發展才能，帶給你喜悅。所以學會尊重孩子本人的想法吧。

## 你的太陽落在孩子星盤的第9宮

是很合得來的親子。無須過度小心翼翼，也能愉快地相處。

即使稍微溺愛也不會不妥；就算嚴厲斥責，感情也不會惡化。是很容易按照你的期望成長的孩子。

你的兒子或女兒時常令你感到驕傲，使其發展個性或才能的訣竅，在於放手讓孩子去做想做的事，無論何時都要加以稱讚、鼓勵。當孩子表示想做什麼時，別潑冷水或令對方難得鼓起的幹勁受挫。

## 你的太陽落在孩子星盤的第10宮

你很容易在沒有自覺的情況下壓抑了孩子。如果你認為管理孩子的生活是身為父母理所當然的義務，就需要注意了。

尤其是對女兒來說，你可能會凡事過度嚴厲地叮嚀提醒，要注意適可而止。

如果是精神性強韌的孩子，總有一天會強烈地反彈；如果是精神性軟弱的孩子，難保不會對父母緊閉自己的心房。在青春期後，認同孩子是一個獨立的存在，並尊重對方的意志是很重要的。

## 你的太陽落在孩子星盤的第11宮

你能夠以「家人」這個名稱的夥伴身分支持著孩子。能夠如此也是因為你能坦率地認同孩子的想法或做事方式。

由於這樣的態度傳達給對方，孩子得以隨心所欲地行動，並信任父母，凡事都會跟你商量。

即使離開你身邊生活，親子之間深厚的親情也不會改變。

別以父母的想法或社會上的常識束縛孩子，凡事都讓他自由地去做，這就是發展個性或才能的訣竅。

## 你的太陽落在孩子星盤的第12宮

是父母會將孩子視若珍寶的契合度。即使竭盡所能地呵護備至，仍覺得還有什麼事可以替對方做。

在接受滿滿的親情關照下，孩子就像王子或公主般可愛地成長。即使成年後也善於撒嬌，受到所有人的喜愛。

不過，要是照顧得太小心翼翼，也會有難以發展自我的傾向。在孩子進入暗潮洶湧的社會之前，先藉由學習運動等事情，讓他練習培養堅強的意志或許比較好。

## ⑥ 你與難相處之人的契合度 （以難相處對象的太陽星座，是從你的太陽星座算起第幾個來確認）

在這世上，總會存在著不知為何就是無法融洽相處的對象，比如跟你合不來的公司同事、無論再怎麼盡心侍奉仍不給你好臉色看的婆婆等。你跟對方或許根本就合不來。

如果能夠避免跟那種對象有所牽扯就再好不過，但當無法如願時，就令人難受了，必須設法與對方好好相處。即使契合度為性質相異，仍存在能順利相處的方法。調查對方的特質或類型，來了解合適的相處方式吧。請透過對方的生日，以太陽星座來確認。

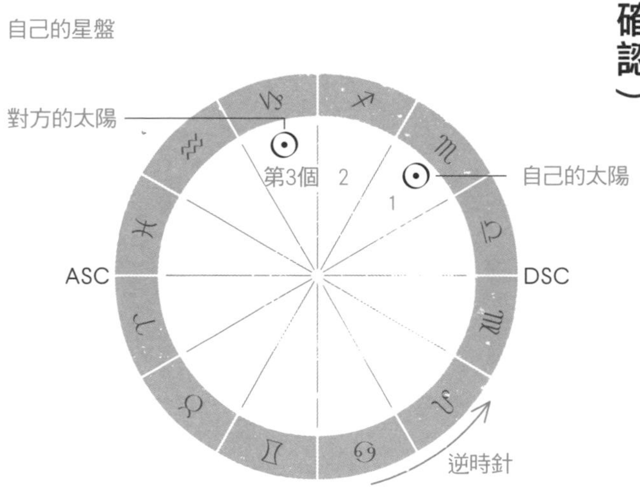


例：在自己的星盤上，從自己的太陽算起，確認難相處對象的太陽是第幾個星座。如果自己的太陽落在天蠍座，對方的太陽落在摩羯座時，診斷就是對方為「第3個」星座。

## 你的太陽與對方的太陽落在同一個星座

這是長處與短處都一併強調的關係。當你覺得不擅長與這個人相處時，會在對方身上找出與自己的缺點相似的短處。由於連自己都感到討厭而盡可能避開不看的缺點，被毫不留情地擺到自己面前，令人感到難受。一旦發現到這點，想到對方或許也很困擾，就會感覺親近起來，感到棘手的想法也會減輕。

## 從你的太陽算起，對方的太陽落在第2個星座

是能夠充分信任的對象。即使有些愛撒嬌，對方也能接納。是容易親近，有許多地方令人喜愛的對象。雖然因為是寶貴的存在而想加以重視，但實際上會因為能撒嬌而感到舒適，容易單方面地依賴對方。這麼一來，你對對方來說就會變成沉重的存在。別一味地撒嬌，也要思考如何成為對方的助力。

## 從你的太陽算起，對方的太陽落在第3個星座

是能夠坦率往來的關係。你其實能在對方面前悠閒自得地施展。不過，若是處於嚴格的上下級關係或競爭關係，就會產生不協調。所處立場的苦悶感，將會轉變成針對對方的憎惡。盡量避免被迫成為上下級關係，或避免在同一個場合中競爭。

## 從你的太陽算起，對方的太陽落在第4個星座

是讓你無法強烈表現的對象，因此你無法暢所欲言。對方也因為你什麼也不說，不知道你在想些什麼，導致苦於該如何應對，態度也會因此變得強硬。這麼一來，你會覺得對方愈來愈難靠近。只要留心溝通，就能改善事態。

## 從你的太陽算起，對方的太陽落在第5個星座

是可以自然而然地依靠或被依靠的對象。原本應該是能夠協調的關係。然而，你們兩人在性格的缺點上也十分相似。如果彼此將不擅長的事情互推給對方，就無法避免反目。應該互相彌補弱點，將不擅長的事情分工進行。這麼一來，出乎意料地，你們可能會很合得來而融洽相處。

## 從你的太陽算起，對方的太陽落在第6個星座

令人感到不快的對象。會討厭對方的原因與其說是覺得棘手，不如說是不知道如何相處才會感到棘手的類型。即使試著提供對方可能感興趣的話題，對方也不會附和，使得雙方聊不下去。對方也在迴避著你，與你保持距離。雙方都試著別過於警惕，坦率地將想法說出來吧。

## 從你的太陽算起，對方的太陽落在第7個星座

第一印象是令人感到排斥的對象。那是因為對方擁有你所沒有的事物。儘管排斥，卻也無法毫不在意，就是這樣棘手的對象。首先請認同彼此間價值觀或思考方式的差異。這是儘管第一印象差勁，卻會逐漸改觀，不知不覺間成為獨一無二的摯友或情人——這是常有的模式。

## 從你的太陽算起，對方的太陽落在第8個星座

當回過神來時，自己正在照著對方的話做。是只有你容易吃虧的關係。既然如此，只要向對方的提議說「NO」就好了，但就是因為辦不到才煩惱。不過，如果將主導權交給對方，雙方的關係就不會起風波。如果想跟對方好好相處，不如就乾脆地回「好好」並尊重對方。

## 從你的太陽算起，對方的太陽落在第9個星座

照理來說是個容易融洽相處的對象。不需有多餘的顧慮，凡事都能暢所欲言，並互相提升成長。但由於是能輕鬆相處的對象，也容易熟稔起來，接著就會覺得對方的缺點十分惹人厭。也會產生希望對方多顧慮一些的想法。你也要記得「再親密的關係也需要懂禮貌」這一點。

## 從你的太陽算起，對方的太陽落在第10個星座

是具有壓迫感的對象。對於你所做的任何事都能插嘴。雖然令人厭煩，但由於對方大多出於好意，所以不要反彈才是上策。即使覺得麻煩，也一一仔細說明獲得對方的理解吧。如果表露煩躁的態度，或試圖強行突破，反而會讓對方的善意或愛情轉為惡意或憎恨。

## 從你的太陽算起，對方的太陽落在第11個星座

照理來說是能不在意年齡或性別差異，愉快相處的對象。這個人重視自己的步調，同時也很重視他人的步調。正因為如此，才討厭自己的步調被人打亂，或有人闖入自己的領域。先以坦率的氣氛讓對方放鬆，並注意別一不小心就做出旁若無人的行為。

## 從你的太陽算起，對方的太陽落在第12個星座

對你而言，照理來說是個很好聊的對象。這是因為對方對你很寬容，能讓你無須顧慮地暢所欲言。當意見分歧時，對方也願意讓步。由於聊起來很輕鬆，你有沒有不小心直接將情感表達出來，或說了任性的話呢？如果因為對方很溫柔而得意忘形，對方原本寬容的態度也會變得強硬。

# 透過診斷身邊人們或名人的契合度來學習

## 累積實際經驗習慣星盤

說到契合度分析，一般很容易只考慮到「契合度是好還是壞呢？」但星盤是由十二星座、十大行星、十二宮以及相位所構成，內容其實十分複雜。並沒有契合度是一切都好或一切都壞的。因此，在分析契合度時不是只看好壞，最重要的是解讀「是怎樣的契合度」。

挑選同為知名人士的人來練習如何診斷契合度，是很有效果的方法。有許多知名人士不乏情侶、夫妻、前夫妻、兄弟姊妹、親戚、搭檔、夥伴……等組合。而且也很容易取得出生年月日及一定程度的人物資訊。就在分析完各自的星盤後，來確認兩人的行星之間形成怎樣的相位吧。從下一頁起，會舉出四個案例介紹（以出生時間、出生地點不詳來診斷）。

## 案例1

# 廣瀨愛麗絲、廣瀨鈴姊妹

## 身為同行的當紅女演員姊妹，互相刺激的契合度

* 廣瀨愛麗絲
1994年12月11日出生
* 廣瀨鈴
1998年6月19日出生

廣瀨愛麗絲小姐的星盤

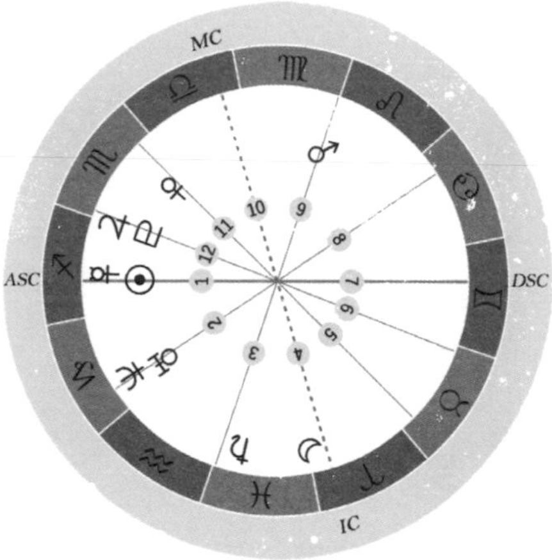


廣瀨鈴小姐的星盤

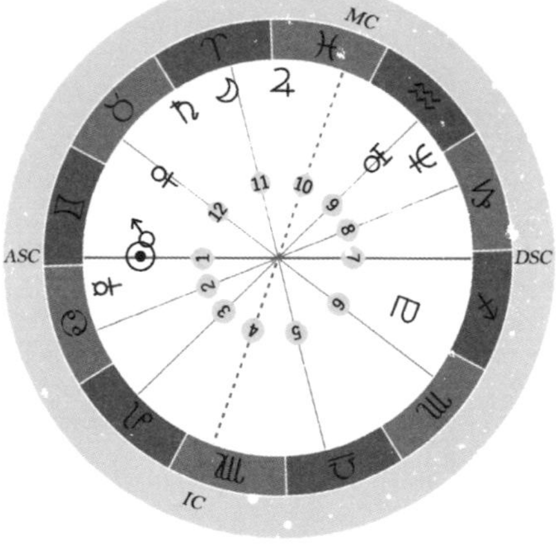

## 是相互激勵提升幹勁的存在

鈴小姐的太陽與木星形成四分相，與土星形成六分相。是兼具認真與散漫兩面性的類型。由於月亮落在牡羊座，熱衷與不熱衷的方面差異很大，人們對她的印象會因人而異。不過，水星落在巨蟹座，有容易親近與充滿表現力、容易受大眾喜愛的傾向。

愛麗絲小姐的太陽與水星在射手座形成合相。腦子轉得很快而靈巧。由於好奇心旺盛，對於未知事物的吸收速度快，是能在國際上大為活躍的類型。不過很容易勉強自己的身體，因此也需要勇於保留。

鈴小姐的太陽與愛麗絲小姐的火星形成六分相，水星分別與金星及土星形成三分相。姊姊對妹妹而言，是個能帶給她積極進取，一心努力的心情的存在，尤其是鈴小姐在工作方面的動力之一，由於從事同樣的工作，而受到更強的信任。姊姊的太陽與水星，與妹妹的火星形成對分相。鈴小姐的活躍也對愛麗絲小姐造成刺激，在振奮的同時，也會成為強烈的壓力。不過，由於雙方的木星形成三分相，因此對雙方而言，彼此都是能夠為自己在演藝圈帶來好運的對象。

**Point**

對妹妹而言，姊姊是積極心情的泉源。對姊姊而言，妹妹是刺激與壓力。不過也是互相帶來好運的關係。

※契合度診斷首先會以元素判斷，不過也可以確認雙方行星的相位。將兩人的星盤重疊時，透過行星之間的角度，就可以得知有怎樣的力量關係正在起作用。

案例 2

# 三明治人

好感度出類拔萃！
令人露出笑容
的搭檔，
交情的主要因素
為何？

✷ 伊達幹生
1974年9月5日出生
✷ 富澤岳史
1974年4月30日出生

伊達幹生的星盤

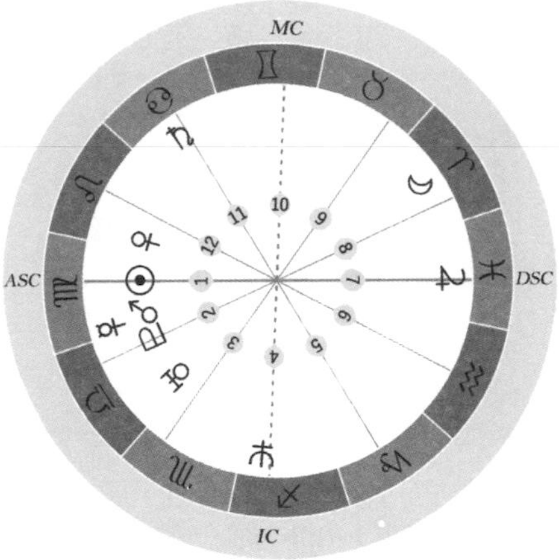


富澤岳史的星盤

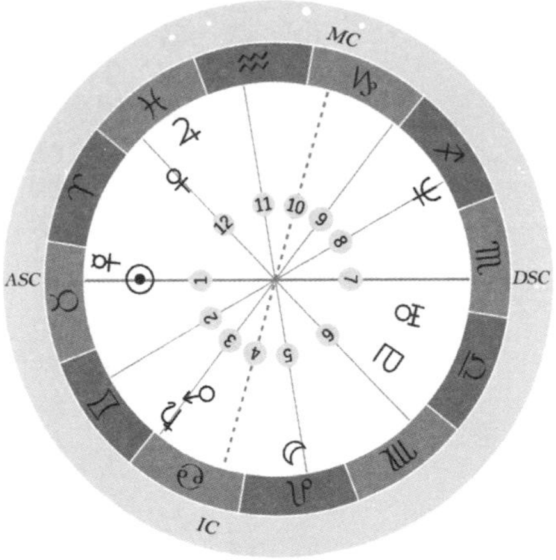

## 兩人之間充滿慈愛，堪稱契合度佳的範例

富澤先生落在牡羊座的太陽與水星大致形成合相，火星與水星形成六分相。是個腦子轉得很快，心胸開闊且活躍的人。從月亮星座可得知他喜歡演藝娛樂，並擁有藝人的特質。

伊達先生落在處女座的太陽與木星形成對分相，與土星形成六分相。是個能夠積極而踏實努力的人。水星與火星都落在處女座，因此是個會注意細節，並採取對方期望去行動的人。月亮落在牡羊座，是善於照顧人的可靠人物，無法對有困難的人視而不見。

雙方的太陽形成三分相，月亮也同樣為火象元素，可說是契合度佳的典型案例。對於彼此正在想些什麼、喜歡什麼、討厭什麼，不用說出口就能互相理解。富澤先生的太陽與伊達先生的木星形成六分相。伊達先生能讓富澤先生感到開心，尤其是令他在精神上富足。代表工作運的富澤先生的水星，沒有與伊達先生的行星形成相位。給人的印象是，與其說是為了工作，不如說是跟伊達先生一起工作真的非常開心。另一方面，伊達先生的水星與富澤先生的金星及土星分別形成凶相位，因此代表著他在確實感覺到責任的同時，也隨時意識到搭檔或社會對自己的期望為何。

**Point**

雙方的太陽形成三分相，月亮為同樣元素，富澤先生的太陽與伊達先生的木星形成六分相，契合度佳。

案例 3

# 香川照之（市川中車）、市川猿之助

## 多方活躍的堂兄弟，今後的發展如何？

✷ 香川照之（市川中車）
1965年12月7日出生
✷ 四代目市川猿之助
1975年11月26日出生

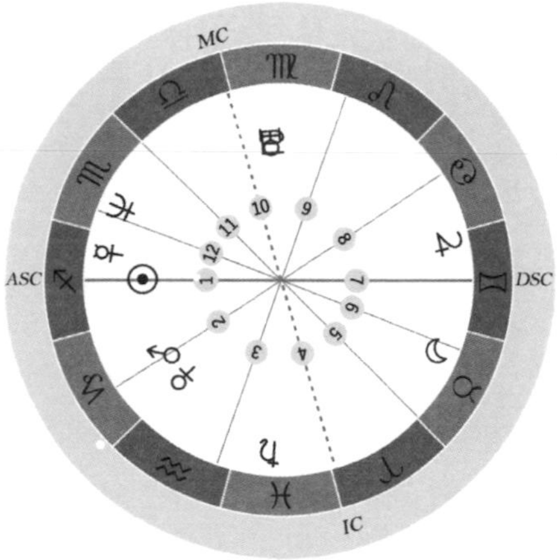


香川照之的星盤

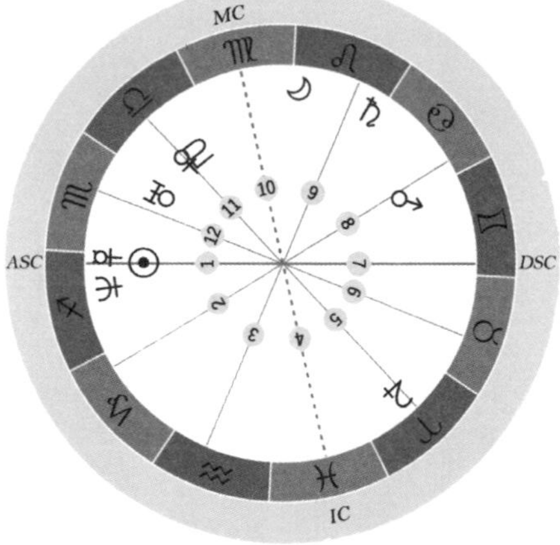


市川猿之助的星盤

## 在求取知識的貪婪及善於交際上是共通的

香川先生的太陽與土星、天王星、冥王星形成四分相。不僅博學多聞，而且學識淵博。凡事都要追究到底，不允許妥協，令周遭的人跟不上他。不過他的水星落在射手座，火星落在摩羯座。彬彬有禮，而且擁有旺盛的服務精神，希望能帶給人們快樂。

市川先生的太陽與水星形成合相，與土星形成三分相。是好奇心旺盛，對於許多事都積極挑戰並掌握的努力之人。由於火星落在雙子座，金星落在天秤座，因此對於流行或時尚十分敏感，善於交際，在許多領域都有朋友。

雙方的水星形成合相，香川先生的金星與市川先生的水星形成六分相，因此兩人在工作態度上或喜愛的事物上，意見很容易有共識。市川先生的太陽也與香川先生的水星及金星形成相位。兩人作為工作或遊玩夥伴十分合得來。市川先生的海王星與香川先生的太陽形成合相，與冥王星形成六分相，因此市川先生對香川先生而言，是能拓展自身演技幅度，贊同自己所認為的傳統並加以繼承的存在。不過，香川先生的火星與市川先生的金星、木星形成四分相。代表他會在市川先生面前得意忘形，或是加以勉強，市川先生或許有對香川先生唯命是從的可能。

**Point**

在工作上及遊玩上都是良好的契合度。不過，也有得意忘形而勉強人、過於依賴的一面。

案例4

# 木村拓哉一家

## 集憧憬於一身的家庭關鍵為何？

✷ Cocomi
2001年5月1日出生

✷ Kōki,
2003年2月5日出生

✷ 木村拓哉
1972年11月13日出生

✷ 木村（工藤）靜香
1970年4月14日出生

### Cocomi的星盤

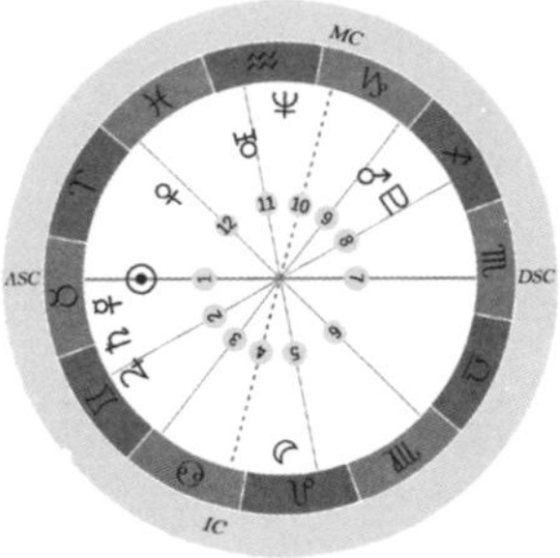


### 木村拓哉的星盤

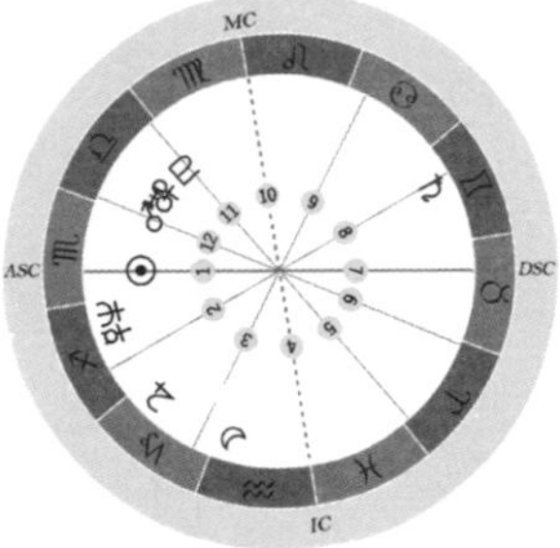


### Kōki,的星盤

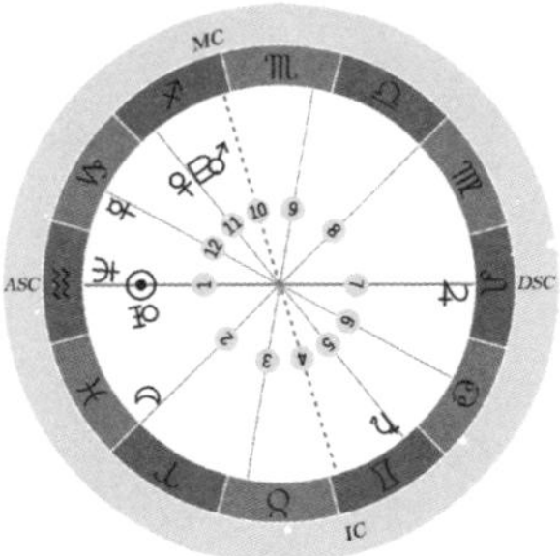


### 木村（工藤）靜香的星盤

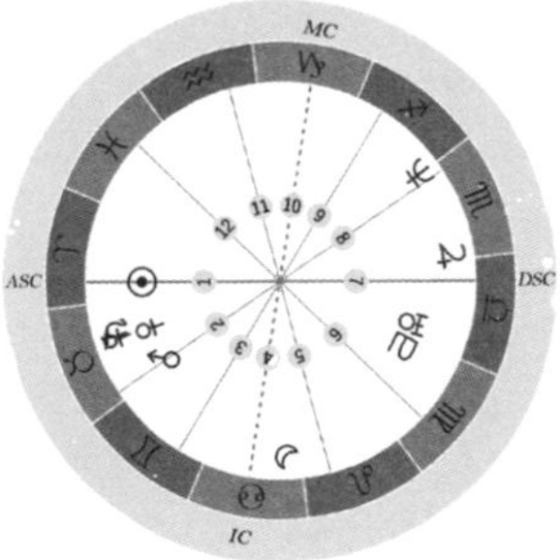

## 女兒們的運勢比父母親還強！家人間的溝通活躍

木村先生的太陽沒有主要相位，代表著雖然確立了個性，但也擁有著能處理跨越多領域工作的靈活度。工藤小姐的太陽可能也沒有主要相位，可說是與丈夫相同。不過，落在金牛座的水星、金星及土星形成了人格的核心。

長女的太陽與海王星形成凶相位，有許多糾葛與煩惱。由於海王星與數顆行星形成相位，如果能活用社群網路或想像力為佳。次女的太陽與海王星在水瓶座形成合相，與火星形成六分相。代表她擁有最新醫療或現代藝術等領域上的才華。

夫妻倆的太陽及火星分別都幾乎形成對分相，代表兩人尊重彼此的行動，並保持適度距離。角色分工明確，因此鮮少有衝突。姊妹倆的興趣或嗜好雖然不同，但能以這份差異作為話題，建立良好的關係。由於父母與女兒們形成許多相位，代表影響力強，溝通活躍。由於有許多凶相位，代表在管教上可能重視規定，十分嚴厲？似乎過著出乎意料地以女兒們為中心的生活。木村先生有好幾顆行星與女兒們的水星形成相位，因此在工作方面是個很好的嚮導。父親的本事攸關女兒們能否活躍。

***Point***

是溝通活潑的一家人。由角色分工明確的父母與感情要好的姊妹所組成。工作方面取決於父親的本事。

# 診斷社群網路時代的契合度，也需要關注水星！

戀愛的契合度基本上看金星與火星，而婚姻的契合度則以太陽與月亮來分析。不過，近年來還有另一顆行星，被認為扮演了重要的角色，那就是水星。

隨著社群網路時代的到來，司掌溝通或通訊方式的水星，在分析契合度上成了不容忽視的存在。這不僅會影響男女，還會影響所有方面的人際關係。藉由關注水星，或許可以發現如何保持人際關係圓融的提示，避免有所誤會等等。

此外，即使在出生星盤上顯示你是難以交到男女朋友或結婚的特質，視契合度而定，也有可能消除這個問題。不過，由於也可能發生相反的情況，因此分析與相關對象之間的契合度是很重要的。

Column

# 第5章

# 透過星盤占卜未來

# 關於占卜未來

## 確認行星的動向如何在自己身上發揮作用

在西洋占星術中，有許多種解讀未來的方法，本書中使用了稱作「行星過運法」的推運方式。這項方式是計算在你所想知道的時機當下，行星會運行到天球上的何處，接著與出生星盤相對照，確認行星落在哪個宮位、與出生時的行星形成何種相位。藉由思考運行中的行星對地上會造成怎樣的影響，來預測個人的運勢或未來。至於究竟會造成何種影響，取決於行星以及其坐落的宮位而定，在追尋行星動向的過程中，你就會得知何時會有怎樣的好運造訪，或是容易遭遇怎樣的麻煩。請將此作為過著充實日子的提示，思考該如何度過那段時期。

此外，為了將你所想知道的時機運行的行星，與在你出生星盤上的行星區隔，會將其稱作「行運（Transit：經過）行星」，在本書中也有幾處會以「T太陽」、「T木星」的縮寫形式呈現。

# 1 透過行運木星的動向占卜整年運勢

據說木星會帶來擴張與發展。因為木星過境一個星座的時間大約一年，所以在西洋占星術中，會用它來確認一整年的運勢。由於根據T木星落入出生星盤的那個宮位，可得知一個人在這大約一年之間，會獲得怎樣的發展機會，因此只要在此投注心力，就能更輕易達成目標。

然而，木星的擴張作用會影響到任何層面，同樣地也可能會擴張該宮位的要害，需要注意這點。

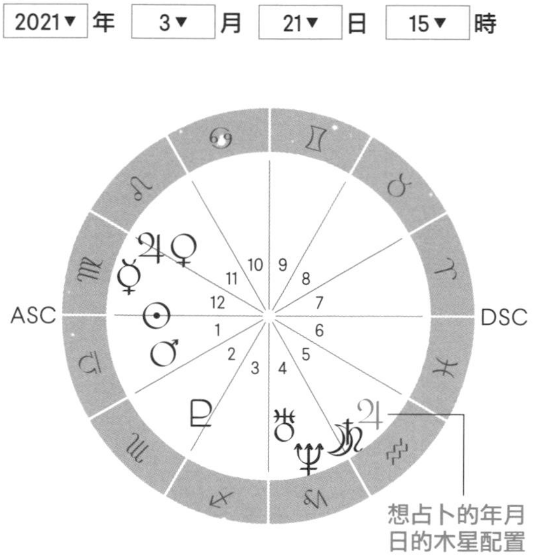


在網站上輸入想查詢的年月日，找到「木星」的位置，確認它所在的宮位。

# 行運木星的動向

| | |
|---|---|
| 2020年12月19日<br>〜<br>2021年5月13日 | 水瓶座 |
| 2021年5月14日<br>〜<br>同年7月27日 | 雙魚座<br>※6月20日〜7月27日為逆行 |
| 2021年7月28日<br>〜<br>同年12月28日 | 水瓶座<br>※7月28日〜10月17日為逆行 |
| 2021年12月29日<br>〜<br>2022年5月10日 | 雙魚座 |
| 2022年5月11日<br>〜<br>同年10月27日 | 牡羊座<br>※7月29日〜10月27日為逆行 |
| 2022年10月28日<br>〜<br>同年12月19日 | 雙魚座<br>※10月28日〜11月23日為逆行 |
| 2022年12月20日<br>〜<br>2023年5月16日 | 牡羊座 |
| 2023年5月17日<br>〜<br>2024年5月25日 | 金牛座<br>※2023年9月4日〜12月30日為逆行 |
| 2024年5月26日<br>〜<br>2025年6月9日 | 雙子座<br>※2024年10月9日〜2025年2月3日為逆行 |

## 行運木星 落在你的第1宮 的年分

能拓展眼界，並擴大行動範圍，是充滿希望與進取心的一年。當你設定了需透過長期計畫達成的新目標後，事情會順利得令人驚訝。此外，你的想法會受到認同，而獲得發揮實力的機會，不過由於過於順利，會讓你容易變得不注重小地方而流於馬虎，需要注意。

## 行運木星 落在你的第2宮 的年分

財運會提升，經濟活動會透過你的計策而活化。你能活用至今為止鍛鍊出來的工作技能或興趣，創造新的收入來源。同時，認真儲蓄也能吸引好運。由於行星運行顯示出的是只要工作就能確實獲得回報的踏實步調，因此不適合股票等投機或賭博的方式。

## 行運木星 落在你的第3宮 的年分

是能順著好奇心採取行動的有趣一年，如果能活用社群網路或部落格等網際網路方式為佳。會有些令人欣喜的發展，比如說獲得一點收入，在意想不到的方向建立人脈，使得有人在你想做的事情上推你一把等。在讀書或學習等方面也能迅速進步，而學會各式各樣的技能，身邊的人們也會有喜事發生。

## 行運木星 落在你的第4宮 的年分

發生許多與房屋或家人相關的喜事，比如說因為結婚或生產等原因而增加家人、購買不動產、搬到比現在還寬敞的房屋等。如果你對現在的住處有所不滿，只要積極收集資訊，就有很大機率遇到優良物件。由於強化家族親情，尤其是與母親般的人之間的關係，能召來好運，如果與對方分開生活，就請頻繁保持聯繫。

## 行運木星落在你的第5宮的年分

會增加休閒娛樂等許多享受非日常生活的機會。也有許多戀愛機會，有很大的可能會懷孕。如果從事藝術活動的人盡量發表作品，就能掌握發展的契機。此外，現在也是適合投資等的時期，不過只能獲得一時的喜悅。即使能靠投機方式賺到一筆，也只是錢一到手就花完。

## 行運木星落在你的第6宮的年分

是能期待在工作方面有所發展的時期，比如說投注心力處理的案件獲得認可、工作職場上的人際關係順利等，也有機會找到條件良好的工作。在健康方面也會遇見轉機，找到適合自己的養生方式，或遇到很好的治療方式等，得以解決長年不適的問題。然而，你也可能會對於自己的健康過於自信而有所勉強。

## 行運木星落在你的第7宮的年分

是在人際關係上有新發展的時期，會遇見可稱之為「最佳拍檔」的對象。如果是單身人士，友人會介紹通往婚姻的對象，而情侶則是邁入婚姻的好時機。如果是在工作的人，會獲得喜歡的工作夥伴。除此之外，訴訟或簽約也能朝有利的方向前進，在合夥經營或合資方面也有好處。

## 行運木星落在你的第8宮的年分

能加深與夥伴之間的情誼。由於想和長時間共度的對象加深關係的想法十分強烈，性生活也會很充實。同時也是容易懷孕的時期。你有機會獲得一大筆錢，並有效運用這筆錢，因此也是貸款或投資的好時機。

## 行運木星
## 落在你的第 9 宮
## 的年分

提升追求未來的目標，眼界變得開闊，將會是鍛鍊貢獻社會技能的最佳環境。適合為了取得以司法考試為首的國家證照而念書，也有以世界規模大為活躍的機會。如果能提升外語會話能力，在能力所及範圍處理社會問題等，運勢就能顯著提升。

## 行運木星
## 落在你的第 10 宮
## 的年分

是至今為止的努力與忍耐獲得認同，收入也會提升的一年。只要認真工作，也有晉升的可能性。還能遇到得以發揮自己才能的「天職」，也適合獨立、換工作。責任雖然會增加，不過擁有不將這份壓力當一回事的氣勢，因此會積極面對被賦予的挑戰。

## 行運木星
## 落在你的第 11 宮
## 的年分

提升對於貢獻社會的興趣，產生「人生目的」，也有可能獲得達成目標的機會。此外，也會增加能協助你活動的熟人，擴大人際關係。託網際網路的福，你也能獲得世界各地人們的支援，是能與這些人同心協力，讓事情有所進展並獲得成功的一年。

## 行運木星
## 落在你的第 12 宮
## 的年分

是會為了人們竭盡心力，而獲得好運勢的一年。煩惱都能解決，即使發生問題也會出現協助者，讓你成功克服。直覺變得敏銳，能從夢境等地方獲得解決問題的提示。話雖如此，現在並不是積極主動出擊的時期，而是保持被動狀態多休息一會兒。

## 從行運土星解讀大約兩年半的課題

土星自古以來就被視為帶來厄運的星辰，不過，近年也有「透過考驗促進成長的行星」這樣更為積極正向的解釋。土星過境一個星座的時間大約兩年半，請確認T土星會落在出生星盤上的哪個宮位。這麼一來就能從該宮位的主題，得知這個時期容易發生怎樣的障礙，進一步能學習到什麼事情。

比如說，如果落在代表收入的第2宮，就可以解讀成或許會在收入方面發生無可奈何的事。不過也能藉由它過境第2宮的期間，重新審視用錢方式，並學習如何理財、鍛鍊自己的金錢品味。

## 行運木星與行運土星的相位

木星象徵擴張與好運，土星象徵抑制與考驗。當這兩顆力量完全相反的行星形成相位時，想必也會對社會整體造成很大的影響。

二〇二〇年，兩顆行星完全重疊的「大合相」，就像是同時踩下汽車油門與煞車的狀態。儘管一開始顯得混亂，也能藉由土星的一板一眼而指示全新的方向。當形成吉相位時，土星與木星的能量也能取得良好平衡，朝著踏實的方向發展。形成凶相位時，能量則會起相反的作用，由於失去平衡，或許容易引發經濟蕭條或重大事件、意外。

# 透過行運太陽的動向占卜以月爲單位的未來

如同你所知道的「從3月21日到4月19日之間出生的人為牡羊座」一般，太陽過境一個星座的時間約為一個月。接下來，將介紹藉由確認正在運行的太陽會落在你星盤上的何處，來解讀它在大約一個月內會引發怎樣的作用。

由於太陽會照亮該宮位代表的事物，並給予溫暖，因此帶來該領域在生活中活化的形象。

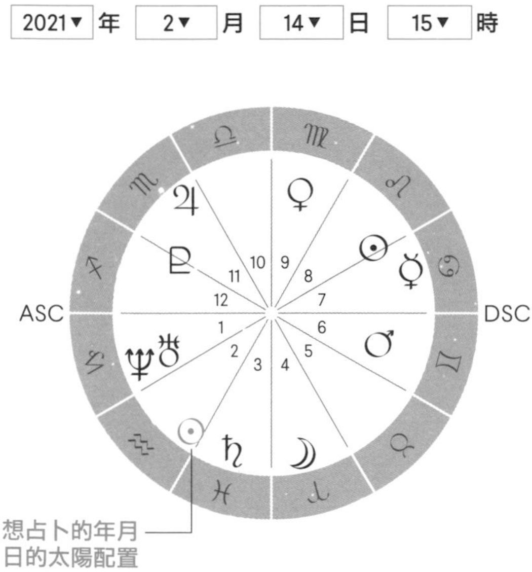


在網站上輸入想查詢的年月日，找到「太陽」的位置，確認它所在的宮位。

## 行運太陽落在你的第1宮的期間

運勢良好。由於會受到矚目，是適合強調自己想法的期間。對於一件事是否對自己今後有所加分相當敏感，能從這個角度判斷事物。一旦訂定目標就會產生幹勁，而有比平時更大膽挑戰的可能。也會拓展交友範圍，可以積極地自我推銷。同時也暗示著遲滯的事項按照自己的想法開始動起來。

## 行運太陽落在你的第2宮的期間

運氣平平。是擁有的事物沐浴在聚光燈下的時期。所謂擁有的事物，除了實際物品，也包括愛情、財富、地位等在內。如同與T金星所帶來的「財運」互補一般，會重視你所擁有的事物，並想好好培養壯大。此外，事情會以自己的步調取得進展，並找到許多微小的幸福。

## 行運太陽落在你的第3宮的期間

運勢佳。事情大致上都能順利進展。靈活度變高，是充滿輕快氛圍的期間。由於陽光照耀在智慧上，可以解讀成在知性活動上很走運。如同與T水星所帶來的「溝通運」互補一般，能提升對話能力。在新的收集資訊方式或方便的網路工具上很走運。

## 行運太陽落在你的第4宮的期間

運勢低迷。與其在外頭活躍，在可稱之為「自己的容身之處」站穩腳步地生活更為穩定。開運行動為打掃房間或改變擺設。與志同道合的夥伴之間也是處於能獲得許多刺激的時期。此外，與母親之間的關係增加，有獲得協助的運勢。自己也會成為母親般的角色，增加多管他人閒事的情況。

## 行運太陽 落在你的第5宮 的期間

運勢良好。戀愛、創造性、遊玩等運勢都會活化，是能享受眾多愉快事情的期間。增加積極度，運勢明顯看漲。行為舉止會變得誇張，受到矚目。藉由坦率地展現內心的自我表現，也能獲得莫大喜悅。但是，自尊心也會因此提高，而會對於他人對自己的種種話語變得神經質。

## 行運太陽 落在你的第6宮 的期間

是重視自己的運勢。與前面第5宮的受歡迎運截然不同，會減少光鮮亮麗的程度，是不起眼地進行事物的運勢。在興趣方面，只要穩紮穩打地學習，就能獲得成果。也是思考自身責任或職責的好契機。會在意起細微瑣事，而對他人態度嚴厲。身心健康是這個時期的主題。

## 行運太陽 落在你的第7宮 的期間

運勢吉凶參半。在人際方面有變動，有人與你變得接近，也有人離開。也有敵我雙方顛倒的情況。現在是不抵抗變化，順其自然的好時機。如果意識到團隊合作或夥伴契合度，會是獲得充實感的時期。也有提升美麗或品味的運勢。開運行動為同時鍛鍊外表與內在。

## 行運太陽 落在你的第8宮 的期間

是重視自己的運勢。變得內向，放慢事物的進展速度。與善於交際的第7宮期間相反，由於話說得不夠而發生令人著急不耐的事件。會變得多疑，煩惱加重，但在過去的經驗中有恢復狀態的提示。關鍵在於凡事都要堅持不懈地處理。此外，不分工作職場或家庭，也有繼承某些事物的運勢。

## 行運太陽
### 落在你的第9宮
### 的期間

運勢良好。氣勢復活，是能自由豁達地行動的運勢。會熱情地想探求並深入理解某些事物。時常被拖到核心位置，由於態度坦率而受到歡迎。判斷力與決定力也會提升。由於他人會傾聽你的話語並支持你，有機會將之前所想的事情付諸執行。出遠門為吉。

## 行運太陽
### 落在你的第10宮
### 的期間

運勢曲折。原本在進行的事情動作會變得遲緩，但可能達成工作上的目標。向上爬的意願及或認可的欲望提升，會做出好成績，獲得高度評價。也能期待受到上級關照提拔，在這段時期好好努力，就能大為活躍。另一方面，也暗示著容易拘泥於自己的做事方式而變得固執。在簽約或約定方面的事情上嚴禁焦慮。

## 行運太陽
### 落在你的第11宮
### 的期間

運勢佳。事物進展的速度加快，人際方面良好。發生的好事都來自周遭的人們。由於協調性增加，氛圍變得和善，是容易獲得協助者的時期。此外，腦子運轉的速度加快，能發現有意義的方法。至今為止只能大致掌握方向的事物，也可能得以清楚鮮明地確認細節內容。

## 行運太陽
### 落在你的第12宮
### 的期間

是重視自己的運勢。這是在進入接下來的第1宮之前，累積力量的期間。判斷力降低，行動力也會變得遲緩，不要勉強自己比較好。容易對於無法明確掌握的事物感到畏懼，而會杞人憂天，造成自己不安。與人事物之間的距離也會拉近或疏遠，請只考慮留下自己真正需要的事物，順其自然。

更詳細掌握未來

# 透過行運水星占卜工作或人際關係上的運勢

透過行運水星，能解讀一個人現在或未來的工作運以及溝通運。

隨著水星過境各個宮位，也會照亮工作上的各個方面。當水星落在你星盤上第1宮的期間，在工作上會產生幹勁，提升處理速度，也更容易發揮能力。在移動到第2宮時，速度雖然會變慢，但耐性會增加，是在工作能力上容易獲得評價的狀態。溝通運也是相同的，只要得知運勢，就能得知人際關係上的進退時期，而對自己有所幫助。

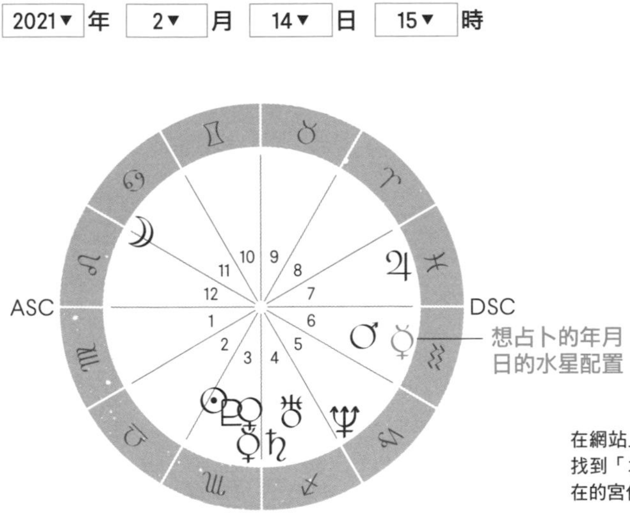


在網站上輸入想查詢的年月日，找到「水星」的位置，確認它所在的宮位。

## 行運水星
### 落在你的第1宮
### 的期間

與朋友、熟人之間的溝通活化，是增加往來或聯繫的時期。也會出現與休閒或興趣相關的新計畫。積極進取的態度奏效，對工作也產生正面影響。此外，除了有活用特長的機會，對於第一份工作也會充滿幹勁地處理。收到有益的資訊，談判交涉十分順利。

## 行運水星
### 落在你的第2宮
### 的期間

是工作運勢看漲的時期。由於是能夠發揮耐力的時期，專心進行就會有所進展。工作上有強烈堅持雖然能提升品質，卻也會導致速度略微減緩。此外，也有可能透過活用技術、證照及經驗，獲得報酬或獎金等臨時收入。也容易開始發展副業。

## 行運水星
### 落在你的第3宮
### 的期間

工作運勢順利。在工作相關的學習或孜孜不倦練習的事物上有所成長。如果有任何以提升等級為目標的考試或實力測驗，將能獲得好成績。此外，在這段期間也很容易從大眾媒體或社群網路上獲得進一步提升生活的有益資訊。也暗示了會收到意料之外的通知。

## 行運水星
### 落在你的第4宮
### 的期間

是會奮不顧身地工作的時期。由於是人來人往頻繁、調動、物品移動的運勢，會過著靜不下來的每一天。然而，在這段期間的努力將能提升生活品質。改善職場環境會有好運。在人際關係方面，雖然會珍惜自己人，卻容易與新成員或外人之間築起高牆，需要注意。

## 行運水星 落在你的第 5 宮 的期間

是「努力遊玩，努力工作」的運勢。私生活充實對工作也有正面影響。你將會湧現很棒的點子並加以活用，大為活躍。在交涉談判上，如果由你掌握主動位置，發展會對你有利。在工作技能競賽等方面可獲得好成績。心情變得開朗，可以擺脫萎靡。

## 行運水星 落在你的第 6 宮 的期間

能夠仔細作業，提升工作品質而獲得高度評價。在講求縝密的工作上可得到成果。事物雖然不會一蹴而就，但能有計劃地進展，是先前的累積能明確化為有形的期間。上下級關係可能會發生變化。此外，在健康管理上，是資訊會成為關鍵的時期。蔚為話題的商品等具有維持健康的效果。

## 行運水星 落在你的第 7 宮 的期間

是容易受到工作對象影響的時期。會受到對方的心情左右，而有意料之外的發展，或事情難以解決的情況。不過，由於商務禮儀良好，且能臨機應變地應對，就結果而言能提升你的評價。也可能會有工作上的競爭對手登場，但能締造互相刺激的良好關係。

## 行運水星 落在你的第 8 宮 的期間

在工作方面，如果要說的話會是處於被動立場，但堅持不懈地踏實推進被交付的工作，會帶來好運。相對地，專注力會大為提升。在某些事情上會遲於報告、聯繫、商量，導致容易受到周遭的人誤會，需要小心。此外，或許會有得知他人祕密而不知所措的情況。

## 行運水星 落在你的第9宮的期間

是適合學習專業知識、技術的期間。即使你已經學會許多技能，仍能藉由重新審視、回歸初衷，發現進一步成長的契機。在接受升級考試、證照考試時也會是有利的發展。而且也會對語言學、外國產生濃厚興趣，並從中獲得許多可加分的事物。

## 行運水星 落在你的第10宮的期間

是有活用經驗或技能的機會的時期。你實務方面的能力會獲得認可，得到高度評價。這也暗示著就結果而言，會獲得意想不到的機會。雖然責任會變重、感覺到壓力，但是值得挑戰。在工作或社會上，會發生可讓自己積分的事件，而獲得良好體驗。

## 行運水星 落在你的第11宮的期間

工作自不用提，在興趣等團體活動也是十分活躍的時期。在職場上，能順利與團隊成員合作而工作愉快。此外，也暗示了工作方式或地位的變化。在學習會或研究會上，也會有些具發展性的變化，使得人際關係變得豐富。有機會結識你憧憬的對象、知名人士。

## 行運水星 落在你的第12宮的期間

是與其說身先士卒地推動工作，不如擔任輔助角色來處理工作，更能獲得成果的時期。似乎會聽到背後的資訊或祕密，其中也包括了對自己有利，能加以活用的內容。在工作方面，有不小心出錯的機率增加的危險，在管理文件或資料上需要謹慎。請注意別搞錯客戶的姓名。

更詳細掌握未來

# 透過行運金星占卜戀愛與金錢上的運勢

當金星過境出生星盤的各個宮位時，可解讀成在戀愛或財富上有各式各樣的時機造訪。而「各式各樣」的種類，指的是由過境宮位所掌管的事項。比如說，如果談論戀愛運時，落在第1宮可解釋成「藉由直接表達自己的想法，可讓自己與喜歡的人的關係有所進展」；落在第4宮時，則是「給人家庭型印象的進攻方式奏效」的情況。那段期間的金星光芒會使相遇風格、在情人身上追求的事物浮現出來。以月分為單位的財運起伏，也是T金星的守備範圍。

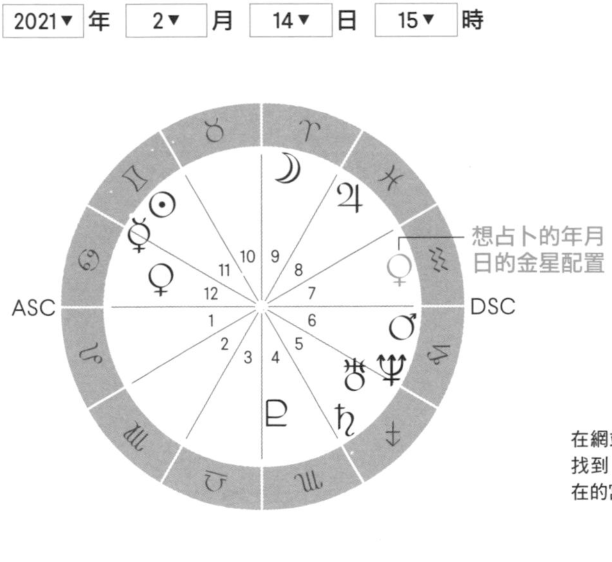


在網站上輸入想查詢的年月日，找到「金星」的位置，確認它所在的宮位。

## 行運金星
### 落在你的第1宮
### 的期間

充滿為了實現戀愛而採取行動的幹勁。即使是關係薄弱的單戀對象，也能透過細微的契機加深感情。希望你在意的對象或夥伴能強烈意識到自己的存在，這樣的想法也日益加重。會追求能證明自己被對方愛著的證據。在財運方面，是迅速判斷可獲益的時期。藉著「先搶先贏」而變得更強。

## 行運金星
### 落在你的第2宮
### 的期間

五感變得銳利，會希望能夠清楚區隔美醜，或是令自己舒適或不愉快事物的時期。在戀愛方面，稍微有些神經質。對於喜歡對象或夥伴的要求和執著會變得強烈。在財務方面，討價還價或態度和善有加分作用。交涉時，在父母或長輩面前展現可愛態度，會獲得援助。食衣住方面的開支會增加。

## 行運金星
### 落在你的第3宮
### 的期間

會增加造訪他人或被造訪的機會。能發展成戀愛的邂逅機會也隨之增加，不過交際費用也同時暴漲的時期。會為了展開興趣或學習技能而需要初期投資。在戀愛方面，容易維持「超越朋友，戀人未滿」的關係，首先就先享受溝通的樂趣，不要焦急地建立信任關係。

## 行運金星
### 落在你的第4宮
### 的期間

會感覺到家人或身邊人們愛情的時期。另一方面，如果自己在意的對象或夥伴無法理解自己的心情，就會陷入不安的情況。你會為了求安心而容易對對方抱持過多期待，下意識地帶給對方壓力。在財務或物質方面，可期待家人的支援。也暗示著因為會錯意而多了不必要的開支。

## 行運金星 落在你的第 5 宮 的期間

是能與意中人或情人、伴侶愉快度過的時期。能夠以溫柔的心情看見對方好的一面。也能輕鬆地回應對方所期待的事情。在這段期間有特別的約會為吉利。在物質運方面，是能夠一邊享受一邊有所獲得的愉快時刻。可接受他人的邀請或委託。另一方面，在享受休閒娛樂的同時，開支也容易增加。

## 行運金星 落在你的第 6 宮 的期間

是受到上級疼愛，晚輩仰賴的時期。也會獲得善意的夥伴或協助者，並吸引邂逅的機會。調查能力提升，並對戀愛有所助益，可以期待藉由工作獲得邂逅。約會容易陷入一成不變的模式，要下點工夫。在財運方面，是能踏實地節省或存錢的時期。

## 行運金星 落在你的第 7 宮 的期間

是與意中人、情人或夥伴之間瀰漫著緊張感的時期，那並非爭執，而是策略。你也能運用高明地引導對方的話術。因為某些原因，對原本就在一起的人感情加溫，正在考慮結婚的兩人會遇上具體化的契機。在財運方面，雖然金錢進出頻繁，但大致良好。在簽約等的時候要確實審查內容。

## 行運金星 落在你的第 8 宮 的期間

是獲得意料之外的贈禮，或可期待臨時收入的時期。不過，賭博或以預測方式進行的投機行為不會成功。容易有來自奇怪人士的誘惑、危險的邀約接近自己，要注意這點。在戀愛運方面，是與特定對象加深關係的運勢，你會以神祕的魅力令對方為你著迷。同時也容易成為互相束縛的關係，要注意不要過度。

## 行運金星 落在你的第9宮 的期間

是與外國人接觸的機會增加，活用語言能力拓展社交範圍的時期。雖然有邂逅，但由於你熱得快冷得也快，而有戀情短暫的傾向。有機會與情人談論未來的事。不僅是喜歡，還試圖認同彼此的人性。在這段期間旅行會非常愉快。然而，很有可能會不注重細節而揮霍，要特別注意。

## 行運金星 落在你的第10宮 的期間

是期望與高水準的人們接觸的期間。會受到有出色經歷或頭銜的人吸引。尊敬之情有可能會轉變成愛情。透過以結婚為前提相親的邂逅，也是良緣的預兆。此外，關心對方的父母親會有加分作用。在財運方面，容易為了獲得周遭稱讚而盛宴款待。

## 行運金星 落在你的第11宮 的期間

期望與有教養的人及學識淵博的人深入交流，變得積極進取的時期。也可能會找到理想對象並發展成交往。不過，與其說是一口氣加深關係，倒不如說是以「超過朋友」的感覺發展。與情人或朋友之間也有「摯友」的感覺。在財運方面，會為了讓想法更加豐富，發現獨特的節省方式或獲得臨時收入的方式。

## 行運金星 落在你的第12宮 的期間

是容易吸引邂逅的時期。會奮不顧身地對意中人傾注愛意。一旦被對方寵溺就會變得軟弱，而有唯命是從的傾向，需要保持堅強的意志。也有發生三角關係、出現意料之外的競爭對手，或沉溺於無法公諸於世的關係中的危險。在財運方面，暗示著會敗給充滿魄力的銷售話術，而購買不需要的事物，或受到傳聞迷惑而花錢。

更詳細掌握未來

## 還要關注會催化事物的行運火星！

伴隨著火星過境，在出生星盤上對應宮位的事物也會動起來，有在此點燃導火線的印象。火星過境一個星座的時間為將近兩個月，不過會以每兩年一次的頻率逆行，在這段期間，會在同一個星座停滯半年左右。比如說，從二〇二二年八月下旬起的大約七個月間，火星都沒有離開雙子座。在你的出生星盤上，雙子座對應哪個宮位呢？該宮位顯示的事項可說是持續受到火星活化著。火星與太陽、水星及金星，都是適合用來確認短期事件的行星。

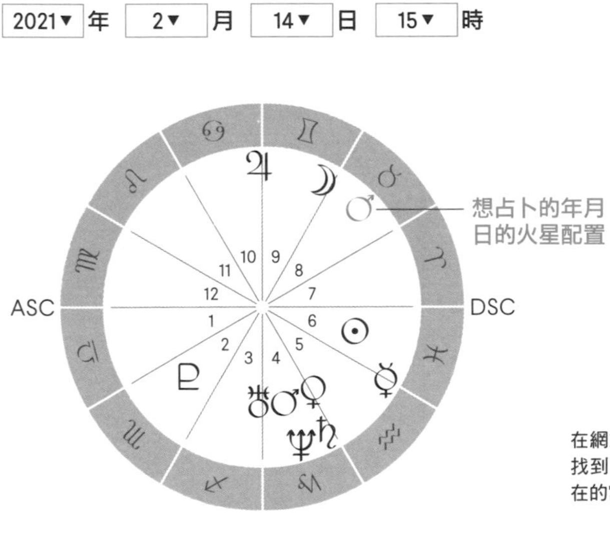


在網站上輸入想查詢的年月日，找到「火星」的位置，確認它所在的宮位。

## 行運火星落在你的第1宮的年分

是能夠在維持高度張力下活躍的期間。冒出想引人矚目的意識，而會想吸引周遭人們的注意力。挑戰全新事物或周遭的人從未做過的事，會很走運。此外，可能容易頭痛或牙痛，也要小心受傷或燒燙傷。在運動時要仔細做好暖身。

## 行運火星落在你的第2宮的年分

特別在工作或打工方面湧現幹勁，變得活躍。不過，雖然有幹勁，行動卻很緩慢，有凡事都要花費時間的傾向。由於會顯得貪得無厭，帶給周遭人們手頭不寬裕的印象。是會衝動購買或有意外開支的時期。容易流於輕鬆的方式，顯得運動不足。也需要注意暴飲暴食或喉嚨不適。

## 行運火星落在你的第3宮的年分

是整體速度加快，步調變得輕快的時期。容易顯得急躁，在隸屬團體中引發麻煩。此外，可能會有講了不合時宜的話語而引發口角的危險。也容易因為對方的措辭方式變得神經質。另一方面，也暗示著會與在意的對象有新的交流。手臂或肩膀的不適問題最好儘早處理。

## 行運火星落在你的第4宮的年分

家中充滿活力，對家人而言的新議題會浮上檯面。另一方面，也有容易在家中起爭執的一面。氣氛會變得尷尬，讓你開始考慮要暫時與家人保持距離，或趁此機會獨立。此外，身體狀況容易起變化，是需要非常注意病毒感染的期間。如果身體有從之前就很在意的不適問題，千萬別放著不管。

## 行運火星 落在你的第 5 宮 的年分

是戀愛熱情高漲的時期。在戀愛方面，這段期間由自己主導會比較順利。縱使是有些苦衷的戀情，如果大膽向前衝，也可能壓制得住相關人士。在運動比賽或競技方面，有機會活躍。此外，這也是想接觸賭博的時期。在健康方面雖然平安，不過要注意別對自己的體力過度自信而累積疲勞。

## 行運火星 落在你的第 6 宮 的年分

會沉浸於工作或照顧他人，不過由於不夠細心，「自己想這樣進行」的想法會搶先一步。一旦做過頭，可能會被長輩疏遠，或有被晚輩扯後腿的危險。是學習健康相關知識或技術的適當時機。另一方面，也暗示著工作過於繁重而使得身體變差，需要注意。

## 行運火星 落在你的第 7 宮 的年分

是人際關係或社交活化的時期。你能與工作夥伴搭配發揮實力，度過危機。另一方面，也暗示著競爭意識過剩，導致容易與周遭的人起衝突。此外，在身體狀況方面容易有起伏，因此要注意提升飲食或睡眠品質，保持規律的生活步調。如果有不適的地方要檢查。

## 行運火星 落在你的第 8 宮 的年分

是能活用他人賦予的事物，並大展鴻圖的時期。在財運方面，能想到好的運用方式。另一方面，需要注意信用卡支付、房貸或借貸。也暗示了這段期間借出的錢會收不回來。還有毫無理由被造謠中傷的危險。在健康方面，是身體莫名不舒服的期間。如果是女性，千萬別輕視生理不順的問題。

## 行運火星
### 落在你的第9宮
### 的年分

是上進心提升，希望在精神上有所成長的想法變得強烈的時期。雖然立志在許多方面活躍，卻容易擬訂過於勉強的行程表。你會想展開一場漫無目的的旅行，但心情會隨著火星的移動而冷靜下來。身體上的煩惱向專業醫師諮詢為上。此外，也要注意在運動時受傷。

## 行運火星
### 落在你的第10宮
### 的年分

期望獲得社會性的成功，熱衷於工作或公眾活動。雖然是才能常受到周遭認同的期間，但過於引人矚目反而會造成長輩反感。此外，會想讓周遭的人留下「自己與意中人之間有特殊感情」的印象，而光明正大地宣揚。由於相當忙碌，時常勉強自己，容易累積疲勞。當心宿疾惡化。

## 行運火星
### 落在你的第11宮
### 的年分

是萌生對未來的希望，湧現幹勁的時期。會在隸屬的組織中擔任某些職務。此外，能冷靜地向周遭訴說關於自己夢想的計畫。也暗示著朋友熟人贊同你的夢想，給予物質或精神上的支援。是健康方面沒什麼問題的時期，雖然對最新的健康資訊有高度興趣，但請先確認是否適合自己。

## 行運火星
### 落在你的第12宮
### 的年分

一旦意識到「是為了這個人」，就可能採取大膽行動的時期。另一方面，自己想做的事情容易無緣無故地遭受反對。此外，會難以忍受他人的做事方式而累積壓力。可能會因為粗心而撞到什麼或掉了東西，需要注意。此外，需要注意可能會因為攝取過多嗜好品，而造成精神上的不適。

# 3 透過行運月亮占卜每日運勢

最後要介紹的是「今日運勢」，以移動速度最快的月亮作為指標。由於月亮一天會前進大約13度，因此只需兩到三天就能跨越有30度寬的一個星座。只要想像月光會每兩到三天分別照耀在你出生星盤上的各個宮位，應該很容易理解吧。月亮與太陽不同，與其說是加以活化，不如說是有「賦予變化」的作用。藉由得知一、兩天內會有什麼變化，並自我調整，就能導出良好的結果。

如下圖所示，月亮會在兩至三天內移動到下一個星座，大約二十七天可繞行十二星座一周。藉由其現在位置對應你星盤上的哪個宮位，就可得知每日運勢。

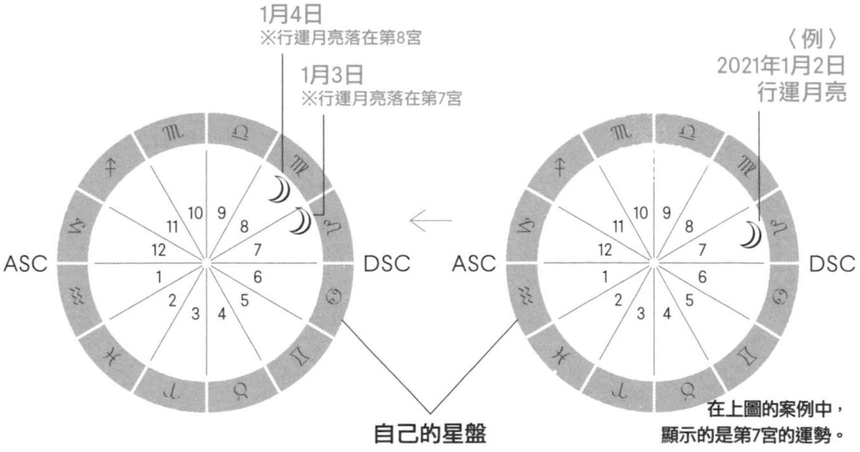

## 運用行運月亮，占卜「今天的心情」或「明天的事件」吧

月亮與太陽等相同，顯示的並非「人生中的大事」，而是「今天、明天的心情或日常上的變化、存在微小幸運的領域」。最適合作為每日行動的契機，實際上，我們常見的「每日運勢」，也常是運用月亮來指引的。

由於月亮不會逆行，會規律地從牡羊座繞行到雙魚座，接著再回到牡羊座，以單一方向繞行著。月亮只要進入牡羊座兩、三天後，就一定會移動到金牛座。換言之，只要知道今天的月亮落在你的出生星盤上的何處，就能預測到幾天後一定會輪到下個宮位的運勢。

比如說，如果今天的月亮落在你的第4宮，就可以把「家庭方面的事會有好運，所以就來整理吧」設定成「今天的主題」。接著，「因為過兩、三天就會過境到我的第5宮，就來安排約會吧」——只要像這樣運用月亮，就能輕易排定生活中的計畫了。

此外，最近也有愈來愈多人在日常生活中意識到新月或滿月，也有「從新月之日展開新的事情」、「在滿月實現願望，並展開下一輪」的說法。一邊看著每日改變姿態的月亮，一邊設定目標並回顧，也是將T月亮的訊息活用於生活中的方式之一。

在本書的網站中，為了正確顯示，並沒有將移動迅速的T月亮列入其中，因此關於「今天的月亮星座」，請參閱列入月亮星座的月曆或行事曆、網站。

# 每日運勢關鍵詞

在此根據出生星盤的各宮位，將T月亮過境時的「心情、事件、象徵」列出關鍵詞。

行運月亮的位置

| | |
|---|---|
| 第 1 宮 | 強而有力、主動的、想法為之一變、大膽、主角、運動 |
| 第 2 宮 | 平穩、物質、金錢上的變化、享樂的、占有欲、藝術 |
| 第 3 宮 | 輕鬆、溝通、資訊、求知欲、小旅行、兄弟 |
| 第 4 宮 | 情感的、家庭、人情、容身之處、照顧人、雙親 |
| 第 5 宮 | 生氣勃勃、積極的、豪華、戀愛、遊玩、休閒 |
| 第 6 宮 | 踏實性、勞動、健康、計畫、祕書角色、寵物 |
| 第 7 宮 | 優雅、人際運勢、夥伴、戀愛＆婚姻、平衡 |
| 第 8 宮 | 內向的、忍耐、繼承、復活、性魅力、神祕、嫉妒 |
| 第 9 宮 | 活潑、熱情、精神性、國外、遠行＆旅行、學問、魯莽 |
| 第10宮 | 限制、工作、社會性、野心、使命、固執、上司 |
| 第11宮 | 獨特、友誼＆友愛、合作夥伴、改革、效率、未來性 |
| 第12宮 | 同情的、服務精神、共鳴、志工、藝術 |

# 查詢運勢，就是每天活得像自己

Conclusion

你認為怎樣的人是「好運的人」呢？你所想像的是能避免厄運、善於順應時勢的形象嗎？所謂的順應時勢，最重要的前提在於要明白時勢究竟是好是壞。只要仔細觀察運勢的強弱或高低，反覆預測及驗證，就能確實分辨出好的運勢。此外，只要了解行星的運行方式，就能明白不會唯有厄運永遠持續下去。所謂的解讀運勢，是讓你不需要過度畏懼明天，而能活得像自己的祕訣。

在風象時代中，財富競爭告終，如何以自己的方式實現各自描繪的幸福形象，成了新的人生主題。整齊劃一的時代理念消弭，「隨時隨地都做你想成為的自己」這樣的多樣性時代就此展開。在這樣的新時代中，自我創造的想像力至關重要，透過西洋占星術了解自己就是第一步。除此之外，也請積極接觸哲學或宗教等各式各樣的學問或資訊，打造專屬於你的幸福神話吧。

# 在風象時代，
# 採納各式各樣的資訊，
# 打造原創的幸福神話

# 結語

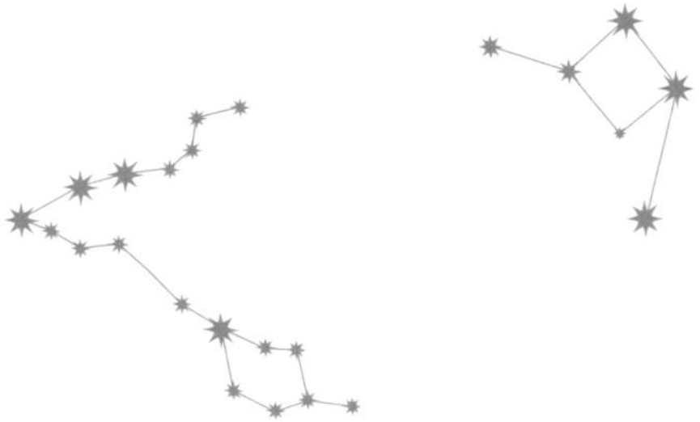

我一再說過，「做自己」將是今後的時代追求的重點。西洋占星術非常適合用來研究自我，在藉由這本書了解星盤結構及解讀方式後，就請馬上運用在你自己的人生中。

所謂的煩惱源自差異。自己與他人、理想與現實，正因為某事物與某事物之間存在隔閡，人們才會煩惱，掙扎著試圖填補這份隔閡。然而，只要透過星盤了解自己本身，並邂逅適合自己的理想或夥伴，就能過著沒有勉強的生活方式，而不再在意那份差異了。此外，所謂的差異其實是主體性的事物，在得知那不過是特徵上的不同後，甚至會令人覺得這份差異彌足珍貴。

這正是「我就是我，只要維持原本的模樣就行了」這種自我肯定感的真相。而星盤是「宇宙所發的出生證明」，無論何時都會百分之百肯定你的人生。

你的出生星盤打從出生起就不曾改變，是這世界上絕無僅有的一個星盤。然而，即使是同樣的星盤，也會根據年齡或狀況而改變解讀的角度，這也體現了你的命運是流動不止的。

西洋占星術雖然承認不變的命運，但也認為只要藉由自我研究、努力及留心，就能夠改變命運。人生只有一次，但你可以無數次重新來過。群星會永遠陪伴在你身邊，透過星盤向你傾訴。而你現在正試圖透過本書，學習如何聽取群星的聲音，請你務必在人生當中的每一刻都側耳傾聽。

René Van Dale研究所

**Rene Van Dale研究所（モナ・カサンドラ、ステラ・ボンボヤージュ、月影沙織、アイラ・アリス、加賀宮萌、朝風かおる）**

一九七六年由Rene Van Dale・渡邊所創設的占星學、神祕學暨心理研究所。從學術角度解析「世界的占卜」，並從全新心理學的立場出發，研究如何直接對現代生活有所幫助。創設至今長達約四十五年的時間，仍總是將確立個人的自我一事放在心上，並將持續投身於追求人類幸福的理想狀態視為使命。著作有《占星天文曆2018～2030年》（星雲社）、《最為簡單的西洋占星學入門》（ナツメ社）、《第一次塔羅諮詢（戀愛篇）、（工作、人際關係篇）》（フリースペース）等。此外並於個人鑑定、雜誌、網路連載等眾多方面大為活躍。

▼ Rene Van Dale 研究所官方網站
https://www.rene-v.com/

**Staff**

| | |
|---|---|
| 藝術指導 | 江原レン（mashroom design） |
| 設計 | 森 紗登美（mashroom design） |
| 插畫 | pai |
| DTP | 竹内真太郎、菊地紗ゆり、金城梓（スパロウ） |
| 編輯協力 | 黒沢真記子、藤沢千穂子、阪上智子、酒井陽子（説話社） |



# 西洋占星自學指南

出　　版／楓葉社文化事業有限公司
地　　址／新北市板橋區信義路163巷3號10樓
郵政劃撥／19907596 楓書坊文化出版社
網　　址／www.maplebook.com.tw
電　　話／02-2957-6096
傳　　真／02-2957-6435
作　　者／Rene Van Dale研究所
譯　　者／Shion
企劃編輯／陳依萱
校　　對／黃薇霓
港澳經銷／泛華發行代理有限公司
定　　價／560元
出版日期／2022年8月

國家圖書館出版品預行編目資料

西洋占星自學指南 / Rene Van Dale研究所作；Shion翻譯. -- 初版. -- 新北市：楓葉社文化事業有限公司, 2022.08　面；　公分

ISBN 978-986-370-441-6（平裝）

1. 占星術

292.22　　111008433